THOMAS M. HOFER

GOTTES RECHTE KIRCHE

Katholische Fundamentalisten auf dem Vormarsch

UEBERREUTER

Für Silke und meine Familie

Die Deutsche Bibliothek – CIP-Einheitsaufnahme
Hofer, Thomas M.:
Gottes rechte Kirche : katholische Fundamentalisten auf dem
Vormarsch / Thomas M. Hofer. - Wien : Ueberreuter, 1998
ISBN 3-8000-3675-4

AU 0435/1
Alle Urheberrechte, insbesondere das Recht der Vervielfältigung,
Verbreitung und öffentlichen Wiedergabe in jeder Form, einschließlich
einer Verwertung in elektronischen Medien, der reprografischen Vervielfältigung,
einer digitalen Verbreitung und der Aufnahme in Datenbanken,
ausdrücklich vorbehalten.
Umschlagfoto: Erich Reismann
Copyright © 1998 by Verlag Carl Ueberreuter, Wien
Printed in Austria
1 3 5 7 6 4 2

Inhalt

APOCALYPSE NOW — 7
Katholische Visionäre an der Schwelle zum 3. Jahrtausend
Prolog in Gaming – Vorwärts, es geht zurück! – Von Ohrenbläsern und bösen Geistern – »Längst eine Minderheit« (Interview mit Wolfgang Waldstein) – Kirche in der Falle – »Zweierlei Maß« (Interview mit Bruno Primetshofer)

PRIESTERBRUDERSCHAFT ST. PIUS X. — 41
Schismatiker wider Willen
Little Teheran – Rechter Glaube – Alles oder nichts

PRIESTERBRUDERSCHAFT ST. PETRUS — 59
Traditionalisten von Gottes Gnaden
Der große Graben – Realos in der Kirche – Kutte und Doc Martens

OPUS DEI — 73
Das Kreuz mit dem »Werk Gottes«
Ein treuer Diener seines Herrn – Wie Jesus in den dreißig Jahren – Unsterblicher Charakter – »Wo keine Abtötung, da keine Tugend« – Arm und Reich – Was von der Kirche bleibt

DAS ENGELWERK — 117
Bekehrte Teufelsmacht?
Jenseits von Eden – Engelland, abgebrannt – Potemkinsche Burg – »Alles im Rahmen« (Interview mit Pater Philippus Seeanner)

DIE KATHOLISCHE PFADFINDERSCHAFT EUROPAS — 142
Rechte Wege nach St. Pölten
Deutsche Diener – Drohbotschaft statt Frohbotschaft

DAS WERK — 153
Die Sektierer des Herrn
Das graue Haus – Schweigen ist Gold – Frühstück beim Papst – Schwesterliebe

DAS NEOKATECHUMENAT — 178
Missionare auf Abwegen
Komm und höre! – Knecht Jahwes – Im Namen des Papstes – Pfarrspaltereien – »Das ist eine Sekte« (Interview mit Ex-Mitglied Christine Fuchs)

LIBERALE THEOLOGIE — 206
Katholische Fakultäten am Ende?
Ein Stinktier beim Gartenfest – Showdown beim Kirchenwirt

KATHOLISCHE LEBENSSCHÜTZER — 217
Reaktionärer Mainstream
Sodom und Gomorrha – Pornojäger und Davidsschleuder

KATHOLISCHE MEDIEN — 226
Rechts schlägt Mitte
»Der 13.«: mit Peitsche und Ochsenziemer – Rechter Blätterwald

KIRCHE UND FPÖ — 235
Bloß ein Hauch von Weihrauch?
Jörg in allen Gassen – O Maria, hilf!

Nachwort — 242
Dank — 244
Anmerkungen — 245
Auswahlbibliographie — 250
Personenregister — 253

APOCALYPSE NOW

Katholische Visionäre an der Schwelle zum 3. Jahrtausend

Denn die einen sind im Dunkeln
Und die andern sind im Licht.
Und man siehet die im Lichte
Die im Dunkeln sieht man nicht.
Bert Brecht

Prolog in Gaming

»Es ist spätabends. Über dem südwestlichen Böhmen sieht man ununterbrochen Lichtblitze von schwersten Atombomben. Bei einer Explosion kommt es zum Platzen der Erdrinde. Gleich darauf schießt eine alles überragende, eruptionsähnliche, qualmende, schwarze Feuersäule empor.« Am Firmament kommt es zu einer himmlischen Erscheinung, es entsteht das Bild des Gekreuzigten mit den Wundmalen. Doch zu spät erkennen die Menschen, daß es doch einen Gott gibt: »Das ganze Böhmerland wird von Gestein, Schutt und Asche begraben werden. Prag wird derart zugeschüttet werden, daß man später nicht einmal mehr wird erkennen können, wo diese Stadt gestanden hat.« Böhmen ist das erste Opfer einer neuen Völkerwanderung, die in den ultimativen Krieg mündet. Bis ins niederösterreichische Waldviertel verläuft die Front zwischen Chinesen und Russen, gelbe und rote Gefahr bekämpfen sich just in Mitteleuropa. In einer russisch-chinesischen Panzerschlacht zwischen Wien und Krems werden die »bildhübsche Landschaft, die wunderschönen historischen Städte wie Stockerau, Krems, Langenlois, Horn, Retz, Drosendorf, Weitra, Zwettl und Gmünd praktisch völlig zerstört«.

Szenen aus einem verjährten Alptraum aus der Zeit des kalten Krieges? Nein, die Passagen stammen aus einem 1994 erschienenen Visionsbuch eines katholischen Propheten. In »Vision 2004. Die nächsten 10 Jahre« beschreibt der niederösterreichische Autor Gottfried von Werdenberg auf 180 Seiten die Prophezeiungen eines Waldviertler Bauern. Der Untertitel seines Werkes lautet knapp und vielversprechend: »Österreichischer Seher bricht sein Schweigen«. Den schwarzen Einband ziert Albrecht Dürers »Funken und Flammenregen« aus seiner Holzschnittserie zur Apokalypse. Wie man sich die Art der Vision vorzustellen hat, erklärt Werdenberg vorneweg: »Unser Seher sah zukünftige Ereignisse und Handlungen wie einen vertonten Farbfilm vor sich ablaufen.« Meist, so Werdenberg, war der Seher dabei selbst am Ort des Geschehens, manchmal aber mußte er sich auf Radio- und Fernsehberichte aus der Zukunft stützen. Die offenbarten ihm dann, was sich rund um Österreich abspielte. Daß der Name des Sehers im Buch nicht enthüllt wird und selbst Gottfried von Werdenberg nur ein Pseudonym ist, tut nichts zur Sache. Das Buch ist auch so spannend genug: Keine Seite, kein Satz ohne schauerliches Detail aus einer wenig verheißungsvollen Zukunft.

Werdenberg greift in seinem Visionsbuch auf die klassische katholische Apokalypse, die Offenbarung des Johannes aus dem Neuen Testament, zurück. Die dort angekündigte Herrschaft des Antichristen ist, laut Werdenberg, längst angebrochen. Schon im Vorwort wird klar, daß die Menschheit auf den 3. Weltkrieg zusteuert. Werdenberg schwadroniert bildreich über die Weltherrschaft Satans: »Die Überfremdung, die ›Balkanisierung‹ und ›Babylonisierung‹ West-, Mittel- und Nordeuropas nehmen dramatisch zu. Die ›multikulturelle Gesellschaft‹ zeigt immer deutlicher ihre multikriminelle Fratze.« Der Osten ist es dann auch, der den Atomkrieg vom Zaun bricht: »Millionen Fremde aus dem Osten und Südosten werden unsere Länder überfluten. Auch die islamische Gefahr wird sich dramatisieren und zu den gewaltigsten Auseinandersetzungen führen.«

Der Ausbruch des 3. Weltkriegs ist lediglich eine Frage der Zeit. Glaubt man dem Seher, soll es spätestens 1999 soweit sein. Der Krieg wird kurz und grausam. Nach zwei Jahren werden 90 Prozent der Weltbevölkerung ausgelöscht sein, weltweit überleben lediglich 600 Millionen Menschen. Werdenberg: »Für diesen geschundenen Planeten noch immer mehr als genug.«

In Österreichs erzkatholischen Kreisen wurde »Vision 2004« zum Kassenschlager. Das Horrorszenario des Gottfried von Werdenberg verkaufte sich bislang einige tausendmal. Seit 1996 gibt es, nach dem Vorbild der amerikanischen Kino-Sequels, einen zweiten Teil. »Überleben in der Wende. Aufbruch ins 3. Jahrtausend« bringt vor allem praktische Tips und Anleitungen für die Zeit nach der großen Katastrophe. Beispielsweise eine Beschreibung der vierzig wichtigsten Heilpflanzen, graphische Aufbereitung inklusive. Außerdem gibt es einen »Rückblick« auf »Vision 2004« und die Highlights der bekanntesten Marienbotschaften, Visionen und anderer katholischer Offenbarungen. Auf insgesamt 14 Seiten finden sich sogar Anleitungen zum selbständigen Bunkerbau. Wohin mit dem Gasfilter? Brauch ich eine Schleuse? Wie dick müssen die Außenmauern sein? Teil 2 weiß die Antwort.

Bauliche Schutzmaßnahmen gegen den dräuenden Weltuntergang sind unerläßlich. Allerdings helfen auch die nichts, wenn man in einem der besonders betroffenen Gebiete wohnt. Denn was nützt der sicherste Bunker in Prag, wenn die ganze Stadt kilometerdick unter Schutt begraben wird? Städte sind überhaupt zu meiden, sie werden laut Werdenberg allesamt dem Erdboden gleichgemacht. Auch die großen Städte Österreichs werden da keine Ausnahme sein. Also Koffer packen und ein One-Way-Ticket nach Neuseeland lösen? Der Seher winkt ab: »Auswandern lohnt nicht! Viel sinnvoller ist ein Rückzug in relativ verschonte Gebiete innerhalb unserer Heimat.« Zu denen zählen Hohe und Niedere Tauern, Teile des Tiroler Grenzlandes, die Fischbacher Alpen und das Alpenvorland. In diesen Gebieten sollte man schon heute in eine Liegenschaft investieren. »Am besten wäre eine kleine aufgelassene Landwirtschaft«, sagt der Seher. Besonders gut stehen die Überlebenschancen im niederösterreichischen Ötscherland. Dort, fernab der gefährdeten Industriegebiete und Durchzugsstraßen, richtet man sich schon heute auf die bevorstehenden Ereignisse ein. Das Zentrum der Vorbereitungen auf die Apokalypse ist das verschlafene 4000-Seelen-Dorf Gaming. Am Westrand, umhüllt von dichtem Nadelwald, thront die Kartause, die trotz ihrer Abgeschiedenheit den Ort dominiert. Die Dimensionen der Klosteranlage lassen den Ortskern mit Rathaus und Pfarrkirche zum Vorort verkommen. Allein der größte Klosterhof erreicht die Ausdehnung des Wiener Stephansplatzes. Die Kartause ist eine Stadt in sich, für die Ewigkeit geschaffen. Gleich einem Monolithen trotzte sie stets erfolgreich den Stürmen der Zeit. Kein Feuer, kein Hochwasser hat den geweihten Ort je heimgesucht. Auch nicht die Rekordflut vom Juli 1997, die den ansonst harmlosen Gamingbach in

einen reißenden Fluß verwandelte, Brücken wegspülte und eine ganze Wohnsiedlung unter Wasser setzte. Selbst für die Türken war 1532 vor der Kartause Endstation. So manchem aus dem Dorf wurde das Gemäuer damals zur letzten Zuflucht.
Architekt Walter Hildebrand, seit 1983 Eigentümer der Kartause, arbeitet an der Perfektionierung dieses Attributs. Und weil die Klostermauern in Zeiten eines möglichen Atomkrieges kaum genügend Schutz bieten, richtete er 1996 auf dem Kartausengelände Atombunker ein. Insgesamt 130 Personen können sich so im unterirdischen Gaminger Hochsicherheitstrakt auch vor zukünftiger Unbill der Außenwelt schützen. Wer zu den Auserwählten gehören will, kann sich – solange der Platz reicht – sogar im geschützten Kartausenhof einmieten. Kostenpunkt: 39 000 Schilling pro Person, befristet auf 15 Jahre, Erhaltungskosten für den Ernstfall natürlich exklusive. Dafür bekommt man aber auch einiges geboten: Technische Schutzausstattung, Schlaf-, Aufenthalts-, Lager- und Sanitätsräume mit eigener Wasserversorgung, eine Dekontaminationsanlage und sogar ein Notstromaggregat.
In Gaming boomt das Geschäft mit der Angst. Nur einen Steinwurf von der Kartause entfernt hat der Salvator-Mundi-Verlag seinen Hauptsitz. In einer kleinen Buchhandlung werden »Vision 2004« und »Überleben in der Wende« zu 297 Schilling das Stück verkauft. Zusätzlich gibt es aber auch Notrationen für die harte Zeit. Erdbebensichere Wasserkanister, Dinkelrationen, verpackt in strahlensicheren Dosen, oder dehydrierte Lebensmittel mit einer Haltbarkeit von über 20 Jahren. Besonderes Angebot: Das »90-Tage-Paket mit Fleisch«; das sind 118 587 Kalorien (also 1 317 für jeden Tag) zum Preis von 11 900 Schilling.
Daneben führt Salvator Mundi auch Futter für die Seele, wie Rosenkränze in allen möglichen Variationen, geweihte Kruzifixe, Marienbilder und Heiligenstatuen. Der Verkaufsschlager ist aber zweifelsohne die La-Salette-Kerze (7 x 18 cm): »Sie überdauert die von vielen Mystikern, Sehern und Heiligen angekündigten drei finsteren Tage, da sie über 72 Stunden schützendes Licht spendet! Sie erhellt auch das tiefste Dunkel der Nacht und leuchtet auch dann noch, wenn alle Lichter verlöschen und Finsternis die Erde umhüllt!« heißt es verheißungsvoll im Prospekt von Salvator Mundi. Der Preis der Wunderkerze: 131 Schilling pro Stück. Die Devotionalien werden nicht ohne Grund feilgeboten, denn in »Vision 2004« warnt der Seher davor, sich nur in materieller Hinsicht auf den 3. Weltkrieg vorzubereiten: »Die geistigen

Schutzmaßnahmen im Sinne von Gebet, Umkehrung und Bekehrung sind nicht zu unterschätzen oder gar zu belächeln.«
Salvator Mundi und Architekt Hildebrands Bunkervermietung – eine gesunde Gaminger Symbiose? Hildebrand bestreitet jeden Zusammenhang. Ob es Kontakte zu Otto Zischkin, dem Eigentümer von Salvator Mundi, gibt? »Nein, die hat es nie gegeben. Der Zischkin will das vielleicht, ich aber sicher nicht«, entrüstet sich der Architekt. Die Frage, warum Hildebrand vor zehn Jahren just in einem anderen Verlag Zischkins, dem Mediatrix-Verlag, das Buch »Engel gibt es« herausbrachte, bleibt offen. Ob es einen direkten Zusammenhang zwischen den Horrorszenarien der »Vision 2004« und seiner Bunkervermietung gibt? »Wo denken Sie hin?« fragt Hildebrand. Warum er dann in seinen konservativen Publikationen zu kontroversiellen Themen wie »Die katholische Kirche und die Frau« mit doppelseitigen Inseraten für das Visionsbuch wirbt? »Das war ein Fehler eines Mitarbeiters, der das Buch nicht kannte«, sagt er knapp. Das Thema ist für ihn erledigt.
Auch außerhalb der Kartause stößt der Handel mit der Apokalypse kaum auf Kritik. Kurt Pöchhacker, sozialdemokratischer Bürgermeister von Gaming und im Gemeinderat mit einer komfortablen Zwei-Drittel-Mehrheit ausgestattet, hält zwar so manches für »Geschäftemacherei mit der Gutgläubigkeit der Leute«, aber »in der freien Marktwirtschaft muß auch so etwas möglich sein«. Architekt Hildebrand und die Kartause seien jedenfalls ein »Segen« für die Gemeinde. Der titelhamsternde Architekt – unter anderem darf er sich Honorarkonsul der slowakischen Republik nennen – hat immerhin einiges zur Belebung des Ortes beigetragen. 1983 kaufte und revitalisierte er mit Hilfe von Bund, Land und Diözese das Gaminger Prunkstück. Die Renovierungskosten beliefen sich auf rund 70 Millionen Schilling. Die haben sich aber auch bezahlt gemacht, denn seit der Renovierung geht es in den Klostermauern rund. 1991 fand die niederösterreichische Landesausstellung (Thema: Kunst des Heilens) in der Kartause statt. Noch im selben Jahr quartierte sich auch die konservativ-katholische Franziskaneruniversität von Steubenville (Ohio, USA) ein und eröffnete im Ötscherland ihren Europa-Campus. Seither sorgen über hundert amerikanische Studenten für internationales Flair. Vergangenen Februar war Gaming erneut in aller Munde. Zur Franziskaneruniversität gesellte sich nämlich eine weitere wissenschaftliche Institution: das katholische »Internationale Institut für Ehe und Familie« (siehe Kapitel »Liberale Theologie«). Unter

Österreichs führenden Theologen sorgte das Institut wochenlang für Aufregung. Reaktionär sei die neue Einrichtung, geprägt von einer vorsintflutlichen Theologie, so die Kritik. An der Eröffnung im Februar 1997 nahmen dennoch die meisten österreichischen Bischöfe teil, allen voran der kirchliche Schutzpatron des umstrittenen Projekts, der Wiener Erzbischof Christoph Schönborn. Er darf sich seither sogar »Großkanzler« des Instituts nennen.

Das kleine unscheinbare Gaming hat sich zu einer Hochburg des konservativen Katholizismus in Österreich gewandelt. Längst vergessen sind die Anfangsschwierigkeiten, als Ende der achtziger Jahre Gerüchte auftauchten, Hildebrand wolle unter anderem eine Hochschule des Engelwerks nach Gaming bringen. Damals behielten die Kritiker noch die Oberhand. Die Realisierung des reaktionären Traumes scheiterte am seinerzeitigen Diözesanbischof von St. Pölten, Franz Zak. Der konservative Klimawechsel in der Kirche kam zu spät, denn unter dem derzeitigen Bischof Kurt Krenn wäre die Sache wohl anders gelaufen.

Einen Umdenkprozeß propagiert auch Gottfried von Werdenberg in »Vision 2004«. In den kommenden Jahren, so Werdenberg, werde es vor allem darauf ankommen, schnell zu handeln: »Vergessen Sie nie, daß spätestens 1999 alles zusammenbricht! Kaufen Sie keine Aktien, keine Wertpapiere und keine staatlichen Anleihen mehr. Keine Lebensversicherungen, keine unkündbaren Langzeitsparverträge. Die Sparguthaben, falls vorhanden, sollten rasch verfügbar sein.« Nur so könne man Hab und Gut in die bessere Welt nach dem Weltkrieg hinüberretten.

Im Jahr 2004 bricht für die Überlebenden das »Goldene Zeitalter« an, verspricht der Seher. Seine Zukunftsvisionen sind dennoch ewiggestrig. Gegen Ende des Krieges kommt es in Deutschland und Österreich zur Bildung eines Freiwilligenheeres, das blutige Rache an den »Parasiten« nimmt: »Die Russen und ihre kommunistischen Machthaber werden bis zum allerletzten Mann erschlagen. Im Blut unzähliger Toter wird die historische Schuld gewaschen.« Der Gipfel des Unsinns: Das Heilige Römische Reich Deutscher Nation ersteht in altem Glanz. Geführt von einem mächtigen Kaiser wird das reinrassig deutsche Volk endlich wieder voll vor der Geschichte rehabilitiert. An der Schwelle zum dritten Jahrtausend ersteht aufs neue das tausendjährige Reich.

Vorwärts, es geht zurück!

Im Europa des ausgehenden 20. Jahrhunderts könnte der Boden, auf dem die Angst vor einer ungewissen Zukunft gedeiht, fruchtbarer nicht sein. Das Heer der Arbeitslosen wächst auf über 20 Millionen. Ende ist keines abzusehen, der Erosionsprozeß am Arbeitsmarkt beschleunigt sich sogar noch. Die Arbeitslosigkeit ist längst nicht mehr nur das Problem der wenig Qualifizierten, in den neunziger Jahren kann es praktisch jeden treffen. Das Gefühl, das eigene Schicksal nicht mehr beeinflussen zu können, befällt gleichermaßen alle Bevölkerungsschichten. Vom Staat können sich die Menschen keine Hilfe erwarten, im Gegenteil: Die Finanzierbarkeit der sozialen Netze wird zur Diskussion gestellt. Was noch vor wenigen Jahren kaum jemand für möglich gehalten hätte, ist heute für viele Gewißheit: das Ende des westlichen Wohlfahrtsstaates. Verstärkt wird die Verunsicherung des einzelnen durch eine ständig wachsende Flut an Information. Die Topmeldungen in den Medien wechseln stündlich, tags darauf sind sie längst verblaßt. Es wird immer schwieriger, den Überblick zu bewahren, denn die ganze Welt ist ständig online. Originalbilder von Kriegsschauplätzen werden prompt in die Haushalte geliefert. Der Golfkrieg zwischen den USA und dem Irak war der erste Krieg der Geschichte, der live im Fernsehen mitzuerleben war. Dabei setzte der amerikanische Nachrichtensender CNN neue Maßstäbe. Flimmerten die Kriegsereignisse noch im Vietnamkrieg mit einigen Stunden Verspätung über die Bildschirme, so war die Fernsehwelt im Golfkrieg erstmals echter Zaungast. Sie sah die Raketentreffer, die Blitzlichter über Bagdad in dem Moment, als sie sich tatsächlich ereigneten. Diese neue Gleichzeitigkeit aber überfordert die meisten Menschen, es bleibt keine Zeit, das Gesehene zu verarbeiten. Der Zuseher, schon durch die Fülle an Programmen überfordert, verliert zunehmend die Orientierung. Er bekommt das Gefühl, daß die Welt aus ihren Fugen gerät.

Zur Zeit der Unsicherheit und des Kontrollverlustes kommt noch das magische Jahr 2000. Keine Frage, die Apokalypse hat Hochkonjunktur. Von den Schweizer Sonnentemplern bis zur Tamy-Kirche in Korea, von der japanischen Aum-Sekte bis zu den texanischen Davidianern gibt es weitgehend Konsens darüber, daß das Ende der Welt unmittelbar bevorsteht. Die Zeugen Jehovas propagieren dies ohnehin schon seit über 100 Jahren. Unterschiede finden sich bloß in der Art und Weise, wie man auf den bevorstehenden Untergang rea-

giert. Die Aum-Sekte stimmte sich und eine geschockte Weltöffentlichkeit mit Giftgasanschlägen gegen die Tokioter U-Bahn auf die künftigen Ereignisse ein, die Sonnentempler entzogen sich der Katastrophe durch kollektiven Selbstmord. Die »Fin de siècle«-Stimmung Ende des 19. Jahrhunderts war lediglich Vorhut des Schreckens. Geradezu armselig gegen das dräuende »Fin de millénaire«.
Katholiken sind da keine Ausnahme, das beweist nicht nur Gottfried von Werdenbergs »Vision 2004«. In den vergangenen Jahren häufen sich katholische Visionen, die vom nahen Ende der Welt künden. Das große Vorbild der selbsternannten Propheten findet sich im letzten Abschnitt des Neuen Testaments: der »Offenbarung des Johannes«. Dort wird bildhaft die letzte, schreckensreiche Phase der Menschheit bis zum Jüngsten Gericht beschrieben, vor allem die drohende Herrschaft des Antichristen, in der Diktion der Offenbarung auch »Das Tier« genannt. Der Antichrist, so steht es bei Johannes, wird auf geheimen Wegen an die Macht gelangen, Wirtschaft und Politik wird er nach seinen teuflischen Vorstellungen formen. Freilich unbemerkt von den Menschen. Nur den ganz Wachsamen eröffnet die Offenbarung des Johannes das Geheimnis des Antichristen. Seine Herrschaft ist ganz einfach an einer bestimmten Ziffernkombination erkennbar: »Wer Verstand hat, berechne den Zahlenwert des Tieres. Denn es ist die Zahl eines Menschen; seine Zahl ist sechshundertsechsundsechzig.« (Offb. 13, 18)
Der deutsche Theologe Johannes Rothkranz hat seinen biblischen Namensvetter beim Wort genommen und sich auf die Suche nach der verräterischen Ziffernfolge gemacht. Sein verblüffender Schluß: Die Herrschaft des Antichristen ist längst angebrochen. In seinem dreibändigen Werk »Die kommende ›Diktatur der Humanität‹ oder Die Herrschaft des Antichristen« (Verlag Pro Fide Catholica 1990) versucht der Theologe dann auch den Beweis dafür anzutreten. Laut Rothkranz spiegelt sich Luzifers Gewaltherrschaft schon in den Waren-Strichcodes in Kaufhäusern. In den allgegenwärtigen Computer-Codes hat er nämlich die satanischen drei Sechser wiederentdeckt. Ein untrügliches Zeichen für die Erfüllung der Offenbarung. Schuld am teuflischen Machwerk ist »wahrscheinlich der internationale Marktführer der Computerbranche IBM. Dafür spricht, daß IBM gleich mehrfach in den Gremien der Schatten-Weltregierung vertreten ist.« Böse ist selbst der Begriff »Computer«, denn nach dem jüdisch-kabbalistischen Sechser-Alphabet (A = 6, B = 12, C = 18 etc.) ergibt die Summe der Buchstabenfolge des Wortes exakt 666.

Die Suche nach den Spuren des Teufels treibt skurrile, aber auch gefährliche Blüten. Rothkranz bastelt unablässig an einer jüdisch-kommunistischen Weltverschwörungstheorie. Alle Ereignisse seit der russischen Oktoberrevolution im Jahr 1917 sind für ihn ein Versuch der »Satanssynagoge«, die Weltherrschaft an sich zu reißen. Noch im Holocaust entdeckt Rothkranz einen Nutzen für das Judentum. Demnach wären die »reichen und mächtigen Juden in England und den USA« über die Vernichtung ihrer »Volksgenossen« in Hitlerdeutschland gar nicht unglücklich gewesen, denn »sechs Millionen Juden als Märtyrer nützen dem One-World-Zionismus mehr als sechs Millionen überlebende«. Die Welt, so die Spekulation, sei den Juden praktisch ausgeliefert gewesen und die »Geheimen Oberen« der Juden konnten ihr Ziel, nämlich die Errichtung eines Staates Israel in Palästina, endlich in die Tat umsetzen.

»Vision 2004« und »Die Herrschaft des Antichristen«: Lediglich die krausen Theorien eines rassistischen Hobbypropheten und eines paranoiden Theologen? Keineswegs repräsentativ für die katholische Kirche?

Angesichts der wachsenden Unüberschaubarkeit der Welt flüchtet sich auch die Kirche zunehmend in eine Scheinwelt, in der es wieder notwendig wird, Feindbilder zu kreieren. Nach einer Zeit der Öffnung sind nun wieder die Fundamentalisten am Ruder. Langsam bauen sie Mauern, um das Böse von der heiligen Mutter Kirche fernzuhalten. Als Bewahrer des katholischen Glaubensschatzes haben sie dabei vor allem Liberalismus und Moderne im Visier. Deren teuflische Dämpfe sehen sie sogar durch die Ritzen der Kirchenmauern dringen. So entstand in der Kirche sogar ein Streit über die Form der heiligen Messe, wie sie seit den späten sechziger Jahren besteht. Die Fundamentalisten sehen in der neuen Liturgie bereits das Werk des gottesfeindlichen Liberalismus. Indizien dafür haben sie genügend: Der Pfarrer ist während der Messe zum Volk gewandt und nicht mehr ausschließlich zum Tabernakel; die jeweilige Landessprache und nicht mehr das Latein ist die Sprache des Gottesdienstes; und auch die reine Form des Kommunionempfangs ist in Gefahr, denn immer mehr Pfarrer legen die Hostie in die ausgestreckten Hände der Gläubigen anstatt in deren Mund, so wie es sich gehört. Die Konsequenzen aus diesen Beobachtungen sind klar. Die Abschaffung des Volksaltars, die Wiedereinführung von Latein als Sprache des Gottesdienstes und ein Verbot der sogenannten Handkommunion sind auf dem Weg zu Gott unerlässlich. Um diese Ziele zu erreichen, greifen die traditionsbewußten Katholiken auch zu ungewöhnlichen Methoden. In der »Frankfurter Allgemeinen Zeitung« vom 10. Januar 1997 etwa schaltete der »Initiativkreis katholischer Laien und Priester« eine großformatige Anzeige mit heftigen Attacken gegen die bestehende Form der Liturgie. 130 Katholiken hatten die Anzeige unterzeichnet und damit eine »Reform der Reform« gefordert. Die gegenwärtige Messe, war im Inserat zu lesen, »verdunkelt die katholische Lehre vom Weihepriestertum und vom heiligen Meßopfer« und stellt somit »eine schwere Bedrohung der Einheit der Kirche dar«. Am Ende »beschworen« die Unterzeichner noch die deutschen Bischöfe, eine solche »Verflachung und Banalisierung der Liturgie« nicht zuzulassen.

Mit dem Streit um Rituale ist auch Uneinigkeit über Inhalte in die katholischen Lande gezogen. Die katholischen Fundamentalisten geben sich allein mit einer Rückkehr zu den alten Formen nicht zufrieden, sie wollen auch eine Umkehrung der liberalen Errungenschaften des Zweiten Vatikanischen Konzils (1962–1965). Wie es aussieht, haben sie auch Erfolg, denn mit ihren Forderungen rennen sie im Vatikan offene Türen ein. Das Pontifikat Johannes Pauls II. steht ohnehin unter dem Stern der Gegenreformation. Seit der Pole Karol Wojtyla Stellvertreter Christi auf Erden ist, hat die katholische Kirche wieder ein simples, aber einprägsames Motto: »Vorwärts, es geht zurück!« Schritt für Schritt werden die zentralen Punkte des Zweiten Vatikanischen Konzils aufgeweicht. Freilich ohne es offen zuzugeben. Aber die Öffnung gegenüber anderen Religionen und Kirchen, die Gewissensfreiheit des einzelnen oder die Selbständigkeit der Ortskirchen gehören der Vergangenheit an. Nach Auffassung der erzkonservativen Kreise in der Kurie, darunter auch der österreichische Kardinal und Archivar des Vatikans Alfons Stickler, hat die Zeit nach dem Konzil zu einem überbordenden Pluralismus in der Kirche geführt. Den versucht man nun auf allen Linien zurückzudrängen. Gefragt ist eine kompromißlose und unmißverständliche Position nach außen wie auch nach innen.

Die Rolle als Vermittler in weltpolitischen Konflikten wurde dabei schon lange aufgegeben. Ganz im Gegensatz zu Johannes XXIII., der in den sechziger Jahren zusammen mit John F. Kennedy und Nikita Chruschtschow für weltpolitische Versöhnungsgesten gestanden war, stellte sich Johannes Paul II. schon zu Beginn seines Pontifikats in die Reihe der kalten Krieger, gemeinsam mit Margaret Thatcher oder Ronald Reagan. Der Papst machte aus seiner antikommunistischen Haltung nie ein Hehl. So klar wie gegen den Kommunismus sprach er sich nur noch gegen Abtreibung und Wollust aus. In seiner Heimat unterstützte der Papst offen die Gewerkschaftsbewegung Solidarność und gab ihr vielleicht sogar den nötigen Schub, um die Wende herbeizuführen. Nach dem Fall des Kommunismus allerdings hatte Rom plötzlich sein großes Feindbild verloren. Wiedergefunden hat man es zum Teil in den anderen Weltreligionen. Vor allem der Islam wird von Rom zunehmend als Bedrohung empfunden. Der christlich-islamische Dialog, wie er noch zu Zeiten eines Kardinal Franz König propagiert wurde, ist längst sanft entschlafen. Heute rittert man verbissen um die Vorherrschaft auf dem Weltmarkt Religion.

Auch die Gesprächsbasis zwischen der katholischen und den übrigen christlichen Kirchen verschlechtert sich zusehends. Die Abkühlung der Beziehungen trat nirgendwo so deutlich zutage wie bei der 2. Ökumenischen Versammlung im Juni 1997 in Graz. Schon im Vorfeld gab es ein von persönlichen Eitelkeiten geprägtes Gezänk um einen Gipfel der Patriarchen von Moskau und Konstantinopel mit dem Papst, der letztendlich vor allem an der Arroganz Roms scheiterte. Bei der Versammlung selbst – sie war unter dem vielversprechenden Motto »Versöhnung« gestanden – gaben dann die Vertreter Roms in den strittigen Punkten keinen Millimeter breit nach. Diese Einstellung wurde sogar abseits der offiziellen Gespräche deutlich. Der anglikanische Erzbischof von Canterbury, der dem Zölibat nicht unterliegt, war mit seiner Frau angereist. Als er mit ihr an einem feierlichen Festbankett teilnehmen wollte, gab es ein böses Erwachen. Beide mußten nämlich mit Respektabstand an zwei verschiedenen Tischen Platz nehmen. Die katholischen Heiligkeiten, mit denen der Erzbischof von Canterbury dinierte, hätten die Anwesenheit einer Frau an ihrem Tisch zu leicht als Affront verstanden.

Das Beispiel macht eines klar: An eine Diskussion über den Zölibat oder gar das Frauenpriestertum in der katholischen Kirche ist nicht zu denken. Sie hält weiter stur an ihren tradierten Normen fest. Wer zuwiderhandelt, hat drakonische Maßnahmen zu gewärtigen. Erst im Januar 1997 wurde der Theologe Tissa Balasuriya aus Sri Lanka vom Leiter der römischen Glaubenskongregation, Kardinal Joseph Ratzinger exkommuniziert, weil er für das Frauenpriestertum eingetreten war. Ähnliche Fälle lassen sich auch in Europa finden. Der Theologe Hans Küng zweifelte in seinen Büchern die dogmatische Unfehlbarkeit des Papstes an und mußte seinen Lehrstuhl an der katholisch-theologischen Fakultät Tübingen räumen, Eugen Drewermann wurde seine Auffassung von Priestertum und Jungfrauengeburt zum Verhängnis. Er mußte seine Universität in Paderborn verlassen, später wurde ihm gar verboten, sein Priesteramt weiter auszuüben.

Kopfzerbrechen bereiten dem Vatikan aber nicht nur unliebsame Theologen. Vor allem Teile der Ortskirche, die sich ein Zuviel an Eigenständigkeit herausnehmen, werden zum Problem. Der Papst muß sich erst wieder den gehörigen Respekt verschaffen. An der südamerikanischen Befreiungstheologie hat er ein Exempel statuiert. In ihr sah er den Marxismus am Werk, also wurde sie zum Feindbild Roms. Mit aller Macht versuchte der Vatikan, den Einfluß der Befreiungstheologie zu brechen. Mit Erfolg, denn heute ist sie in weiten Teilen zurückgedrängt, abgelöst von treueren Schäfchen. Insgesamt 14 der 17 Bischöfe des ultrakonservativen Opus Dei tun mittlerweile in Südamerika Dienst. Sie sollen den Kontinent wieder auf den rechten katholischen Weg führen.

Das größte Sorgenkind des Papstes sind aber die katholischen Stammgebiete in Europa, besonders die deutschsprachigen Lande. In der von Materialismus und Liberalismus geprägten westlichen Welt, so die Befürchtung des Vatikans, verdunstet der katholische Glaube zusehends. Techno-Messen, die Jugendliche mit modernen Rhythmen zum Kirchgang animieren wollen, und ungehörige Kirchenvolks-Begehren legen davon beredtes Zeugnis ab. Der Vatikan liegt mittlerweile ganz auf der Linie der katholischen Fundamentalisten und ihrer Forderung nach Rückbesinnung auf alte katholische Werte. Die Strategie zum Kampf gegen die Moderne hat der Papst gleich selbst ausgegeben: Das Zauberwort heißt Neuevangelisierung. Europa wird wieder missioniert. Der Gehorsam muß in Sakristei und Kirchenschiff endlich wieder Einzug halten.

Den vorläufig letzten Höhepunkt erreichte die päpstliche Initiative zur Wiederbelebung des Glaubens in Rom. Auch die Ewige Stadt soll wieder zu ihren katholischen Wurzeln zurückkehren. Am 18. Februar 1997 besuchte der Papst die kleine Pfarre Sant' Andrea Avellino. Sie ist eine von insgesamt 329 Pfarren, die er in seiner Funktion als Bischof von Rom routinemäßig zu betreuen hat. Diesmal aber war es kein gewöhnlicher Besuch. Während des Gottesdienstes empfing der Papst im Altarraum neun Männer und Frauen und drückte jedem von ihnen ein Exemplar des Markus-Evangeliums in die Hand, als Symbol für die Verkündigung des Glaubens. Die neun Gläubigen waren die ersten von insgesamt 12500 engagierten Katholiken, die in den nächsten Tagen ausströmten, um die über drei Millionen Haushalte Roms zu missionieren. Selbst in der Stadt des Märtyrertods Petri besucht nur ein Viertel der Katholiken regelmäßig den Gottesdienst, ein zu schwacher Schnitt für das Zentrum der katholischen Kirche. Die eifrigen Missionare haben sich ein ehrgeiziges Ziel gesteckt: In drei Jahren wollen sie alle Haushalte besucht und die Römer vom katholischen Glauben überzeugt haben. Im Jahr 2000, so hoffen sie, wird das katholische Rom fit für den runden Geburtstag seines Herrn Jesus Christus sein.

Von Ohrenbläsern und bösen Geistern

Andreas Khol ist ein unerbittlicher Mann. Der 56jährige Professor für Verfassungsrecht regiert seit 1994 den ÖVP-Parlamentsklub mit der Konsequenz eines Dompteurs. Die Richtlinien, die er »seinen« Abgeordneten vorgegeben hat, haben ihm den Spitznamen »Zuchtmeister« eingebracht. Wie der stramme Katholik die Aufgabe der Kirche sieht? Khol: »Vom (katholischen) Lehramt erwartet man klare Fundamentalpositionen, gesellschaftspolitische Eckwerte und von den kirchlichen Einrichtungen und Verbänden die Respektierung des Lehramtes.« Der Politiker sagte das in Richtung österreichischer Kirche, nicht ohne kritisch hinzufügen: »Diese klaren Fundamentalpositionen wurden Opfer des innerkirchlichen Pluralismus.«
Herbert Schambeck ist ein angesehener Mann. Der 64jährige Professor für Staatslehre war 28 Jahre lang im österreichischen Bundesrat gesessen, war dessen Präsident und Vizepräsident, bevor er im Juli 1997 in den wohlverdienten Ruhestand trat. Nicht viele bringen es in ihrer Politlaufbahn auf so viele Auszeichnungen wie er: So ist Schambeck Träger das Großkreuzes des Thailändischen Kronordens oder des Japanischen Ordens der aufgehenden Sonne I. Klasse. Auf das Ehrendoktorat der katholischen Universität Santiago de Chile ist er besonders stolz, denn der Glaube war für ihn auch in der Politik stets das wichtigste. Sein schockierendstes Erlebnis war der Beschluß der Fristenlösung Mitte der siebziger Jahre. Schambeck: »Damals habe ich überlegt, Abschied von der Politik zu nehmen.« Er hat sich anders entschieden und dem politischen Werteverfall zumindest publizistisch den Kampf angesagt. Seither schreibt er unermüdlich zu kontroversiellen Themen wie: »Was sagt Maria der Politik?«

Wolfgang Waldstein ist ein prinzipientreuer Mann. Seit 1996 ist der 69jährige Salzburger an der Lateranuniversität im Vatikan tätig. Ab und zu frühstückt der Professor für Römisches Recht mit dem Papst. »Dieser Mann ist ein Glück für die Kirche«, sagt Waldstein, »daß er mich zum Mitglied der ›Päpstlichen Akademie für das Leben‹ ernannt hat, ist eine große Ehre.« Als solches ist Waldstein den Erlässen des Papstes natürlich doppelt verpflichtet. Der Gehorsam in der österreichischen Kirche läßt für ihn jedoch zu wünschen übrig: »Es kann doch nicht sein, daß 80 Prozent der Katholiken die päpstlichen Grundsätze, zum Beispiel in Sachen Sexualmoral, nicht annehmen.«

Was die drei honorigen Herren verbindet, ist vor allem die Sorge um das Wohl von Mutter Kirche. Doch das allein war ihnen zuwenig. Als Kreuzritter der päpstlichen Gegenreformation zogen sie aus, der verlotterten Kirche Österreichs die Gottesfurcht zu lehren. Sie waren an der scheinbar über Nacht erfolgten konservativen Kirchenwende maßgeblich beteiligt.

Kurz nach dem Papstbesuch im Jahr 1983 machte Andreas Khol, damals Leiter der politischen Akademie der ÖVP, seinem Unmut über die Lage der Kirche Luft. In einem Grundsatzartikel[1] über den Katholizismus in Österreich rechnete er mit der herrschenden Kirchenpolitik Kardinal Franz Königs ab: »Katholische Organisationen gehen Hand in Hand mit Kommunisten und Sozialisten. Ein Verschulden dafür trifft sicher auch die Hierarchie, die diese Organisationen zu lange an der langen Leine geführt hat.« Die Vielfalt in der Kirche war für Khol »zu einem Meinungsbrei verflossen, dessen Geschmack nicht mehr wahrnehmbar war«. Einzig den Papst sah er als Lichtblick: »Es scheint eine neue Periode möglich zu werden, eine Ära, in der kirchliche, moralische Werte im Vordergrund stehen, und in der die Kirche grundsätzlich gleiche Positionen bezieht.«

Der fromme Wunsch Khols war Startschuß für die kirchenpolitischen Entwicklungen der späten achtziger Jahre. Keine zwei Jahre nach Erscheinen seines Artikels – er soll seinen Weg sogar bis in die päpstliche Kurie gefunden haben – erschütterte die erste unvermutete Bischofsernennung die katholische Landschaft Österreichs. Der biedere Göttweiger Benediktinerpater Hans Hermann Groër folgte dem weltoffenen Franz König als Erzbischof von Wien nach. 1987 gelang der nächste konservative Coup: Kurt Krenn, bis dahin Theologieprofessor in Regensburg, wurde Groër als Weihbischof zur Seite gestellt.

Über die Absichten des Vatikans mußte nicht erst lang gerätselt werden, man wollte das österreichische Kirchenschiff wieder auf Kurs bringen. Es galt, gegen die liberalen Auswüchse des österreichischen Kirchenkurses aufzutreten. Hans Pasch, damals Botschafter Österreichs im Vatikan, beschreibt die Stimmung vor der Kür Groërs und Krenns in seinen Memoiren[2]: »Die von Kardinal König gewünschten (liberalen) Nachfolgekandidaten mußten unter allen Umständen verhindert werden. Die Konservativen nutzten ihre Kontakte in Rom, um den Wiener Erzbischof anzuschwärzen.« Pasch nennt die konservativen Einflüsterer nur verächtlich »Böse Geister« und »Ohrenbläser«. Wolfgang Waldstein sieht seine damalige Rolle naturgemäß anders: Er sei nur im Zuge einer »routinemäßigen Meinungsumfrage« zu den Bischofsernennungen befragt worden. Welche Meinung er Rom übermittelt hat? »Das ist geheim. Nur soviel: Wenn man den katholischen Glauben erhalten will, dann muß man katholische Bischöfe ernennen.«

Daß auch wirklich die richtigen Bischöfe ans Ruder gelangten, dafür sorgte Herbert Schambeck, aus dem Triumvirat sicher der Mann mit den besten Beziehungen zum Vatikan. Vor allem zum damaligen Außenminister des Vatikans, Kardinal Agostino Casaroli, hatte Schambeck ein inniges Verhältnis. Nicht umsonst wurde der ohnehin hochdekorierte Bundesrat auch vom Papst mit höchsten Ehren bedacht: 1981 verlieh ihm Johannes Paul II. den päpstlichen Orden des heiligen Gregor des Großen, 1990 wurde er zum »Gentiluomo di Sua Santità« und 1993 zum »Konsultor des Päpstlichen Rates für die Familie« ernannt. Auf seine Rolle bei den Bischofsernennungen in Österreich angesprochen, verneint Schambeck freilich jegliche Einflußnahme: »Ich habe niemals mit Johannes Paul II. oder mit einer anderen Person ein Gespräch über Bischofsernennungen geführt.« Glaubt man Vatikan-Botschafter Pasch, dann konnte Schambeck aber zumindest seine Freude über die Wende in Österreichs Kirche nicht ganz verheimlichen. Pasch: »Ich selbst war zugegen, wie er in einer Audienz, an der zahlreiche hochrangige ÖVP-Politiker teilnahmen, dem Papst für die Ernennung von Groër und Krenn dankte: Österreich sei glücklich über diese Wende.«

Die Gläubigen in Wien konnte Schambeck damit nicht gemeint haben. Die hatten sich aus Protest gegen Krenns Ernennung zum Bischof zu Hunderten vor den Wiener Stephansdom gelegt. Der vermeintliche Triumphzug für den gewichtigen Kirchenfürsten geriet zu einem veritablen Skandal: Krenn mußte von Polizisten über die unzufriedenen Gläubigen zur Inthronisation in den Dom getragen werden. Vier Jahre später, anläßlich seiner Ernennung zum Bischof von St. Pölten, erging es ihm kaum besser. An die 5 000 Kritiker hatten sich vor dem Dom der niederösterreichischen Landeshauptstadt versammelt, um gemeinsam gegen Krenn mobil zu machen. Genützt hat es naturgemäß nichts. Einige hundert, aus ganz Österreich herangekarrte Krenn-Anhänger bereiteten ihrem Bischof einen brüderlichen Empfang. Weniger geschwisterlich meinten sie es mit Krenns Gegnern. Die wurden auf Flugblättern als »verwirrte Emanzen, ewiggestrige Linksextremisten und Anarchisten« beschimpft.

Die strittigen Bischofsernennungen hatten Kirchenvolk und Klerus in zwei Lager gespalten: Das zeigte sich nicht nur in Wien und St. Pölten. 1989 wurde erneut zum Jahr der reaktionären Entscheidungen. Bei der Wahl des bis dahin völlig unbekannten Landpfarrers Georg Eder zum Salzburger Erzbischof mißachtete der Vatikan die Rechte des Domkapitels und setzte den unauffälligen Konservativen in Eigenregie an die Spitze der verdutzten Erzdiözese. Ein Lichtermeer des Widerstands verglühte wirkungslos. In Vorarlberg war es nicht viel anders: Schon 1987 waren im Ländle Gerüchte aufgetaucht, wonach Klaus Küng, Regionalvikar des katholischen Geheimbundes Opus Dei in Österreich, dem beliebten Bischof Bruno Wechner nachfolgen sollte. Ein Proteststurm vor allem des aufgeklärten Vorarlberger Klerus war die Folge. Wechner blieb zwei weitere Jahre im Amt, so lange, bis sich die Aufregung um Küng gelegt hatte und das Thema aus den Medien weitgehend verschwunden war. In einer Nacht-und-Nebel-Aktion kam der Opus-Dei-Mann dann doch noch zu seiner Bischofsmütze. Wieder versammelten sich Tausende Gläubige mit brennenden Kerzen und grollenden Herzen am Domplatz, diesmal in Feldkirch. An der Entscheidung Roms konnten auch sie nichts ändern.

Die Befürchtungen der Demonstranten allerdings wurden alsbald bestätigt. Vor allem Bischof Krenn wurde seinem Ruf als kompromißloser Verfechter des rechten Glaubens gerecht. Hatte er schon in Wien mit eigenwilligen Entscheidungen für Unmut gesorgt, so lebte er sich in der Diözese St. Pölten erst recht aus. Die Konflikte mit Pater Udo Fischer, Pfarrer der Gemeinde Paudorf, oder dem St. Pöltner Dompfarrer Johannes Oppolzer füllten wochenlang die Spalten der Tages- und Wochenpresse. Oppolzer nahm wenig später völlig entnervt den Hut, Fischer konnte sich nur halten, weil er den Abt des

Stiftes Göttweig hinter sich wußte. Das österreichische Kirchenvolk reagierte auf das kircheninterne Gezänk auf seine Weise: Durschnittlich 40 000 Katholiken treten seither jährlich aus der Kirche aus. Grund genug für die Erzdiözese Wien, nach den Motiven zu fragen.[3] Die Negativ-Hitliste der Kirchenaustrittsgründe läßt kein gutes Haar am Gegenreformationskurs des Papstes. Er selbst rangiert auf Platz drei, Erzbischof Groër (sicher auch bedingt durch die Affäre um angebliche sexuelle Belästigungen eines ehemaligen Schülers) liegt auf Platz zwei, unangefochtene Nummer eins aber ist Kurt Krenn, der streitbare Kirchenfürst aus St. Pölten.

Dennoch: Die Saat von Schambeck, Khol und Waldstein geht nach mehr als zehn Jahren voll auf. Trotz der massiven Kritik von außen und der hohen Austrittszahlen haben sich Krenn & Co. in ihren Ämtern gehalten. Die Kritiker von damals sind meist verstummt. Pfarrer Stefan Amann, bei Küngs Bischofsweihe Dompfarrer in Feldkirch und einer seiner härtesten Gegner: »Den offenen Widerstand habe ich aufgegeben. Ich versuche jetzt, mit dem Bischof auszukommen, so gut es halt geht.« Auch Pater Udo Fischer muß gestehen: »Die Opposition gegen Krenn ist geschwunden. Die meisten sind frustriert, weil sie merken, daß es ohnehin sinnlos ist, gegen Krenn aufzutreten.« Aber auch Fischer hat jetzt seine Ruhe, denn Krenn stellte die bischöflichen Tiraden gegen ihn ein. Exzellenz hat eine andere Strategie entwickelt, dem aufmüpfigen Klerus Herr zu werden: Jetzt züchtet er sich seinen eigenen Priesternachwuchs. Neben dem regulären Priesterseminar in St. Pölten hat er eine Art Sonderseminar im nahen Kleinhain (siehe Kapitel »Liberale Theologie«) eingerichtet, wo die Seelsorger der Zukunft ganz nach Krenns Geschmack ausgebildet werden. In Blindenmarkt etablierte der Bischof mit dem Orden »Servi Jesu et Mariae« (siehe Kapitel »Katholische Pfadfinderschaft Europas«) einen weiteren reaktionären Priesterhort. In einigen Jahren, so Krenns Überlegung, kann er dann die Früchte seiner konservativen Bäumchen ernten.

Indessen haben es Liberale in der Diözese zunehmend schwer. Nicht einmal Diskussionsveranstaltungen mit anerkannten Theologen duldet Krenn auf seinem Territorium. Karl Dillinger, Chef des kritischen »Forum XXIII«, mußte einen seiner Diskussionsgäste, den Theologen Hans Rotter, auf außerdiözesanes Gebiet in die Erzdiözese Wien karren. Erst dort durfte Rotter seinen Maulkorb wieder abnehmen.

Die Atmosphäre ist in vielen österreichischen Diözesen vergiftet, vor allem in jenen, die von der konservativen Kirchenwende am schwersten betroffen sind. Professor Wolfgang Beilner, anerkannter Bibelwissenschafter aus Salzburg, faßt seine Verbitterung in Worte: »Jene Leute, die uns 1986 diese berühmte Wende gebracht haben, sollten jetzt sehr nachdenklich werden.« Zumindest einem aus dem konservativen Dreigestirn Waldstein – Schambeck – Khol scheint er damit ins Gewissen geredet zu haben. Andreas Khol will heute von seiner Rolle als »Ohrenbläser« und Wegbereiter der Kirchenwende nichts mehr wissen. Er zählt, so sagt er, nunmehr den liberalen Innsbrucker Bischof Reinhold Stecher und den kritischen Wiener Pastoraltheologen Paul Michael Zulehner »zu seinen Freunden«.

»Längst eine Minderheit«

Professor Wolfgang Waldstein über sein Verhältnis zum Papst, abtrünnige Bischöfe und die Verfolgung der letzten wahren Katholiken.[4]

Zur Person: Univ.-Prof. Dr. Wolfgang Waldstein wurde 1928 in Hangö/Finnland geboren. Er war fast 30 Jahre lang Professor für Römisches Recht an der Universität Salzburg. 1993 trat er in den Ruhestand, wurde jedoch im September 1996 als Professor für Römisches Recht und Allgemeine Rechtstheorie an die Lateranuniversität nach Rom berufen.
Waldstein trat schon während seiner Tätigkeit in Salzburg als scharfer Kritiker eines liberalen Kirchenkurses auf. An der konservativen Kirchenwende Ende der achtziger Jahre in Österreich soll Waldstein maßgeblich beteiligt gewesen sein. Er ist auch Mitbegründer der konservativen Gruppe »Treue zur Kirche« und Mitglied der Gemeindevertretung von St. Sebastian in Salzburg, die von der Priesterbruderschaft St. Petrus (siehe dort) geführt wird. In zahlreichen wissenschaftlichen Artikeln, in Zeitschriften wie »Theologisches« oder »Una Voce Korrespondenz« kritisierte Waldstein immer wieder Erscheinungen im Zusammenhang mit der Liturgiereform, die nach seiner Meinung mit den Erklärungen des Konzils nicht in Einklang zu bringen sind. Wolfgang Waldstein ist verheiratet und Vater von sechs Kindern.

Herr Professor, es wird immer über Ihr gutes Verhältnis zum Papst gemunkelt – wie steht es damit?

Es ist wahr, daß ich zusammen mit anderen einige Gelegenheiten hatte, den Heiligen Vater persönlich zu treffen und mit ihm zu sprechen. Seit meiner Ernennung zum Mitglied der Päpstlichen Akademie für das Leben 1995 sehe ich den Papst bei den offiziellen Audienzen für diese Akademie. Außerdem gibt es natürlich unendlich viele, die der Papst in ähnlicher Weise persönlich kennenlernt. Ich kann mir daher nicht einbilden, eine besondere Beziehung zu ihm zu haben.

Ende der achtziger Jahre hat in Österreich die sogenannte konservative Kirchenwende stattgefunden. Ihnen wurde dabei immer eine bedeutende Rolle zugemessen. Wieviel Anteil hatten Sie denn tatsächlich an den umstrittenen Bischofsernennungen?

Mein Einfluß wird in Österreich erheblich überschätzt. Ich bin, wie das vor Bischofsernennungen in der Kirche üblich ist, nach meiner Meinung gefragt worden. Als einzelner hat man aber keinen großen Einfluß auf die tatsächliche Entscheidung. Wer das behauptet, hat von den konkreten Vorgängen keine Ahnung. Da fließen natürlich Hunderte Meinungen ein, oder sogar Tausende. Ich engagiere mich, das ist richtig. Aber anzunehmen, ein einziger Laie hätte einen so großen Einfluß, ist naiv und irreal.

Nun standen Sie mit Ihrer Meinung nicht allein. Auch Herbert Schambeck oder Andreas Khol teilten Ihre Einschätzung, die österreichischen Hirten seien zu liberal. Das war doch ein eindeutiger Fingerzeig konservativer Persönlichkeiten für den Papst?

Das will ich gar nicht bestreiten. Aber der Papst selbst hat beim Ad-limina-Besuch im Jahr 1987 den Bischöfen klare Worte gesagt. Das war der Papst und nicht etwa einer von uns. Die Initiative in Richtung Erneuerung der österreichischen Kirche ist von ihm ausgegangen. Daß es dann zu Rückschlägen gekommen ist, ist bedauerlich.

Welche Rückschläge meinen Sie?

Im Hinblick darauf, was der Papst beim Ad-limina-Besuch gesagt hat, muß ich es als ausgesprochenen Rückschlag betrachten, daß heute die Meinung vertreten wird, es dürften für das Amt des Bischofs nur »integrative Persönlichkeiten« vorgeschlagen werden. Dies bedeutet in der Praxis, daß unerwünschte Wahrheiten nicht mehr gesagt werden dürfen. Der gegenwärtige Vorsitzende der Bischofskonferenz [Bischof Johann Weber, Anm.] hat jedenfalls Erklärungen abgegeben, die den Eindruck erwecken, daß für ihn auch mit dem katholischen Glauben unvereinbare Forderungen, wie die des sogenannten »Kirchenvolks-Begehrens«, diskussionswürdig seien. Die Enzyklika »Veritatis Splendor« sagt jedoch dazu: »Im Widerstand gegen die Lehre der Hirten (der Kirche) ist weder eine legitime Ausdrucksform der christlichen Freiheit noch der Vielfalt der Gaben des Geistes zu erkennen. In diesem Fall haben die Hirten die Pflicht, ihrem apostolischen Auftrag gemäß zu handeln und zu verlangen, daß *das Recht der Gläubigen*, die katholische Lehre rein und unverkürzt zu empfangen, immer geachtet wird« (Nr. 113). Dieses Recht der Gläubigen kann nur gewahrt werden, wenn Bischöfe ernannt werden, die fähig und bereit sind, ihr Hirtenamt nach den Weisungen auch des Konzils wahrzunehmen.

Wer bestimmt denn, was die »reine und unverkürzte katholische Lehre« ist? Bischof Weber und Sie gehören verschiedenen Lagern in der Kirche an – Ihre Angriffe gegen ihn erinnern doch sehr stark an diese Flügelkämpfe.

Was katholisch ist, bestimmt in der katholischen Kirche allein das kirchliche Lehramt des Papstes und der Bischöfe, »die in Einheit mit dem römischen Bischof lehren«, wie es das Konzil ausdrückt. Dabei ist das Lehramt an Schrift und Überlieferung gebunden. Es kann daher nichts anderes lehren, als was Christus selbst der Kirche anvertraut hat.

Ich gehöre im übrigen keinem »Flügel« der Kirche an. Die Kirche Christi hat als solche keine »Flügel«. Es liegt mir auch ganz fern, Bischof Weber persönlich anzugreifen. Als denkender Mensch muß man aber doch wohl sehen dürfen, welche Implikationen öffentliche Erklärungen haben. Es hat ja diese Probleme von Anfang an gegeben. Vor Irrlehrern mußte schon Christus selbst warnen und dann mußten es die Apostel. In England ist unter Heinrich VIII. die gesamte Bischofskonferenz mit nur einer Ausnahme dem Willen des Königs gefolgt. Der eine Bischof, John Fisher, der katholisch bleiben wollte, ist dafür hingerichtet worden.

Ich selbst möchte nichts als schlicht katholisch sein. Was katholisch ist und was es zu bedeuten hat, muß an sich jeder wissen, der sich zur katholischen Kirche bekennt. Das hat man immer gewußt, und es ist auch in den Dokumenten des Konzils festgelegt. Jetzt kann man es einfach dem neuen Katechismus der katholischen Kirche entnehmen. Wenn man mich also als »ultrakonservativ« oder sonst etwas bezeichnet, dann trifft das nicht meinen Glauben. Ich habe im Sinne der auch menschenrechtlich geschützten Religionsfreiheit nicht nur ein Recht, katholisch zu sein, sondern als Katholik auch die Pflicht, diesen Glauben ernstzunehmen. Als ich an der Lateranuniversität in Rom ernannt wurde, durfte ich diese Pflicht sogar beschwören. Ich habe einen Treueeid geleistet als Professor an einer päpstlichen Universität.

Für Sie gibt es also keine unterschiedlichen Strömungen in der katholischen Kirche?

Zweifellos gibt es innerhalb der Kirche, wie seit der Zeit Christi, »Strömungen«, aber nicht im Glauben der Kirche. Es gibt auch heute noch viele, die katholisch bleiben wollen, und es gibt verschiedene »Strömungen«, die nicht mehr die Lehre der Kirche annehmen wollen und auf eine neue »Reformation« hinauslaufen. Gegenüber der Reformation des 16. Jahrhunderts werden jedoch heute auch die Grundlagen des natürlichen Sittengesetzes bekämpft, die längst vor der christlichen Offenbarung durch das natürliche Licht der Vernunft erkannt worden waren. Wenn man aber bei der Moral Abstriche macht, dann stellt man zwangsläufig die sittlichen Grundlagen und damit den Glauben im ganzen in Frage.

Sie spielen auf das Kirchenvolks-Begehren an. War das für Sie auch so ein Rückschlag?

Der Rückschlag war, daß offenbar die Mehrheit der Bischöfe das Kirchenvolks-Begehren für diskussionswürdig hält. Das ist ja fast so, als hätte man zur Zeit der Reformation Luthers Thesen akzeptiert. Wer solche Forderungen zur Grundlage des Glaubens erheben will, der kann nicht mehr auf dem Boden der katholischen Kirche stehen.

Dieses Volksbegehren haben immerhin 500 000 Menschen unterschrieben.

Das haben viele unterschrieben, die entweder den katholischen Glauben nicht mehr kennen oder nicht mehr annehmen wollen, auch solche, die überhaupt nicht der Kirche angehören. Oder meinen Sie, Heide Schmidt sei eine Exponentin des katholischen Glaubens?

Und da kommt noch etwas hinzu: Jahrzehntelang sind an den katholisch-theologischen Fakultäten Lehren verbreitet worden, die im Gegensatz zur katholischen Lehre stehen. Dort sind Generationen von Priestern ausgebildet worden, und die Folgen sieht man jetzt bei den Gläubigen. Wenn, wie offiziell erklärt wurde, 80 Prozent der Katholiken »Humanae Vitae«* nicht annehmen, dann heißt das, daß sie grundlegende Lehren des katholischen Glaubens nicht mehr akzeptieren. Das hat Auswirkungen auf alle Bereiche des Glaubens. So gesehen ist die katholische Kirche in Österreich längst eine Minderheit. Und nur weil Österreich einmal katholisch war, muß das nicht auch so bleiben.

Wie konnte es zu dieser Entwicklung kommen?
Das ist die Zeit nach dem Zweiten Vatikanischen Konzil. Da haben viele das Gefühl gehabt, sie können alles ausleben, was sie vorher nur im geheimen gedacht haben.

Aber das Zweite Vatikanum hat doch eine Öffnung der Kirche gebracht. Zum Beispiel die weitgehende Religionsfreiheit. Was ist mit dem vielzitierten Konzilsgeist?
Was die Religionsfreiheit betrifft, müßte das betreffende Dekret wirklich gelesen werden. Es enthält keinen Verzicht auf den Wahrheitsanspruch der Lehre der Kirche, sondern eine Bekräftigung des immer gültigen Grundsatzes, daß in Fragen des Glaubens die Zustimmung frei sein muß. Mit dem »Konzilsgeist« jedoch wird gewöhnlich das gemeint, was auf dem Konzil nicht durchgesetzt werden konnte. Daher hat man gegen die klaren Aussagen des Konzils einen »Konzilsgeist« beschworen, um nachträglich das durchzusetzen, was auf dem Konzil nicht gelang. So hat man dann vieles einfach falsch interpretiert. Wenn man die Texte so interpretiert hätte, wie sie lauten und wie sie gemeint waren, dann wäre wohl eine Krise solchen Ausmaßes, wie sie heute gegeben ist, nicht gekommen.

Es gibt aber auch Beispiele, wie den verstorbenen Erzbischof Lefébvre, wo sich Vertreter der Kirche ganz konkret gegen das Konzil gewandt haben. Im Fall von Lefébvre hat das schlußendlich ja auch zum Schisma geführt.
Lefébvre hat alle Dokumente des Zweiten Vatikanums unterschrieben. Und zwar in der Erwartung, daß sie so interpretiert werden, wie sie geschrieben und intendiert waren. In der Verbindung mit der ganzen Tradition der Kirche. So, wie es sich gehört. Leider ist das eben nicht geschehen.

Sie haben sich auch immer gegen Entwicklungen seit dem Zweiten

---

* Umstrittene Enzyklika Papst Pauls VI. vom 25. Juli 1968 über die menschliche Fortpflanzung, in der jegliche künstliche Empfängnisverhütung abgelehnt wird.

Vatikanum gewandt, wie zum Beispiel die Handkommunion. Warum eigentlich?

Die ernsten Gefahren der Handkommunion sind von der Kirche selbst in der Instruktion »Memoriale Domini« aufgezeigt worden. Bei der damals durchgeführten Umfrage im gesamten Weltepiskopat hat sich die überwältigende Mehrheit der Bischöfe gegen die Handkommunion ausgesprochen. Trotz Kenntnis dieser Tatsachen und Gefahren wurde sie auf Druck einiger Bischofskonferenzen dennoch durchgesetzt. Die Hauptgefahr ist der Verlust der Ehrfurcht vor dem »Allerheiligsten«. Ich selbst war Zeuge, als ein Bub im Begriffe war, bei der Rückkehr von der Kommunion eine Hostie in die Tasche zu stecken. Möglicherweise ist er bestellt gewesen, sie für eine Satansmesse mitzunehmen. Konsekrierte Hostien sind bei diesen sehr begehrt und werden gut bezahlt. Ich habe ihn aber an Ort und Stelle genötigt, die Hostie in den Mund zu geben, um das Schlimmste abzuwenden.

Sie haben vorhin gesagt, die wahre katholische Kirche sei in Österreich längst eine Minderheit. Ist die Kirche auf dem Weg zu einer unter vielen?

Die Kirche im deutschsprachigen Raum? Nicht eine unter vielen, denn Christus hat nur eine Kirche gestiftet, aber eine, die zur Minderheit wird. Es gibt ja Gebiete in Europa und anderswo, in der die katholische Kirche schon viel früher weitgehend oder ganz verschwunden ist. Anders steht es heute vielleicht in Afrika und in anderen Teilen der Welt. Aber auch bei uns gibt es Leute, die es mit dem katholischen Glauben wirklich ernst meinen. Es gibt viele neue, ganz im stillen vor sich gehende Bemühungen, von denen ich überzeugt bin, daß sie die Zukunft der Kirche gestalten werden.

Meinen Sie damit die Gruppen, die in diesem Buch beschrieben und kritisiert werden?

Ich meine keine »Gruppen«, sondern kirchliche Gemeinschaften und Werke, wie es sie zu allen Zeiten in der Gestalt verschiedener Orden oder kirchlicher Gemeinschaften gegeben hat. Schon die Bezeichnung »Gruppe« führt dabei in die Irre. Wer etwa das Opus Dei oder die Priesterbruderschaft St. Petrus und andere heute in der Kirche wirkende Gemeinschaften als »Gruppen« bezeichnet, zeigt damit nur, daß er weder die Struktur noch das Leben der Kirche verstanden hat. Bei den genannten Werken handelt es sich um kirchlich anerkannte Gemeinschaften. Daß sie aus der Perspektive jener, die eine andere Kirche machen oder haben möchten, als »fundamentalistisch« oder »traditionalistisch« bezeichnet werden, ändert an ihrem kirchlichen Charakter nichts. Es ist längst klar, daß heute in den Medien und in der von ihnen vertretenen Meinung jeder ein Fundamentalist sein muß, der seinen katholischen Glauben ernst zu nehmen sich bemüht. Ohne jede Rücksicht auf das Diskriminierungsverbot etwa gemäß Art. 2 Abs. 1 der Allgemeinen Erklärung der Menschenrechte werden sie wegen ihrer religiösen Überzeugung als »Freiwild« der Medienhetze behandelt. Eine Kritik an diesen Werken sollte sich erst um ein wirkliches Verständnis ihrer Ziele bemühen und nicht von gängigen Vorurteilen ausgehen. Freilich muß man dazusagen, daß heute diese Werke auch innerhalb der Kirche vielfach abgelehnt oder behindert werden, und zwar gerade von jenen, die immer die »Geschwisterlichkeit« in der Kirche betonen.

Wo passiert so etwas?

Zum Beispiel im Fall der Petrusbruderschaft. Sie ist von jenen Priestern gegründet worden, die nicht mit Erzbischof Marcel Lefébvre ins Schisma gegangen sind, sondern dem Papst die Treue gehalten haben. Sie ist als Priesterbruderschaft päpstlichen Rechts errichtet worden. Gleichwohl haben bisher, trotz der ausdrücklichen Bitte des Papstes im Motuproprio »Ecclesia Dei«*, die wenigsten Bischöfe in ihren Diözesen die Möglichkeit eines Wirkens gegeben.

Bischöfe also in offener Opposition zum Glauben?

Ja. Aber das ist nicht das erste Mal in der Geschichte. So gab es 1968 Erklärungen von Bischofskonferenzen, wie die Maria Troster oder die Königsteiner Erklärung**, im Effekt gegen die Enzyklika »Humanae Vitae«. Der damalige »Aufstand« gegen Papst Paul VI. wurde weltweit organisiert. Die Korrektur durch die Österreichische Bischofskonferenz von 1988 wurde dagegen kaum zur Kenntnis ge-

---

* Motuproprio: Päpstliches Schreiben »aus eigenem Antrieb«, also nicht auf Eingaben beruhend. Zur näheren Erklärung siehe Kapitel »Priesterbruderschaft St. Petrus«, Abschnitt »Der große Graben«.
** In diesen beiden Erklärungen stellten die österreichischen (in Maria Trost) und die deutschen Bischöfe (in Königstein) die Gewissensfreiheit des einzelnen Gläubigen über die in »Humanae Vitae« festgelegte kategorische Ablehnung aller Empfängnisverhütungsmittel. Maßgeblich, so die Bischöfe, sei letztlich nicht die päpstliche Enzyklika, sondern »die persönliche Entscheidung des gebildeten Gewissens«.

nommen. Auch schon im 4. Jahrhundert versagten die Bischöfe in der arianischen Krise* in ihrem Glaubensbekenntnis. Viele folgten den Irrlehren, die wenigen Bischöfe, die gläubig blieben, wurden verunglimpft und ins Exil getrieben. Daß heute Bischöfe, die ihrer Hirtenpflicht als katholische Bischöfe zu entsprechen sich bemühen, ebenfalls verunglimpft werden, brauche ich nicht zu beweisen.

Nun werden aber manchen »Werken«, die Sie so sehr schätzen, von ehemaligen Mitgliedern sektenähnliche Methoden vorgeworfen. Dem Opus Dei zum Beispiel.

Ich kann dazu nur sagen: diesbezügliche Erfahrungen habe ich nie gemacht. Aber auch die sorgfältig dokumentierten Nachforschungen des bekannten Redakteurs Vittorio Messori haben nichts Derartiges feststellen können. Sein Buch über das Opus Dei ist wirklich lesenswert.** Ich habe viele Freunde im Opus Dei, und jedesmal, wenn ich ein Zentrum besuche, gibt es strahlende Gesichter. Wenn es zu Konflikten mit Ex-Mitgliedern kommt, dann fallen denen möglicherweise Situationen ein, wo sie sich schlecht behandelt fühlten. Das ist eine menschliche Seite, die in jedem Scheidungsprozeß auftritt. Und zu den Vorwürfen gegen die Verwendung eines Bußgürtels: Der große Humanist und Lord Chancellor Thomas Morus hat nicht nur einen Bußgürtel, sondern ein Bußhemd getragen, und dies aus zweifellos achtenswerten Gründen. Er tat es zu Lebzeiten im verborgenen, es wurde erst nach seinem Tod bekannt. Wer so etwas nicht versteht, sollte über andere nicht urteilen. Außerdem haben die Kinder von Fatima, um wirksamer für die Sünder büßen zu können – also aus Liebe zu anderen Menschen – rauhe Stricke als Bußgürtel getragen. In einer Erscheinung wurde ihnen gesagt, daß sie den Strick nicht über Nacht tragen sollten, während das Tragen am Tag gutgeheißen wurde. Die Erscheinungen von Fatima sind längst von der Kirche anerkannt.

---

* Der Arianismus, nach der Christologie des alexandrinischen Priesters Arius, sah Christus mit Gott nicht wesensgleich, sondern nur als dessen »vornehmstes Geschöpf«. Der Arianismus wurde 325 auf dem Konzil von Nizäa verurteilt, Arius bereits sieben Jahre zuvor exkommuniziert.
** Messori, Vittorio: Der »Fall« Opus Dei. Aachen: MM-Verlag 1995. Messoris Buch ist eines der wenigen Werke, die vom Opus Dei selbst empfohlen werden. Betont der Autor zu Beginn seine Unvoreingenommenheit, gerät das Werk doch zu einer flammenden Verteidigungsschrift für die Ziele der Organisation.

Kirche in der Falle

Johann Weber hat zweifelsfrei Routine im Umgang mit Medien. Pressekonferenzen mit dem Grazer Bischof lassen nichts zu wünschen übrig: souverän der Stil, klar die Sprache, pointiert die Argumentation. Die abschließende Pressekonferenz der Frühjahrsvollversammlung der österreichischen Bischöfe am 21. März 1997 war beinahe auch so ein Fall. Als Vorsitzender der Bischofskonferenz hatte Weber die Aufgabe, 40 nach Zitaten dürstende Journalisten zu bedienen. In gewohnter Manier spulte er Thema für Thema ab. Kurz war die Nachbetrachtung der Pfarrgemeinderatswahlen, grundsätzlich die Verlautbarung zur Sonntagsarbeit, scharf die Kritik an der Gentechnik. Nur bei einer Erklärung stockte Weber: beim Thema Sekten. Auf zwei DIN-A4-Seiten hatten die österreichischen Bischöfe zu diesem heiklen Punkt Stellung genommen. Mit der ersten hatte Weber noch kein Problem. »Der religiöse ›Supermarkt‹ stellt eine Gefahr für Integrität und Würde des einzelnen wie auch der Gemeinschaft dar. Das Freiheitsrecht jedes Menschen endet dort, wo die Freiheit des anderen anfängt.« Weber war in Hochform. Doch nur bis zur zweiten Seite, denn auf einmal hatte er es eilig. Die »Klarstellung der Bischofskonferenz zum Begriff ›Sekte‹« behagte dem Vorsitzenden sichtlich nicht. In ungewohntem Tempo las Weber vom Papier, ohne abzusetzen oder den Journalisten in die Gesichter zu blicken: »In letzter Zeit werden auch Gruppen innerhalb der Kirche mit den Begriffen ›Sekte‹ bzw. ›sektiererisch‹ bezeichnet. Es ist zurückzuweisen, wenn Gemeinschaften, die kirchlich anerkannt sind, als ›Sekte‹ bezeichnet werden oder gar ein Leben nach den drei ›evangelischen Räten‹ (Armut, Keuschheit, Gehorsam) mit ›sektenähnlichen Praktiken‹ in Beziehung gebracht wird. Der in diesem Zusammenhang erhobene Fundamentalismusvorwurf bezieht sich oft zu Unrecht auf die an sich legitime Suche nach ›Sicherheit und Einfachheit des Glaubens‹.«

Das Tempo in Webers Sätzen verfehlte sein Ziel nicht. Kaum ein Journalist zückte Papier und Bleistift; bevor sich noch Unmut über den katholischen Freispruch in eigener Sache regen konnte, war Weber schon beim nächsten Thema: Diplomatisch meisterte er die Causa »Dialog für Österreich«.

Der Bischof wußte natürlich, warum er sich beim Thema »innerkatholische Sekten« derart beeilte. Zu schönfärberisch war die Erklärung der Bischofskonferenz ausgefallen; da wurde ein Phänomen

behübscht, das selbst in den eigenen Reihen heftig umstritten war. Im Sog der konservativen Kirchenwende und ihrer schillernden Persönlichkeiten à la Kurt Krenn hatten sich auch einige sektiererische Gruppen in der Kirche etabliert.
Spätestens seit den achtziger Jahren sind der Öffentlichkeit Namen wie »Engelwerk« oder »Opus Dei« geläufig. Immer wieder gingen ehemalige Mitglieder dieser Gruppen an die Öffentlichkeit und berichteten von sektenähnlichen Methoden, denen sie während ihrer Mitgliedschaft ausgesetzt waren. Engelwerk und Opus Dei sind aber nur die Spitze des Eisbergs. Ein großer Teil der streng autoritär strukturierten katholischen Fundi-Gruppen schwimmt unentdeckt unter der schützenden Oberfläche der Kirche. Bewegungen wie das Werk, die Katholische Pfadfinderschaft Europas, die Petrusbruderschaft oder das Neokatechumenat sind bis heute weitgehend unbekannt. Dennoch haben diese unauffälligen katholischen Nachtschattengewächse die Kirche an den Rand des Abgrunds gebracht. Die Anschauungen und Methoden der innerkatholischen Sekten gefährden nicht nur viele Menschen, die in ihre Fänge geraten, sondern auch den innerkirchlichen Konsens.
Anstatt sich dem Problem aber in seinem vollen Ausmaß zu stellen, üben sich die Bischöfe in Wortspielerei: Von einer »grundsätzlichen Widersprüchlichkeit des Schlagwortes der ›innerkirchlichen Sekten‹« spricht zum Beispiel der Wiener Erzbischof Christoph Schönborn.[5] In seiner ursprünglichen Bedeutung meint der Begriff »Sekte« tatsächlich eine »kleinere Glaubensgemeinschaft, die sich von einer größeren Religionsgemeinschaft, einer Kirche abgespalten hat«. Innerkatholische Gruppen scheiden nach dieser Definition als Sekten naturgemäß aus. Den Bischöfen dient sie daher oft als letztes (und oft einziges) Argument gegen die Existenz kirchlicher Sektierer. Daß die Definition auch für so manche nichtkatholische Sekte zu kurz greift, wird dabei gerne vergessen. So ist etwa Scientology, von den Katholiken oft (zu Recht) verteufelt, auch keine Abspaltung einer bestehenden Kirche.
Über die Auswüchse der katholischen »Bewegungen« und »Werke« diskutiert die katholische Obrigkeit hingegen nicht gerne. Antworten auf die brennenden Fragen sind schwer zu bekommen. Erst nach knapp einem Monat reagierte etwa Bischof Weber auf eine zweiseitige schriftliche Anfrage des Autors zum Thema »innerkatholische Sekten«. Dem Schreiben eingeschlossen war die Bitte um ein Interview oder eine schriftliche Stellungnahme. Die Antwort aus Webers

Büro in vollem Wortlaut: »Grüß Gott! Der Herr Bischof hat Ihr Schreiben erhalten. Es ist ihm jedoch nicht möglich, das von Ihnen gewünschte Interview zu erteilen. Mit freundlichen Grüßen, Sekretariat des Bischofs.«

Der Schwund an Diskussionsbereitschaft und Professionalität im medialen Umgang schmerzt bei dieser »Erklärung« weit weniger als die Ignoranz gegenüber den Geschädigten der innerkatholischen »Sekten«. Denn Opfer gibt es auch in der katholischen Kirche zur Genüge. Die Strategien der Glaubensgruppen sind außerhalb wie innerhalb der Kirche oft dieselben: Gehirnwäsche, Indoktrination und Entfremdung von den Familienangehörigen gehören ebenso dazu wie die Abhängigkeit von charismatischen Führungspersönlichkeiten, Abkapselung und Weltfremdheit. Der bösen Welt wird die eigene Elite entgegengesetzt, die katholischen Gruppen betrachten sich deshalb meist als Hort des wahren katholischen Glaubens. Nicht selten entstehen dabei Geheimsprachen, sonderbare Welten, die nur Eingeweihten begreifbar sind. Will einer die Gruppe verlassen, wird ihm die ewige Verdammnis angedroht.

Als Argument gegen die Existenz innerkatholischer Sekten wird immer wieder auch die Existenz der »drei evangelischen Räte« (Armut, Keuschheit, Gehorsam) vorgebracht. Diese sind die Grundlage der klassischen katholischen Orden. Nach Darstellung der Bischöfe würden die neuen Bewegungen diese Grundsätze lediglich übernehmen. Doch auch hier ist das Bild zuwenig differenziert, denn es bestehen sehr wohl Unterschiede zwischen den Orden und den neuen Bewegungen: Die klassischen Orden werben neue Mitglieder nicht aktiv; die neuen Rekruten wissen von Anfang an, mit welcher Organisation sie es zu tun haben; sie akzeptieren ihre Umwelt und stehen ihr nicht feindselig gegenüber; die Persönlichkeit der Mitglieder wird nicht völlig umgekehrt, sondern der bestehende Glauben lediglich vertieft, und der Heilsweg des Ordens wird nicht als der einzige gesehen.

Auch die Beteuerungen der katholischen Kirche, die betreffenden Gruppen würden ohnehin ständig vom Vatikan kontrolliert, erweisen sich bei näherer Betrachtung als haltlos. Lediglich die Umtriebe des Engelwerks wurden vom Vatikan 1992 in einem Dekret eingeschränkt. Seither sind den Engelwerkern einige grundlegende Schriften und die obligatorischen Weihen der neuen Mitglieder an ihre Schutzengel untersagt. Der Indoktrination und Ausbeutung einzelner Mitglieder tut das freilich keinen Abbruch. Gänzlich unbehelligt wirken andere Gemeinschaften wie das Werk, das Opus Dei oder das

Neokatechumenat. Im Klima der Gegenreformation stiegen sie sogar zu den bevorzugten Truppen des Vatikans auf. Da Kritik an der reaktionären Linie des Papstes von ihrer Seite naturgemäß nicht zu erwarten ist, führen sie in Gottes Namen das Heer der Neuevangelisierung. Sie sind die Bannerträger eines Kadavergehorsams, die Speerspitzen der Europa-Mission. Sie verteidigen die wahren Werte der Christenheit gegen die Moderne, sie sorgen für ausreichend rechten Priesternachwuchs.

Die Mitte der katholischen Kirche ist dagegen längst in einer tiefen Krise. Sie artikuliert sich nicht mehr. Aber wie auch, ist ihr doch das nötige Organ abhanden gekommen. Die Bischöfe, gedacht als Funktionäre des Ausgleichs, gehen dieser Aufgabe nicht mehr nach, weil sie oft selbst am rechten Rand stehen. Vermeintlich linke Strömungen haben keine Chance, gehört zu werden. Thomas Plankensteiner, Initiator des österreichischen Kirchenvolks-Begehrens: »Wir dringen mit unseren Anliegen zu den Bischöfen nicht vor. Nicht einmal für den ›Dialog für Österreich‹, ein Diskussionsforum, das unser ›Volksbegehren‹ aufarbeiten sollte, wurden wir zugelassen. Es ist frustrierend, wenn man zusehends ignoriert wird.«

Der Verlust der Mitte läßt den Graben zwischen Reformern und Reaktionären nur noch breiter erscheinen. Die Positionen sind praktisch unvereinbar: Sehen die einen das Zweite Vatikanische Konzil als ersten Schritt der Öffnung und verlangen nach mehr, so gehen den anderen bereits die bestehenden Reformen zu weit. Während sich die Progressiven an Werten der Aufklärung orientieren und sich für Ausländerintegration engagieren, stellen die Fundamentalisten die »Gleichheit aller Menschen« in Frage. Sie orientieren sich lieber an der »Neuen Rechten« und träumen von einer Theologie der Rasse und Nation.[6] Zu viele Ausländer im eigenen Land werden für sie zur Gefahr für den idealen katholischen Staat.

Das Menschenbild der beiden Strömungen könnte gegensätzlicher nicht sein. Die Fliehkräfte innerhalb der katholischen Kirche werden immer stärker, Skeptiker befürchten sogar schon ein neues Schisma. Eines steht zweifelsfrei fest: Die erhoffte Erneuerung der katholischen Kirche ist bisher ausgeblieben, statt dessen sind die Kirchenoberen in eine Falle getappt. Die Fundamentalisten, die in der Kirche gefördert und von der Kritik der Außenwelt abgeschirmt werden, haben Blut geleckt. Ihre »Bewegungen« haben eine Eigendynamik entwickelt, die selbst die großen Protagonisten der Gegenreformation nicht mehr zu kontrollieren vermögen.

»Zweierlei Maß«

Professor Bruno Primetshofer über die Bevorzugung der konservativen Strömungen in der katholischen Kirche.[7]

Zur Person: Univ.-Prof. Bruno Primetshofer wurde 1929 in Linz geboren. Im Alter von 20 Jahren trat er dem Redemptoristenorden bei. Seit 1982 ist er an der Katholisch-Theologischen Fakultät der Universität Wien Professor für Kirchenrecht (seit Oktober 1997 emeritiert). Professor Primetshofer äußerte sich in den vergangenen Jahren immer wieder zu umstrittenen Kirchenthemen und scheute dabei auch nie davor zurück, Positionen und Entscheidungen der Amtskirche zu kritisieren.

Herr Professor, die katholische Bischofskonferenz streitet die Existenz katholischer Sekten völlig ab. Ist das eine Art panischer Angstreaktion der Bischöfe, um jegliche Diskussion über innerkatholische Gruppierungen zu vermeiden?
Der Begriff »innerkatholische Sekte« wäre ein Widerspruch in sich. Sekte heißt Abspaltung, würde also implizieren, daß sich Gruppierungen von der katholischen Kirche tatsächlich gelöst haben. Wenn das nicht geschieht, kann man auch nicht von Sekten sprechen. Das schließt aber natürlich nicht aus, daß es in der katholischen Kirche Gruppen gibt, die fragwürdige Methoden anwenden.
Viele Eltern geben ihre Kinder nichtsahnend in solche Gruppen. Dort leiden dann manche aber offenbar unter Gehirnwäsche oder ähnlichen Praktiken. Verspielt da nicht die katholische Kirche den Bonus, den sie in der Bevölkerung besitzt?
Manche von diesen Gruppen haben einen sehr strengen Erziehungsstil. Unter Umständen kann das in Indoktrination, Gehirnwäsche und Freiheitsbegrenzung abdriften. Aber das kann man nicht unbedingt voraussehen. Wo es aber zu Freiheitsberaubung oder ähnlichem führt, da muß man die Frage nach dem Regulativ der Kirche stellen.
Funktioniert dieses Regulativ?
Meines Erachtens funktioniert es nicht immer ausreichend.
Was ist der Grund für das Zögern der Kirche? Ist es die Angst, diese Gruppen zu verlieren?
Es sind mehrere Gründe. Sicher auch eine gewisse Ängstlichkeit. Der Papst und gewisse Kreise der Kurie sind besorgt über ein Aus-

fransen der Kirche in die linke Richtung. Sie fürchten Liberalismus und einen Autoritätsverlust des Papstes, der Bischöfe und der kirchlichen Morallehre. Deshalb gibt es Bestrebungen, Gruppen, die wieder auf Law and order, auf Zentralismus und strengen Glaubensgehorsam drängen, zu favorisieren. Das kann vor allem in die rechte Richtung ausschlagen. Es gibt in der Bibel den Satz »An den Früchten werdet ihr sie erkennen«. Man kann schon sagen: »Laßt beides reifen, das Unkraut und den Weizen.« Nur manchmal wird dann wirklich zu spät eingegriffen.

Das Unkraut überwuchert den Weizen?

Dieser Eindruck entsteht. Teilweise wird es bis zu einem Zeitpunkt belassen, wo es den Weizen erstickt.

Wo ist das der Fall?

Zum Beispiel beim Engelwerk. Das ist direkt häretisch. Was es da an Aussagen über Engel gibt, ist nicht nur skurril, sondern in manchen Punkten gegen die Glaubenslehre. Da hätte man sich schon früher eine Entscheidung erwarten können.

Wie ist das im Fall des Opus Dei. Das genießt ja auch eine besondere Stellung als Personalprälatur.

Es hat mich sehr überrascht, daß das Opus Dei diese Rechtsform bekommen hat. Die Form der Personalprälatur ist überhaupt nicht auf das Opus Dei zugeschnitten. Die Aufgabe einer Personalprälatur ist die Sammlung von Weltpriestern für missionarische Teilziele. Dem Opus Dei, das diese Ziele nicht explizit verfolgt, wird damit ein ungebührliches Ausmaß an Unabhängigkeit gegeben. Leider kommt es dabei manchmal zu Erscheinungen, die nachdenklich stimmen.

Welche Erscheinungen meinen Sie da?

Es kommt zu einer Form der Vereinnahmung. Zum Festlegen auf eine bestimmte Art, den Glauben zu leben, die das Prinzip der Freiheit nicht genügend beachtet. Es kommt zu Formen von Indoktrination. Wenn man sich die Berichte einiger Ausgetretener anhört, dann muß man schon den Eindruck gewinnen, daß es sich da um eine Art geistiger Vereinnahmung handelt.

Es kommen immer mehr Priester aus solchen fundamentalistischen Gruppen. Die klassischen Orden verzeichnen hingegen einen massiven Mitgliederschwund. Gibt es eine Wachablöse, einen Generationswechsel?

Man muß sich genau ansehen, wer in diese Organisationen eintritt. Ohne jetzt generalisieren zu wollen, hat man doch den Eindruck, daß manche Kandidaten, die dort die Priesterweihe anstreben, in ihrer Spiritualität einseitig sind.

Es entsteht der Eindruck, daß man sich einen unkritischen Klerus züchten will.

Das ist ein teilweise feststellbarer Trend. Es ist natürlich bequem, wenn diese Leute keinen allzu hinterfragenden Gehorsam haben. Das Entscheidende ist allerdings, wie sich das später bei der Ausübung des Priesteramtes auswirkt. Soweit ich manche Kandidaten kenne, muß ich da meine Bedenken anmelden.

Zumindest im deutschen Sprachraum sind eindeutig zwei Lager innerhalb der Kirche erkennbar, ihre Positionen scheinen unvereinbar. Droht ein Schisma?

Klar prallen in der Kirche Gegensätze aufeinander. Spannungen hat es aber immer gegeben, das ist gut. Ich bin eher Optimist und glaube, daß das kein Zeichen von Dekadenz ist, sondern von Pluralität.

Nun entsteht aber der Eindruck, die Fundamentalisten würden besonders bevorzugt. Die Kommission Ecclesia Dei ist zum Beispiel eigens für die Errichtung der Petrusbruderschaft gegründet worden.

Das war der Versuch, ein Abdriften in die ganz extreme Rechte zu verhindern. Man muß freilich wachsam sein, daß das nicht trotzdem passiert. Ich bin schon etwas erstaunt darüber, daß die Kirche offensichtlich mit zweierlei Maß mißt. Bei den Rechten geht man dem verlorenen Schaf nach und holt es zurück. Bei den sogenannten Linken macht man das nicht. Warum tut man zum Beispiel Bestrebungen von Teilkirchen in puncto Mitbestimmung bei Bischofsernennungen mit einer derart arroganten Überheblichkeit ab? Ich gebrauche diesen Ausdruck ganz bewußt. Die Art der Behandlung von Vertretern des Salzburger Domkapitels bei der Wahl des jetzigen Erzbischofs halte ich für menschlich und juristisch verfehlt. Vor allem angesichts offensichtlicher Fehlbesetzungen im Bereich der Bischöfe verstehe ich nicht, warum man nicht gewissen Forderungen nachkommt, von mir aus auch einigen aus dem Kirchenvolks-Begehren. Autonomie und Selbständigkeit gewährt man aber anscheinend nur der rechten Reichshälfte. Da ist prinzipiell schon eine Haltung der Ungleichheit in einem betrüblichen Ausmaß festzustellen.

Das Zweite Vatikanum ist ein weiterer Streitpunkt – jedes Lager interpretiert es für sich. Professor Wolfgang Waldstein hat davon gesprochen, daß viele Konzilstexte einfach falsch interpretiert wurden und nur im Zusammenhang mit der Kirchentradition zu sehen sind.

Daß Konzilsaussagen verschieden interpretiert werden, ist unbestritten. Allerdings kann die Deutung nicht so weit gehen, daß man sagt, das Konzil habe sich nicht von anderen Aussagen, die zuvor getätigt wurden, distanziert. Zu sagen, die Bereiche Religionsfreiheit, Ökumene und die Stellung zu nichtchristlichen Religionen im Zweiten Vatikanum stünden im Kontext mit früheren kirchlichen Aussagen, ist Unsinn.

Viele Konservative erwarten eine (Gesund-)Schrumpfung der Kirche. Sie gehen sogar so weit zu sagen, in Österreich seien nur mehr ein paar Prozent der Katholiken wirklich katholisch. Sehen Sie das auch so?

Wer wirklich katholisch ist, kann letztlich nur Gott entscheiden. Ich mag es nicht, wenn man jemand anderem die Katholizität abspricht. Ich bin auch gegen diesen defaitistischen Zugang, der da lautet »small is beautiful«. Auch wenn wir nur mehr wenige sein sollten, werden die Querelen nicht aufhören. Die Kirche ist durch Pluralität gekennzeichnet. Wenn es diese Pluralität nicht mehr gibt, ist es nicht mehr die katholische Kirche. »Katholisch« heißt allumfassend. Von einem uniformistischen Dirigismus in eine Richtung halte ich überhaupt nichts. Sogar innerhalb der Apostel gab es Meinungsverschiedenheiten. In der heiligen Schrift steht sogar, daß Paulus dem Petrus ins Angesicht widerstanden hat. Es kann auch ein Bischof dem Papst sagen, hier irrst du, hier machst du einen Fehler. Das halte ich durchaus für gesund.

Warum kehren der katholischen Kirche so viele Menschen den Rücken?

Dieses Phänomen betrifft auch andere Kirchen. Sie sind offenbar nicht mehr ausreichend imstande, den Menschen, die heute von vielen Seiten massiv bedroht werden, ein ausreichendes Maß an seelischer Geborgenheit zu vermitteln. Daher driften viele in diese Kleingruppen ab. Dort propagiert man eine bestimmte Frömmigkeit und vermittelt Geborgenheit. Das kann so weit gehen, daß diese Kleingruppen eben ins Sektiererische abgleiten. Die Kirche als Gesamtes müßte trachten, sich nicht in Organisationsfragen zu erschöpfen, sondern wirklich Menschen dort abzuholen, wo sie stehen, wo ihre Nöte sind.

Warum steckt die Kirche noch immer in einem derart starren Korsett? Warum verweigert sie jegliche Öffnung?

Für viele war das Zweite Vatikanum ein schwieriger Umdenkprozeß. In der Kirche hat man früher klar unterschieden: Hier Freund, da Feind. Diese klaren Trennungslinien wurden aufgehoben. Den ehemaligen Feinden jetzt mit Achtung zu begegnen ist für viele nicht leicht. Da gibt es eine Verweigerung der Pluralität.

Ist es die Angst vor der Vielfalt, die die Menschen in abgeschottete, fundamentalistische Gruppen treibt?

Auch. Es ist aber schwierig, dem Menschen zu sagen, daß er nach seinem Gewissen entscheiden soll; zu sagen, du mußt zwar die Vorgaben der Kirche beachten, aber eben auch selbst entscheiden. Das Selbständigwerden ist ein schwieriger Prozeß. In diesen Gruppierungen gibt es jeweils Seelenführer, die den Willen Gottes zu kennen glauben. Dem einzelnen wird klar gesagt, was er tun muß. Wenn er das dann macht, hat er den Willen Gottes erfüllt und sich somit einen Verdienst erworben. Er ist sozusagen Gottes habhaft geworden.

Ist der mündige, aufgeklärte Mensch in der Kirche also eine Fiktion?

Nein. Keiner ist ganz mündig, jeder braucht irgendwo Weisungen. Wichtig ist, daß man die Weisungen diskutiert. Man kann nicht nur sagen: du mußt. Man muß das auch argumentieren können. In dieser Gratwanderung liegt jeder kirchliche Umgang mit Menschen. Derzeit werden Richtlinien meistens nur hingeknallt, ohne Erläuterung.

In einzelnen Gruppen entsteht oft eine Eigendynamik: Es wird zum Beispiel eine eigene Sprache entwickelt. Kommt es da nicht zu einer gefährlichen Elitenbildung?

Elitenbildung ist noch nicht negativ: Priester sind auch eine Elite. Es darf nur nicht in Isolationismus und eine gewisse Überheblichkeit führen. Eine »l'art pour l'art«-Einstellung gefährdet den Dienst an der Kirche. Bei vielen Gruppen ist das offensichtlich der Fall.

Von seiten der Amtskirche kommt es immer wieder zu Angriffen gegen die »liberalen« Theologen wie Hans Küng und Eugen Drewermann, weil sie kirchliche Positionen kritisieren. Das gibt es auch in Österreich, Bischof Krenn hat Ihre Fakultät ja einmal als »Giftmühle« bezeichnet.

Daß ein Diözesanseminar, wo der Bischof die Professoren bestimmt, bequemer als eine Fakultät ist, ist klar. Nur muß man bedenken, daß die theologische Forschung immer auch eine Funktion hatte: nämlich kritisch zu hinterfragen. Auch Positionen der eigenen Kirche. In vielen Fällen waren es kritische Theologen, die verhärtete Positionen der Kirche aufgebrochen haben. Diese kritische Funktion dient der Kirche. Ob das allerdings alle Bischöfe begreifen, bezweifle ich.

PRIESTERBRUDERSCHAFT ST. PIUS X.

Schismatiker wider Willen

Little Teheran

Von der Allee her nähert sich langsam das monotone Gemurmel der Pilgerschaft, schwillt an und erreicht endlich, angekündigt von vorauseilenden Weihrauchschwaden, das Gehöft. Zuerst biegt der Kreuzesträger um die Hausecke, dann die Männer mit den Weihrauchfässern. Es folgen die Fahnenträger und, in gehörigem Abstand, die männlichen Pilger. Während sie um den blumengeschmückten Altar in der Mitte des Hofes Aufstellung nehmen – immer dieselbe, sonore Sequenz aus dem »Schmerzvollen Rosenkranz« auf den Lippen –, schwappt auch das feste Gebet der drei Priester um die Ecke: »Heilige Maria, Mutter Gottes, du bist gebenedeit unter den Weibern.« Eskortiert von 14 Ministranten und zwei Dutzend Akolythen*, sind sie als einzige unter ihrem purpurnen Baldachin vor der stärker

---

* Bis zur Reform Papst Pauls VI. zählte der Status des Akolythen (neben dem des Ostiariers, Lektors und Exorzisten) zu den sogenannten »niederen Weihen«, die direkt zu den »höheren Weihen« (Subdiakon, Diakon, Priester) führten.

werdenden Maisonne geschützt. Einige Sekunden nach den Hochwürden schleichen die ersten Frauen in die feierliche Arena. Den Blick gesenkt, vollenden sie demütig die Gebetssequenz der männlichen Vorbeter: »Heilige Maria, Mutter Gottes, bitte für uns Sünder – jetzt und in der Stunde unseres Absterbens. Amen.«
Erst nach Minuten, als sich die letzte der Frauen unauffällig hinter den Männern eingereiht hat, kommt die Prozession zum Stillstand. Zu hören ist nur mehr das zarte Klirren der Weihrauchfaß-Kettchen. Alles wartet auf Pater Franz Schmidberger, einen der Priester. Seine erhobenen Hände umfassen die Monstranz, das Gesicht hat er ganz in das Allerheiligste vergraben. Schließlich öffnet er die Augen, tritt aus dem Schatten des Baldachins und an den Altar. Einer ehrfürchtigen Kniebeuge folgt ein salbungsvolles »Dominus vobiscum«, die Menge regt sich und antwortet: »Et cum spiritu tuo.« Dann wieder Schmidberger, den Rücken ständig den Gläubigen zugekehrt: »Initium sancti Evangelii secundum Matthaeuuum.« Sein gedehnter Gesang bleibt auf immer derselben Tonhöhe, wie auch die erneute Replik des Volkes: »Gloria tibi Domineee.« Dann Stille, die Pilger werfen sich auf die Knie. Das blaue Marienbanner und die weiß-gelbe Flagge des Vatikans drehen sich leicht im Wind. Pater Schmidberger wendet sich wieder an Gott: »Oremus. Domine sancte, Pater omnipotens, aeterne Deus ...«
Einige Gebete später zieht der Troß in gewohnter Aufstellung weiter zum nächsten Altar. Drei werden noch folgen, bis man an den Ausgangspunkt der Prozession, zum Schloß Jaidhof, zurückgekehrt ist. Obwohl zwischen dem weiß-gelben Prunkbau und den Altären, die im angrenzenden Ort, dem niederösterreichischen Jaidhof bei Gföhl, verstreut sind, nur wenige hundert Meter liegen, brauchen die frommen Pilger geschlagene zwei Stunden für die Reise. Das Gehen zwischen den einzelnen Stationen ist für die meisten eine Erholung, denn vor den Altären wird gekniet. Minutenlang verharren die Gläubigen so auf schmutzigem Asphalt oder staubigem Kiesboden. Nur Pater Schmidberger und seine Priester haben es da besser, denn direkt vor dem Altar liegt ein roter Teppich.

1972 wurden die niederen Weihen, ebenso wie die Tonsur (kreisrund kahlgeschorene Stelle auf dem Kopf des angehenden Priesters) abgeschafft. Zwei Funktionen (die des Lektors und Akolythen) wurden Laien übertragen. Die Priesterbruderschaften St. Pius X. und St. Petrus praktizieren allerdings nach wie vor die veraltete Form.

Die Fronleichnamsprozession in Jaidhof ist etwas für Eingeweihte, passend zum mittelalterlichen Ambiente hört man dort bloß Latein. Dem immer wiederkehrenden Gebet »Tantum ergo« folgen Jubellieder wie »Christus vincit«, »O salutaris hostia« oder das »Te deum«. Die etwa 500 knienden Gläubigen, fast zwei Drittel von ihnen sind Frauen, intonieren die Lobpreisungen fehlerlos. Jede Strophe, jeder Ton sitzt. So, als hätte es in den vergangenen Jahrzehnten nie eine Meßreform gegeben. So, als wäre das Latein in der Messe nie von der Landessprache abgelöst worden. Pater Schmidberger ist zufrieden.
Doch es gab an diesem 29. Mai 1997 in Jaidhof auch Momente der Unzufriedenheit. Während der zweistündigen Messe, die der Prozession vorausgeht, wird der Deutsche einige Male laut. Ganze 45 Minuten predigt er im Schloßhof vor der versammelten Gemeinde, zum besseren Verständnis sogar in deutscher Sprache. Und das Bild, das er da von Kirche und Gesellschaft zeichnet, ist bei Gott kein erfreuliches. »Eine Woge teuflischer Verwirrung und Orientierungslosigkeit hat sich über die Welt ergossen. Auch über die katholische Kirche. Daher müssen wir trachten, den Abfall vom Glauben zu verhindern«, ruft Schmidberger seinen Gläubigen zu. Als er selbst sie, die letzten Getreuen des wahren Glaubens, heftig kritisiert, wird es noch stiller im zum Kirchenschiff mutierten Schloßhof: »Für unsere Exerzitien für Männer liegt bis dato erst eine einzige Eintragung vor.« Blicke wandern zu Boden, die Sprechpause wird zur Ewigkeit. »Ich erinnere daran: Es geht um die Erneuerung Österreichs, es geht um die Zukunft dieses Landes«, zetert Schmidberger weiter: »Ihr werdet die geistige Kraft bitter nötig haben. Also, die Listen für die Exerzitien liegen nach der Prozession auf.« Wie übrigens auch die für die Exerzitien für Frauen, die Jugendlager für den Nachwuchs, natürlich auch streng nach Geschlechtern getrennt, und den Einkehrtag für Ärzte in Jaidhof.
Schmidbergers zackige Predigt trägt in jedem Satz auch den Vorwurf im Gepäck, die »Schuld« rückt wie von selbst ins Zentrum. Im Stakkato handelt der Pater die Punkte des gegenwärtigen Werteverfalls ab, die Predigt wird zum flammenden Schwert wider die Verderbtheit der Welt. Stichwort Abtreibung: »Es herrscht die Kultur des Todes. Es ist schlimmer als die Kindestötung vor 2000 Jahren.« Stichwort Emanzipation: »Die Frau von heute hat ihre ureigenste Rolle vergessen: Sie ist dem Manne untertan, sie muß sich ihm fortwährend hinschenken. Wir sind gegen die Gleichmache der Geschlechter.«

In Jaidhof gibt es den Unterschied zwischen Mann und Frau noch, das wird nicht nur in der Prozessionsordnung deutlich. Trotz Hitze tragen fast alle Frauen Kopftücher, hochgeschlossene Blusen und dunkle, bodenlange Röcke. Hosen sind verpönt. Das Alter spielt dabei keine Rolle: Ob 20 oder 80, die Kleidung ist uniform. Die halbvermummten Frauen dominieren an diesem Nachmittag das Ortsbild von Jaidhof, der kleine Ort in Niederösterreich wird zu Little Teheran.
Bei den Diskussionen der Männer nach Messe und Prozession sitzen die Frauen meist still daneben. Meinung ist Männersache, ebenso Autorität. Selbst der kleine Sohn, der um ein Eis bettelt, wird artig zum Vater geschickt, um sich dort Erlaubnis und Kleingeld zu holen. Ausgiebig sprechen dürfen die Frauen heute nur einmal, bei der Beichte. Die ist neben der Prozession das wichtigste an diesem Tag. Die Priester sind im Dauereinsatz, selbst während Pater Schmidbergers Predigt stehen die Gläubigen vor den Beichtstühlen Schlange. Geduldig warten sie auf Vergebung, auch wenn sich das Sündenregister der gerade Beichtenden scheinbar endlos in die Länge zieht.

Rechter Glaube

»Das, was heute Messe genannt wird, ist doch längst nicht mehr katholisch«, sagt Christa Müller,[8] 65. Gemeinsam mit 35 anderen ist sie heute mit einem Bus aus Wien nach Jaidhof gekommen, um einer richtigen katholischen Messe beizuwohnen. »Wichtig ist dabei nicht nur das Latein, sondern vor allem die Einstellung der Priester«, erklärt Müller: »Pater Schmidberger und seine Mitbrüder sind die einzigen in Österreich, die die Gebote Gottes noch wahrhaftig erfüllen. Der Rest der Kirche, beginnend mit den Bischöfen, steht doch längst unter dem teuflischen Einfluß von Freimaurerei und Judentum.«
Die Wut der glaubensfesten Katholikin richtet sich vor allem gegen die Neuerungen in der Kirche, die auf das Zweite Vatikanische Konzil zurückgehen. Auf Stichworte wie Volksaltar, Handkommunion oder Ökumene reagiert Müller cholerisch: »Es kann doch nicht sein, daß man mit anderen Religionen über Gott diskutiert, das verwässert den Glauben. Die Ergebnisse sieht man dann in der Kirche: Da wendet sich der Pfarrer dem Volk zu und kehrt dem Altar und damit Gott den Rücken. Und bei der Kommunion wird heute immer öfter

der Leib Christi entweiht, weil der Pfarrer den Gläubigen die Hostie einfach in die Hand drückt.«

Deshalb besucht Müller nur traditionalistische Messen nach dem tridentinischen Ritus*, bei der sie die Kommunion kniend und vor allem oral empfängt. Damit, daß sie die Priester während der Messe praktisch nur von hinten sieht und die lateinischen Gebete kaum versteht, hat Müller kein Problem: »So bewahrt man sich das Geheimnisvolle am heiligen Meßopfer.« Mit dem Priester spricht sie ohnehin oft nach der Messe. »Über Gott und die Welt«, sagt Müller streng und macht mit erhobenem Zeigefinger klar, daß sie das wörtlich meint.

Pater Franz Schmidberger und seine insgesamt sieben Mitbrüder in Österreich haben ihre Gemeinde auf einen stramm traditionalistischen Kirchenkurs eingeschworen. Die Patres, die allesamt der reaktionären Priesterbruderschaft St. Pius X. angehören, folgen in ihrer Glaubensauffassung ganz dem 1991 verstorbenen französischen Erzbischof Marcel Lefébvre (*1905). Der hatte die Bruderschaft 1970 in Ecône im Schweizer Wallis, das noch heute Hauptsitz der Bewegung ist, gegründet. Aus Protest gegen die verwerflichen, weil liberalen Ergebnisse des Zweiten Vatikanischen Konzils.

Die Religionsfreiheit war für Lefébvre Gottlosigkeit, der Dialog zwischen den Religionen Verrat am katholischen Glauben. Auch der Liturgiereform konnte Lefébvre nichts abgewinnen. Den neuen Meßritus, der nach dem Konzil entstanden war, nannte er nur verächtlich »Bastardmesse«. Lefébvre sträubte sich gegen alles, was seiner Meinung nach dem Einzug des Modernismus in die katholische Kirche Vorschub leistete. Die Priesterbruderschaft St. Pius X. sollte ein Bollwerk gegen den Glaubensverfall werden.

Heute, mehr als sieben Jahre nach seinem Tod, lebt Lefébvres Vision einer wahrhaft katholischen Kirche ungebrochen weiter. Insgesamt 355 Priester und 60 Ordensbrüder gehören der Bruderschaft an, in sechs Seminaren, verstreut über den ganzen Erdball, werden derzeit über 200 junge Männer auf das Priesteramt vorbereitet: im deutschen Zaitzkofen, in der Schweiz, Frankreich, den USA, Südamerika und auf den Philippinen. Auch eine eigene Schwesterngemeinschaft

---

* Dieser Ritus geht auf das von Papst Pius V. 1570 eingeführte »Missale [= Meßbuch] Romanum« zurück. Der Name leitet sich vom Konzil von Trient (Tridentinum, 1545–1563) ab.

ist im Aufbau, sie zählt derzeit 160 Mitglieder. Die Anhängerschaft unter den Gläubigen wird weltweit auf fast 150 000 geschätzt.

Auch in Österreich besuchen Tausende Menschen regelmäßig die Messen der Priesterbruderschaft. Das schätzt zumindest Pater Franz Schmidberger, seit 1996 Distriktsoberer für Österreich und davor fast zwölf Jahre lang sogar Generaloberer des gesamten Klerikervereins. Monatlich schickt er das »Mitteilungsblatt der Priesterbruderschaft St. Pius X. für den deutschen Sprachraum« an fast 3 000 ausgewählte Haushalte in ganz Österreich. Seit einigen Jahren gibt es sogar einen eigenen Österreich-Ableger, genannt »Ursprung und Ziel«. Dort werden den Gläubigen auf monatlich 26 Heftseiten die spezifisch österreichischen Probleme von Kirche und Gesellschaft auseinandergesetzt. Und das mit einigem Erfolg, denn die Gemeinde Schmidbergers wächst ständig.

Hauptsitz der Piusbrüder in Österreich ist das Schloß Jaidhof bei Gföhl, das 1985 von der adeligen Rosa von Gutmann für 99 Jahre gepachtet wurde. Innerhalb weniger Jahre wurde das ausladende Anwesen mit Hilfe von Spendengeldern auf Hochglanz gebracht. Heute bietet das Schloß nicht nur den Patres der Bruderschaft Platz, sondern auch den zahlreichen Gläubigen, die sich zumindest einmal im Jahr zu Exerzitien und Einkehrtagen hierher zurückziehen. Weitere Zentren der Bruderschaft befinden sich in der Höttingergasse in Innsbruck und in der Fockygasse im zwölften Wiener Gemeindebezirk. Dort gibt es jeweils Wohnräume für die Patres und kleinere Kirchen für die Glaubensverkündigung. Von diesen Niederlassungen aus werden aber auch noch weitere Kapellen in Wien, Graz, Klagenfurt, Salzburg, Lienz, Piesendorf und Ternberg bei Steyr betreut. Die acht in Österreich stationierten Piusbrüder leisten missionarische Schwerarbeit, denn Woche für Woche pendeln sie auch nach Budapest, Prag und Brünn. Nach dem Fall des Eisernen Vorhangs müssen sie auch die Gläubigen aus dem Osten wieder auf den rechten Glaubensweg zurückführen.

Den Anhängern der Piusbruderschaft werden aber nicht nur Messen in einschlägigen Kirchen und Kapellen geboten, sondern auch Wallfahrten. Die alljährliche zu Fronleichnam nach Jaidhof ist der größte Treffpunkt der österreichischen Fangemeinde. An keinem anderen Tag im Jahr sieht man in der kleinen Gemeinde so viele Reisebusse aus fast allen Regionen des Landes. Sie kommen aus Wien, Graz, Linz oder Klagenfurt. Sogar eine Vorarlberger Delegation ist diesmal nach Jaidhof gekommen, die vier Stunden traditionelle Glaubens-

verkündigung zu genießen. Nach dem pastoralen Spektakel würgen sie noch schnell ein paar Würstel mit Senf aus der Schloßküche hinunter, um sich gleich anschließend als erste wieder auf den langen Heimweg zu machen. Aber auch für längere Wallfahrten nimmt sich die Gemeinde manchmal Zeit. Da geht es dann geschlossen zu Fuß zur »Wallfahrt der Tradition« nach Mariazell oder mit dem Bus nach Fatima oder gar ins Heilige Land.
Für besonders Tapfere bietet das Priorat der Bruderschaft sogar die Teilnahme an einer der größten Marienwallfahrten Polens an. In elf Tagen geht man von Warschau zur Schwarzen Madonna nach Czenstochau. Ganze 270 Kilometer sind das, doch die Wallfahrt wird für die Teilnehmer jedesmal zum besonderen Erlebnis. Von 50 000 Teilnehmern im Vorjahr erzählt Christa Müller ihren Freundinnen in Jaidhof. Sie selbst konnte wegen Knieschmerzen zwar nur zwei Tage dabei sein, aber die Eindrücke vom für die Wallfahrer geschmückten Czenstochau wird sie wohl nicht mehr vergessen. »In Polen sind die Menschen eben noch gläubiger«, sagt Müller. In Österreich fehlt ihrer Meinung nach dieser tiefe Glaube, vor allem in Wien. Die große Prozession der Priesterbruderschaft im Mai zur Mariensäule Am Hof wird von den meisten Beobachtern oft nur als skurrile Attraktion belächelt. Dabei geht es da um die Erneuerung der »Weihe Österreichs an die Muttergottes«, so wie sie Kaiser Ferdinand III. 1647 dort zum ersten Mal vorgenommen hatte. Heute wird das traditionelle Hochamt zum Wohle Österreichs nicht mehr ernst genommen, sagt Müller. »Gefährlich« sei das, denn so überließe man dem Satan quasi kampflos das Feld. Der wisse das freilich zu nützen, sagt sie, das könne man überall in der modernen Welt sehen.
Die Argumente wider die verluderte Moderne erhält Müller von den Piusbrüdern. In allen Kirchen, vor allem aber in der Zentrale in Jaidhof gibt es an eigens eingerichteten Schriftständen Bücher, Pamphlete und Flugblätter, die den Gläubigen veranschaulichen, wie es um die Schöpfung Gottes bestellt ist. Unter dem Titel »Wir wollen nur deine Seele« klärt Autor U. Bäumer seine Leser über die satanistische Unterwanderung der gesamten Rockmusikszene auf. Einige Bücher aus der Reihe »Pro Fide Catholica«* bieten dagegen Theorien über die jüdische Weltverschwörung, der nur das Christentum entgegentreten könne: »Allen großen politischen, sozialen, ideologi-

---

* Lat. »Für den katholischen Glauben«

schen, wirtschaftlichen und sonstigen Kämpfen unserer Tage liegt in Wirklichkeit ein furchtbarer Kampf zwischen Judentum und Christentum zugrunde, und das Christentum ist heute die einzige Kraft, die aus sich selbst heraus fähig ist, dem jüdischen Triumph Einhalt zu gebieten«, heißt es in einem Werk mit dem Titel »Herren und Sklaven«.
Eine weitere Zielscheibe geben die Freimaurer ab. In »Das Geheimnis der Freimaurer«, herausgegeben von der Priesterbruderschaft, wehrt sich der Autor Jacques Ploncard d'Assac vehement gegen die »Wiederversöhnung« von katholischer Kirche und Freimaurerei. Dahinter stehe nämlich nichts weiter als eine »Verschwörung der Meister«, die dem Katholizismus auch in Form »schwarzer Messen« übelwollen. »Es wird«, meint der Autor im Nachwort in bezug auf die Lektüre seines Machwerks, »keinen Leser geben, den nicht die Angst überkommt, in einer Truggesellschaft zu leben.«
Glaubt man den Vertretern der Piusbruderschaft, dann äußert sich diese Truggesellschaft auch in scheinbar unverdächtigen »Errungenschaften« der modernen Zivilisation. Was nicht von den letzten glaubenstreuen Päpsten, wie Pius X. oder Pius XII., als katholisch oder zumindest unbedenklich erkannt wurde, wird abgelehnt. Auf dem Büchertisch in Jaidhof findet sich die Schriftenreihe »Lehret sie alles halten«, Band 1 trägt den Titel »Die Technik als Gefahr für den Bestand der Gesellschaft« und ist eine Neuauflage der Weihnachtsbotschaft Pius' XII. von 1953. Der siebente und bisher letzte Band ist ein flammender Vortrag Pater Schmidbergers wider das Fernsehen.[9] Seine abschließenden »Neun Thesen gegen das Fernsehen« lassen an Deutlichkeit nichts zu wünschen übrig: In Punkt 3 verwischt das Fernsehen »die Grenzen zwischen gut und böse« [sic!], in Punkt 6 mutiert es zum »Totengräber der Familien«, und in Punkt 8 »zerstört es die Kulturen der Völker« und »produziert Massenmenschen ohne Ideale«. Die abschließende 9. These schiebt dem gottlosen Medium auch noch den Schwarzen Peter in puncto Sexualmoral zu: »Das Fernsehen bombardiert die Gefühlswelt der Menschen mit Sex und Grausamkeit, erzeugt unerfüllbare Träume, ruft Depressionen und Verzweiflung hervor, regt zur Nachahmung von gezeigten Verbrechen an, verführt zur sexuellen Gewalt gegenüber Frauen und Kindern und ist damit die Quelle eines Meeres von Leid.«
Die Verteufelung jeder neuen Entwicklung und die blinde Ablehnung jeder anderen Auffassung als der eigenen brachten der Piusbruderschaft bald den Vorwurf ein, rechtsextremes Gedankengut zu

vertreten.* Die Anschuldigungen kamen allerdings nicht aus dem antiklerikalen Lager, sondern von katholischen Theologen. Józef Niewiadomski, Professor für dogmatische und ökumenische Theologie in Innsbruck, stellte Ähnlichkeiten zwischen katholisch-fundamentalistischen Gruppierungen wie der Piusbruderschaft und der »Neuen Rechten« fest. Vor allem die Ideen der radikalen Action française haben laut Niewiadomski starke Ähnlichkeiten mit der Glaubensauffassung der Piusbruderschaft. »Die Tatsache, daß die Priester von Lefébvre bei den Parteiversammlungen von Republikanern Messe gelesen haben, daß sie regelmäßig die Wahlpropaganda von Le Pen in Frankreich mit ihrer Anwesenheit drapieren, geht auf das Überlappen von Weltbildern zurück«, schreibt Niewiadomski.[10] Die Reaktion von Pater Schmidberger ließ nicht lange auf sich warten: In einem Leserbrief an das »profil«[11] wies der Distriktsobere jeden Vorwurf des Rassismus entschieden zurück. Der erneute Konter von Niewiadomski blieb dann allerdings unwidersprochen. Erzbischof Lefébvre, so der Theologe,[12] wurde am 21. März 1991 sogar rechtskräftig zu einer Geldstrafe wegen »rassistischer Äußerungen und Anstiftungen zum Rassismus« verurteilt. Lefébvre hatte die Auffassung vertreten, daß Muslime keine »richtigen Franzosen« sein könnten. Außerdem lieferte Niewiadomski Daten, mit denen er penibel belegen konnte, wann und wo die Priesterbruderschaft St. Pius X. Kontakte zur rechtsextremen Szene hatte. So zelebrierten Priester der Bruderschaft am 15. August 1989 in Saint-Germain l'Auxerrois einen Gottesdienst bei einer großen Veranstaltung von Le Pens Front National. Kleinlaut zog sich Schmidberger nun darauf zurück, daß »nicht alle« in der Bruderschaft Anhänger Le Pens seien. »Sicher gefallen uns einige seiner Ideen, vor allem die Religion betreffend«, sagt Schmidberger[13], »aber daraus politisches Verhalten abzuleiten ist sicher nicht richtig.«
Ein Blick auf den Schriftenstand der Piusbruderschaft in der Kirche St. Josef in der Wiener Bernardgasse widerlegt Schmidberger selbst in dieser Hinsicht. Zwar dominieren dort religiöse Streitschriften zur Verteidigung des einzig wahren Glaubens, aber auch

---

* Wenn im folgenden von »Rechtsextremismus« die Rede ist, dann orientiert sich diese Bezeichnung an der Definition von Willibald Holzer und an jenen Merkmalen, die in der wissenschaftlichen Literatur genannt werden. Die Bezeichnung beinhaltet keinerlei strafrechtliche Vorwürfe.

politische Themen sind den Patres keineswegs zu heiß. Neben einem Bestseller Schmidbergers mit dem Titel »Der Glaube: gestern – heute – morgen« findet sich eine Audiokassette des Schweizer Komitees für Freiheit und Unabhängigkeit (KFU) zum Thema Europäische Union. Zu hören ist eine »Spannende Schilderung der Vorgänge in Oesterreich, nachdem es mit krassen Lügen UNWIDERRUFLICH in die EU-Falle gelockt worden war«. Vortragender ist kein Geringerer als Josef Feldner, Obmann des Kärntner Heimatdienstes (KHD).

Diese Organisation mit engen Kontakten zur FPÖ ist laut »Handbuch des österreichischen Rechtsextremismus« als »rechtsextreme Vorfeldorganisation« zu qualifizieren,[14] ihr Hauptanliegen ist die »Deutscherhaltung« Kärntens und die Verhinderung einer »Slowenisierung« des Bundeslandes. Diesem Diktum entsprechend fällt dann auch der EU-Vortrag aus: Die politischen Befürworter des EU-Beitritts Österreichs werden als »Anschlußpolitiker« bezeichnet, die vor der Volksabstimmung nach Brüssel gereist waren, um »Kapitulationsverhandlungen« zu führen. Fazit Feldners: Der EU-Beitritt wurde erschwindelt, allein Jörg Haider vertrete noch die Interessen seines Landes. Vom Obmann der Freiheitlichen übernimmt er auch gleich die Angst vor einem »Verlust der nationalen Souveränität« und im Gegenzug die Idee vom »Europa der Vaterländer«, das vor Anarchie und Überfremdung bewahre.

Daß der Verkauf der Kassette durch die Piusbruderschaft kein Zufall ist, zeigt ein Pamphlet der Lefébvre-Jünger. In »33 Wahrheiten zur Betrachtung für unsere Zeit« werden nicht nur andere Religionen herabgemindert, sondern die prinzipielle Gleichheit aller Menschen bestritten. Die 26. Wahrheit lautet dementsprechend: »Man kann ohne Übertreibung sagen: Die Ungleichheit des Menschengeschlechtes, Unter- und Überordnung wie auch jegliche Autorität kommen von Gott, die Gleichmacherei vom Teufel.«

Die Menschenrechte werden in der Piusbruderschaft gleichsam als satanisches Machwerk hingestellt. Damit liegen die reaktionären Kleriker exakt auf der Linie der »Neuen Rechten«, die ihr Weltbild ebenfalls auf einer Theorie der Ungleichheit aufbauen. Aus diesem Denkmuster leitet sich dann auch das Prinzip des Ethnopluralismus ab, das dem »linken« Multikulturalismus entgegengestellt wird. Jedes Volk, so die Vorstellung der Rechten, müsse in seinem angestammten Territorium bleiben, um dem Verlust der »Artenvielfalt« vorzubeugen. »Wer nun die Landnahme fremder Völker zu Lasten

der einheimischen Bevölkerung favorisiert, tritt im Grunde dafür ein, daß wir uns als Volk aus der Evolution verabschieden«[15], meint etwa Andreas Mölzer, ehemaliger Chefideologe Jörg Haiders und Herausgeber des rechten Wochenblattes »Zur Zeit«.
Die Piusbruderschaft übernimmt dieses Überfremdungsprinzip und ergänzt es um die religiöse Komponente. Alles, was nicht mit dem festgelegten Glauben übereinstimmt, wird zur Gefahr für den katholisch-europäischen Idealstaat. Moslems, die sich in den katholischen Stammgebieten ansiedeln und dort auch noch ihren Glauben ausüben, werden ebenso zur Bedrohung wie die Emanzipationsbewegung, die gottgegebene Unterschiede zwischen Mann und Frau aufheben will. Kein Wunder, daß die Piusbrüder den Feminismus als »Auflehnung gegen Gottes Schöpfungsordnung«[16] verstehen. Die Plagen der Moderne werden von den Anhängern Lefébvres denn auch als klare Bestrafung für Verstöße gegen den Willen Gottes gedeutet. AIDS interpretiert die Bruderschaft etwa als Strafe Gottes für die Ausbreitung der Homosexualität. Kondome würden diese »Unzucht« nur noch verstärken und so den moralischen Verfall der Gesellschaft beschleunigen.
Die Wurzel allen Übels sehen Pater Schmidberger und seine Priester im Liberalismus mit seinem Ursprung in der Französischen Revolution. Gegen dieses Prinzip kämpfen sie Predigt für Predigt, Wallfahrt für Wallfahrt an. In Österreich haben sie sogar einen »Rosenkranz-Kreuzzug« zur »Rettung der Kirche und Österreichs von Gottlosigkeit und Unmoral« ins Leben gerufen. Jeder Gläubige kann sich in den Kreuzzug einreihen, wenn er sich in einer »Beitrittserklärung« dazu verpflichtet, täglich mindestens ein Gesätzchen aus dem Rosenkranz zu beten. Dennoch, so Schmidberger, ist das oft zuwenig: Vor allem die Kinder, die von ihren Eltern zu den Messen mitgeschleppt werden, sind im Alltag erst recht wieder dem liberalen Zeitgeist ausgesetzt und entfernen sich dann oft auf wundersame Weise von den Idealen der Bruderschaft. Aber auch dagegen haben sich die Oberen ein Mittel einfallen lassen: Seit einigen Jahren gründen sie private Hauptschulen und Gymnasien. Natürlich nach Geschlechtern getrennt, denn das staatliche Koedukationssystem leugnet die »Erbsünde«, indem es die beiden Geschlechter zusammenführt. Das sei nach dem göttlichen Plan aber nur in der Einheit der Ehe vorgesehen.
Im deutschen Sprachraum existieren bislang vier Internate, drei in Deutschland, eines in der Schweiz. Nahe der österreichischen Gren-

ze im schweizerischen Mels unterhält die Piusbruderschaft eine Hauptschule für Mädchen, das männliche Pendant findet sich im deutschen Saarbrücken. Die beiden Gymnasien stehen in Deutschland, das für Jungen in Diestedde (Münsterland), das für Mädchen in Schönenberg (nahe Bonn). Ziel der Schulen ist es laut Piusbruderschaft, »frohe, selbständige junge Menschen heranreifen zu lassen, die gelernt haben, ihr Leben auf der Grundlage einer echt christlichen Überzeugung zu gestalten«.
Ab Herbst 1998 wird es auch in Österreich eine Hauptschule plus Internat für 10- bis 14jährige Jungen geben. In Ternberg bei Steyr hat die Priesterbruderschaft bereits im Frühjahr 1997 ein entsprechendes Anwesen mit Schulgebäude, Internat und Landhaus gekauft. Der Betrieb der zukünftigen »St.-Josef-Schule« wird vollständig aus Spendengeldern und einem Monatsbeitrag von 5 000 Schilling pro Schüler finanziert. Aus dem Ankauf der Gebäude standen ein Jahr vor der Inbetriebnahme allerdings noch knapp 10 Millionen Schilling Schulden zu Buche. Warum in Österreich dennoch eine eigene Schule der Piusbruderschaft unbedingt nötig ist? Pater Schmidberger: »Die öffentlichen Schulen in Österreich sind doch moralisch genauso verkommen wie in Deutschland oder der Schweiz. Da braucht es einfach eine regelnde Hand, die auf die richtige Erziehung der Kinder Wert legt.« Wie sich die Patres die ideale Erziehung vorstellen, kann man ebenfalls an ihrem Schriftenstand in Jaidhof nachlesen. Dort liegt das Buch »Die Maiers« von Lisbeth Burger auf. Geschrieben wurde es 1933, die Piusbruderschaft hat es 1990 neu aufgelegt. In Kapiteln wie »Erziehen vom ersten Tag an«, »Ludwig hat schlechte Kameraden« oder »Natürliche Autorität – das vorgelebte Beispiel« lernen Eltern den rechten Erziehungsstil.
Für die Kinder druckt die Bruderschaft eine eigene Zeitschrift. Als Herausgeber fungiert das »Sekretariat des Eucharistischen Kreuzzuges«, der Titel der aufwendigen Hochglanzheftchen lautet schlicht »Der Kreuzfahrer«. Das Programm für die Kinder: »Bete! Kommuniziere! Opfere Dich auf! Sei Apostel!« Jedes Heft hat einen, meist geschichtlichen, Schwerpunkt. Im Oktoberheft 1997 erfährt man etwa Wissenswertes über die Schlacht bei Lepanto, den »Sieg der Rosenkranzkönigin über den Islam«. Auf der letzten Heftseite findet sich die allmonatliche Gebetsintention. Im September 1995 wurde da zum Beispiel zur »Vernichtung der Kirchenfeinde«, Kommunisten, Atheisten und Freimaurer, aufgerufen. »Damit ist natürlich nicht die körperliche Vernichtung der Menschen gemeint, sondern die Über-

windung ihrer Irrtümer«, stellt Pater Schmidberger klar. Im Blattinneren des »Kreuzfahrers« findet sich jedesmal ein »Schatzzettel« für den betreffenden Monat. Dort haben die Kinder die Erfüllung ihrer täglichen Verpflichtungen nach einem Punktesystem einzutragen. Gefordert sind: Tagesaufopferung, Messe, heilige Kommunion, geistige Kommunion, Opfer, Rosenkranzgesätzchen, Besuche beim Heiland, 15 Minuten Stille und gute Beispiele. Wenn das Monat zu Ende ist, trägt jedes Kind die Gesamtsumme ein und schickt den voll ausgefüllten »Schatzzettel« zur Kontrolle an das Sekretariat.

Als Jugendliche treten die »Kreuzfahrer« meist der »Katholischen Jugendbewegung« (KJB), der Jugendorganisation der Bruderschaft, bei. Da gibt es dann eine eigene Zeitschrift mit dem Titel »Der gerade Weg«. Gründer der KJB und daher oft Gegenstand von Huldigungen im Vereinsmagazin ist Pater Schmidberger. Jede Nummer der vierteljährlich erscheinenden Zeitschrift ist einem Thema, zum Beispiel »Vaterlandsliebe und KJB« oder »80 Jahre Fatima«, gewidmet. Die Linie ist auch im »Geraden Weg« klar vorgegeben: Die männlichen Jugendlichen sollen, wenn möglich, die Liebe zum Priesterberuf entdecken, die weiblichen die angestammte Rolle der Frau in Kirche und Gesellschaft wiederfinden. Nur so, meint Redakteur Hubert Buck 1997 in der 20jährigen Jubiläumsausgabe, könne dem »verderblichen Keim«, der auch die katholische Kirche zu »verpesten« droht, entgegengewirkt werden.

Alles oder nichts

Die Kapelle in der Bernardgasse im siebenten Gemeindebezirk ist einer der beiden Wiener Stützpunkte der Piusbruderschaft. Die Hauptattraktion des ansonst schmucklosen Innenraums ist ein Seitenaltar mit dem kleinen »Prager Jesulein«, das die Piusbrüder besonders verehren. Ganz im Gegensatz zum prunkvollen Schloß in Jaidhof bleibt das Gotteshaus auch nach außen hin unauffällig. Kein Kirchturm, nicht einmal ein schlichtes Kreuz ziert das Dach des kleinen Gebäudes nahe dem Gürtel. Nur im Durchgang zum Haus mit der Nummer 22 hängt eine goldene Tafel, die über die eigentliche Verwendung der Räumlichkeiten aufklärt: »Römisch-katholische Kapelle St. Josef« steht da zu lesen.

Was auf den ersten Blick wie ein unverdächtiges Hinweisschild aussieht, birgt in Wahrheit gewaltiges Konfliktpotential in sich. Denn die Priesterbruderschaft St. Pius X. darf ihre Kapelle eigentlich nicht »römisch-katholisch« nennen. Der Grund dafür ist einfach: Am 2. Juli 1988 wurden Erzbischof Marcel Lefébvre und vier seiner Gefolgsleute von Papst Johannes Paul II. aus der katholischen Kirche ausgeschlossen. So ist auch die heutige Bruderschaft nicht mehr als Einrichtung der römisch-katholischen Kirche anerkannt. Und da nach einem Erkenntnis des deutschen Bundesgerichtshofes von 1994 die katholische Kirche für die Bezeichnungen »römisch-katholisch« und »katholisch« Namensschutz genießt, dürfen die Lefébvrianer diese Bezeichnung (zumindest in Deutschland*) eigentlich nicht mehr verwenden. Daß sie sich dennoch bei jeder Gelegenheit als die wahren Katholiken bezeichnen, ist nur ein Beispiel für ihre oberste Tugend: die heilige Unnachgiebigkeit.

Mit der Exkommunikation der Spitze der Piusbruderschaft setzte der Vatikan 1988 einen harten Schritt, der allerdings von Lefébvre bewußt provoziert wurde. Seit der Gründung der Bruderschaft hatte er sich stets über die Ergebnisse des Zweiten Vatikanums mokiert und sogar mehrmals angekündigt, der Kirchenreform den Prozeß machen zu wollen. Für den konservativen Erzbischof war das Zweite Vatikanum die Enttäuschung seines Lebens.

Ursprünglich war Lefébvre sogar Mitglied der Vorbereitungskommission für das Konzil (1961–1962). Als einige Entwürfe der Kommission von der Mehrheit der Konzilsmitglieder allerdings abgelehnt wurden, sah Lefébvre das Konzil »bereits in den ersten Tagen von den progressistischen Kräften umstellt«. Dem eher reformorientierten Kirchenflügel rund um die Erzbischöfe Franz König (Wien) und Julius Döpfner (München) hatte der Kreis um Lefébvre nur sehr wenig entgegenzusetzen. Das Zweite Vatikanum verlief anders, als es sich der ultrakonservative Erzbischof vorgestellt hatte. In vielen Dekreten räumte die katholische Kirche mit einigen ihrer antiquierten Grundsätze auf. Für den stets an der Vergangenheit orientierten Lefébvre kam das dem Untergang der Kirche gleich. Als er 1968, drei Jahre nach Beendigung des Konzils, auch noch vom eigenen Orden, den »Vätern vom Heiligen Geist«, als zu konservativ kritisiert und schließlich als Generaloberer abberufen wurde, wählte er endgültig

---

* Vor zwei Gerichten (Oberlandesgericht Düsseldorf und Bundesgerichtshof) wurde der Piusbruderschaft bisher dezidiert verboten, die Bezeichnung »römisch-katholisch« zu führen. Eine Beschwerde der Piusbrüder gegen diese Urteile vor dem Verfassungsgerichtshof in Karlsruhe blieb bisher ohne Erfolg.

die innere Emigration und ging in Opposition zur gesamten Kirche. Im schweizerischen Ecône gründete er 1970 seine eigene Priesterbruderschaft. Als Namensgeber wählte Lefébvre Papst Pius X. (1903–1914), dessen Pontifikat von antidemokratischer Haltung, innerkirchlichem Zentralismus und vor allem von flammendem Antimodernismus geprägt war. Noch heute findet man in den Kapellen der Piusbruderschaft anstatt des neuen katholischen Katechismus von 1993 nur den veralteten des erzkonservativen Papstes. Gelegentlich liegt auch noch der mittelalterliche des heiligen Thomas von Aquin auf. Erst im Oktober 1997 wurde das Katechismusangebot um ein Werk neueren Datums ergänzt. In Eigenregie brachte die Bruderschaft einen »Katholischen Katechismus zur kirchlichen Krise« heraus.

In den Priesterseminaren bilden die Lefébvrianer den klerikalen Nachwuchs nach den traditionalistischen Vorstellungen des Erzbischofs aus und ignorieren dabei zentrale Punkte des Konzils völlig. Manche Dekrete kommen für die Bruderschaft nämlich direkt »vom Teufel«. Diese »Zeitbomben des Zweiten Vatikanischen Konzils«, wie es Lefébvres Nachfolger Schmidberger formuliert,[17] sind das Ökumenismus-Dekret, die dogmatische Konstitution über die Kirche (»Lumen gentium«), die Dekrete über die nichtchristlichen Religionen (»Nostra aetate«) und die Religionsfreiheit, vor allem aber das Dekret über die Stellung der Kirche in der modernen Welt (»Gaudium et spes«). Die Folgen dieser »liberalen« Dekrete liegen für die Piusbrüder auf der Hand: Ruin der Priesterseminare, gottlose Forderungen nach Frauenpriestertum und Abschaffung des Zölibats, Duldung von Irrlehren und anderen Religionen und nicht zuletzt der offene Ungehorsam der Bischöfe gegen Rom.

Den eigenen Widerstand gegen die kirchliche Hierarchie und den Papst erläuterte Lefébvre bereits in seiner »Grundsatzerklärung« von 1974: »Keine Autorität, selbst nicht die höchste in der Hierarchie, kann uns zwingen, unseren Glauben, so wie er vom Lehramt der Kirche seit neunzehn Jahrhunderten klar formuliert und verkündet wurde, aufzugeben oder zu schmälern.« Für die Piusbruderschaft galten also andere Maßstäbe, war sie doch im Besitz des ewig gültigen Glaubens.

In seinem kleinen Reich machte Lefébvre praktisch, was er wollte. Der Konfrontationskurs und die offene Ablehnung des Zweiten Vatikanums brachten ihm zwar Kritik von höchster Stelle ein, dennoch duldete Rom die seltsame Glaubenspraxis der Piusbrüder. Allerdings nur bis 1988, denn als Lefébvre ankündigte, er wolle eigenmächtig vier seiner Gefolgsleute zu Bischöfen weihen und so seine Nachfolge sichern, mußte der Vatikan reagieren. Johannes Paul II. ermahnte den eigenwilligen französischen Erzbischof mehrmals, die unerlaubten Weihen nicht durchzuführen. In langwierigen Verhandlungen gestand er den Piusbrüdern sogar weitgehende Freiheiten zu, und am 5. Mai 1988 unterzeichnete Lefébvre einen vorläufigen Kompromiß, der immerhin die Weihe eines seiner Anhänger zum Bischof beinhaltete.

Der Streit schien beigelegt, das drohende Schisma abgewendet. Am 30. Juni kam es allerdings doch noch zur befürchteten Kirchenspaltung: Lefébvre weihte Bernard Fellay, heute Generaloberer der Bruderschaft, Richard Williamson, Bernard Tissier de Mallerais und Alfonso de Gallarreta zu Bischöfen. Zwei Tage später erklärte Papst Johannes Paul II. Lefébvre und seine vier Bischöfe in seinem päpstlichen Schreiben, dem Motuproprio »Ecclesia Dei«, für exkommuniziert. Damit war in der katholischen Kirche das erste Schisma seit Abspaltung der altkatholischen Kirche nach dem Ersten Vatikanischen Konzil (1869–1870) perfekt.

Die Piusbruderschaft reagierte auf ihre Weise: Nachdem die Alles-oder-nichts-Strategie im Nichts geendet hatte, wurden die Verbalattacken der Traditionalisten nur noch schärfer. Selbst die Exkommunikation wußten sie zu ihren Gunsten zu drehen. Nicht Rom habe die Trennung vollzogen, sondern sie selbst. »Wenn wir uns von diesen Leuten entfernen, so genau wie von Personen, die AIDS haben. Man hat keine Lust, es sich zu holen. Nun aber haben sie das geistige AIDS, eine ansteckende Krankheit«, sagte Lefébvre wenige Monate nach dem Schisma über die Vertreter der »Konzilskirche«. Ein Jahr später meinte er, der Papst stehe »sicher auch in Verbindung mit der internationalen Freimaurerei«, es sei deshalb gewiß nicht verwunderlich, wenn sich »die Häresie in Rom eingenistet hat«.

Pater Schmidberger legt noch ein Schäuflein nach: Das Zweite Vatikanum wird bei ihm zu einem »Hexensabbat aller Freigeister, Linkskatholiken und schwärmerischer Illusionisten«. Die Gläubigen sollten sich vielmehr an »Blüte und Höhepunkt des katholischen Glaubenslebens«, dem Mittelalter, orientieren. B. Zaby nimmt im Mitteilungsblatt der Bruderschaft den Gedanken Schmidbergers auf. Inquisition und Kreuzzüge wären Ausdruck der Liebe der Kirche gewesen, ebenso sei es auch noch heute vertretbar, gegen Häretiker die Todesstrafe auszusprechen. »So hart und grausam das manchem auch scheinen mag, ist es doch die logische und einzig richtige Konsequenz aus dem ernstgenommenen Glauben«, stellt Zaby fest, nicht ohne gleich einzuschränken: »In den modernen laizistischen, liberalen und pluralistischen Staaten ist sie aus verständlichen Gründen nicht zu praktizieren, weil man nicht die Hälfte der Bevölkerung so einfach hinmorden kann.« Aus der Zeit des Mittelalters stammt wohl auch Schmidbergers Lebensphilospohie. »Das Leben auf dieser Erde ist ein Kriegsdienst, ist ein Kampf, ist ein Ringen, ist eine Auseinandersetzung mit dem Sinn, das Böse an sich zu offenbaren«, sagte er in seiner Predigt »Maria, Siegerin in allen Schlachten Gottes« am 8. Oktober 1989.

Das Ringen um Gläubige fällt der Piusbruderschaft allerdings nicht leicht. Die Exkommunikation durch den Papst hatte viele Kirchgänger verunsichert. Noch heute fragen in der Pfarre Gföhl bei Jaidhof Dutzende Gläubige an, ob denn die Messe der Bruderschaft im nahen Schloß auch anerkannt sei und ob man sie bedenkenlos besuchen dürfe. »Gültig ist die Messe zwar schon«, lautet meist die lapidare Antwort, »aber dennoch unerlaubt.« Und eigentlich begebe man sich durch einen Kirchgang bei der Piusbruderschaft selbst in die Gefahr, exkommuniziert zu werden. Die Messen der Piusbrüder sind seit zehn Jahren eben nicht mehr katholisch. Wie das die katholische Obrigkeit allerdings genau handhabt, weiß man selbst in der Pfarre Gföhl nicht so genau.

Die kirchenrechtliche Lage ist tatsächlich nicht einfach. Selbst Theologen streiten um den letztgültigen Status der Piusbruderschaft. Mit der Sprachregelung, die Priester Lefébvres seien zwar gültig geweiht (nämlich von Lefébvre, dessen Bischofswürde durch die Exkommunikation nicht aufgehoben werden konnte), aber unerlaubt, kann das Kirchenvolk kaum etwas anfangen. Was bleibt, ist ein schaler Nachgeschmack für die betroffenen Gläubigen. Laut Franz Schmidberger meiden manche Konservative seine lateinischen Messen nur deshalb, weil sie die Rache Roms fürchten. Aus diesem Grund starteten die Piusbrüder eine großangelegte Werbeoffensive. Seit dem Frühjahr 1997 flattern allen österreichischen Pfarren bunte Faltblätter in die Kirchen. In Balkenlettern erklären die Lefébvrianer darauf ihre Sicht der Dinge: »Ist die Priesterbruderschaft St. Pius X. schismatisch? Exkommuniziert? Rom sagt NEIN. Kann jeder ihre lateinischen Messen besuchen? JA.«

Im Blattinneren werden dann mutmaßliche Zeugen für die Position der Piusbrüder aufgeführt, zum Beispiel der österreichische Kardinal und ehemalige Bibliothekar und Archivar des Vatikans, Alfons Stickler. Die Zitate und Argumente erweisen sich bei näherer Betrachtung allerdings als beliebig und zahnlos. Der anerkannte Wiener Kirchenrechtsprofessor Bruno Primetshofer dazu: »Ich habe mich eigentlich schon auf die kirchenrechtliche Begründung der Thesen gefreut, gekommen sind dann allerdings nur leere Phrasen und Widersprüche.«

Die Strategie der Piusbruderschaft scheint dennoch aufzugehen. »Seit einigen Monaten sind die Gottesdienstzahlen leicht im Steigen«, berichtet Pater Schmidberger. Ganz zufrieden ist er mit der Situation aber nicht. Vor allem im deutschen Sprachraum ist den Anhängern Lefébvres in den vergangenen zehn Jahren eine mächtige Konkurrenz aus dem eigenen Lager erwachsen. Einige Abtrünnige, die dem einstigen Führer Lefébvre nicht ins Schisma folgen wollten, sind in den Schoß von Mutter Kirche zurückgekehrt und haben dort ihren eigenen erzkonservativen Hort gegründet: die Priesterbruderschaft St. Petrus. Auf dem Marktplatz der konservativen Seelen ist seither die Hölle los.

PRIESTERBRUDERSCHAFT ST. PETRUS

Traditionalisten von Gottes Gnaden

Der große Graben

Die letzten Junitage des Jahres 1988 waren für Engelbert Recktenwald wahrlich nicht einfach. Hin- und hergerissen zwischen dem Gehorsam gegenüber dem päpstlichen Rom und der Treue zu seinem geistlichen Ziehvater, Erzbischof Lefébvre, stand der Priester vor der Entscheidung seines Lebens: Wählte er die Treue, so würde ihn seine geliebte katholische Kirche verstoßen, wählte er aber den Gehorsam, so wäre es mit der brüderlichen Liebe Lefébvres und seiner Anhänger vorbei. Pater Recktenwald wählte den Gehorsam. Am 1. Juli 1988, nur einen Tag nach den unerlaubten Bischofsweihen durch Lefébvre, traf er sich mit zwei anderen Priestern der Piusbruderschaft und insgesamt neun Seminaristen an einem geheimen Ort in Österreich. Die Beratungen hatten ein Ziel: das Werk der Priesterbruderschaft St. Pius X. »innerhalb der Kirche fortzusetzen«.[18] Die Basis für dieses Unterfangen sollte der Kompromiß vom 5. Mai sein, den Erzbischof Lefébvre mit dem Vatikan ausgehandelt hatte.
Schon zwei Tage nach dem Treffen der abtrünnigen Piusbrüder wur-

den sie vom Wiener Kardinal Hans Hermann Groër zu einer Audienz empfangen. Der Kardinal zeigte sich an einer Rückholaktion der Patres in die katholische Kirche überaus interessiert und stellte auch den Kontakt zwischen ihnen und dem Präfekten der Glaubenskongregation, Kardinal Joseph Ratzinger, her. Schon am folgenden Tag fuhr Pater Recktenwald mit einigen seiner Mitbrüder nach Rom, um dort mit Papst Johannes Paul II., Kardinal Ratzinger und Kardinal Augustin Mayer zusammenzutreffen. Mayer war am 2. Juli 1988 als Präsident der Kommission »Ecclesia Dei« eingesetzt worden. Er sollte versuchen, möglichst viele Priester der Piusbruderschaft in der Einheit der katholischen Kirche zu halten.

Die Bitte von Recktenwald & Co. nach der Einrichtung einer eigenen traditionalistischen Priesterbruderschaft fiel im Vatikan also auf fruchtbaren Boden. Schon am 18. und 19. Juli tagte deshalb im schweizerischen Hauterive bei Freiburg das erste Generalkapitel der neugeschaffenen Priesterbruderschaft St. Petrus. Bis zu diesem Zeitpunkt hatten sich insgesamt zwölf Priester und 13 Seminaristen von der schismatischen Bewegung rund um Erzbischof Lefébvre losgesagt. Zum ersten Generaloberen der neuen Priesterbruderschaft wurde der deutsche Josef Bisig, ehemals Leiter des Lefébvre-Priesterseminars in Zaitzkofen, gewählt.

Die Grundlage der neuen, diesmal wahrhaft katholischen Vereinigung war tatsächlich das Abkommen zwischen Lefébvre und dem Vatikan vom 5. Mai. Der Petrusbruderschaft wurden praktisch dieselben Statuten wie der Piusbruderschaft vor ihrer Abspaltung gewährt. Ihre Priester dürfen weiterhin die Messe nach dem vorkonziliaren Missale aus dem Jahre 1962 feiern und an ihren antiquierten Grundsätzen festhalten. Während der Piusbruderschaft sogar der Zutritt zu offiziellen katholischen Kirchen verwehrt wird, erfeuen sich die Priester der neuen Bruderschaft weitgehender Freiheiten. Allein Polemik gegen die neue Liturgie und die Dekrete des Zweiten Vatikanums ist ihnen verboten.

Schon bald nach Bekanntwerden des neuen Übereinkommens zwischen Vatikan und Petrusbruderschaft setzte reger Zulauf zur neuen traditionellen Priestergemeinschaft ein. Aus der Piusbruderschaft folgten bald weitere Abtrünnige, und auch andere Priesterstudenten, die mit der Situation an den liberalen katholischen Hochschulen nicht zufrieden waren, fanden ihren Weg zu den neuen Traditionalisten. Schon knapp sechs Monate nach dem Eklat um Lefébvre und der Gründung der neuen Bruderschaft war die Zahl der Jünger Petri

stark gestiegen. Sogar 60 Benediktinermönche aus Barroux in Frankreich hatten sich von Erzbischof Lefébvre losgesagt und vertrauten nun den Grundsätzen der neuen Klerikergemeinschaft. Bis heute ist die Zahl der Priester in der Petrusbruderschaft auf über 100 angewachsen. Dazu kommen einige Ordensmänner und Nonnen und fast 200 Seminaristen, die in den zwei Priesterseminaren der Bruderschaft im deutschen Wigratzbad, nahe der österreichischen Grenze am Bodensee gelegen, und im amerikanischen Scranton/Pennsylvania ausgebildet werden.
Doch nicht nur was den Priesternachwuchs betrifft, ist das Tochterunternehmen Petrusbruderschaft mittlerweile zu einer ernsthaften Konkurrenz für die Piusbruderschaft geworden. Seit es auch innerhalb der katholischen Kirche eine Organisation gibt, die ausschließlich lateinische Messen liest, pilgern immer mehr Gläubige zu den »legalen« Hochämtern. Die Lefébvre-Getreuen geraten zusehends unter Druck. Und das, obwohl die Petrusbruderschaft nur in den USA, Frankreich, der Schweiz, Deutschland und in Österreich vertreten ist. Während die Piusbruderschaft in Österreich über ein dichtes Netz von Kirchen und Kapellen verfügt, stehen den sechs Petrusbrüdern nur drei Gotteshäuser in Wien, Salzburg und Linz zur Verfügung. Ab und zu lesen sie auch Messen in Steyr oder gestalten die traditionelle Wallfahrt nach Schardenberg nahe Passau. Dennoch hat die Petrusbruderschaft die Piusbrüder mit ihren knapp 3000 Kirchgängern schon überflügelt, zu ihr kommen österreichweit schon mehr als 5000 Gläubige.
In der erzkonservativen Kirchengemeinde hat dieser erbitterte Kampf um Anhänger zum totalen Bruch geführt. Zwei Reichshälften stehen einander unversöhnlich gegenüber, getrennt durch einen unüberwindlichen großen Graben.
Die Verantwortlichen der Piusbruderschaft auf der einen Seite nehmen ihre schwindenden Anteile am Markt der konservativen Seelen gelassen, sie setzen wie gewohnt auf Polemik. Die wahren Traditionalisten sind sie. Pater Franz Schmidberger: »Allen diesen Leuten [von der Petrusbruderschaft] ist gemeinsam, den grundsätzlichen Kampf gegen den Irrtum aufgegeben zu haben; sie haben sich vom Schlachtfeld gestohlen.« Schuld daran ist laut Schmidberger das »faule« Abkommen mit dem Vatikan. »Die Petrusbrüder sind einfach ihrer Haltung untreu geworden. Die Elemente, die sie heute in der Kirche mittragen müssen, wie den Ökumenismus, die Religionsfreiheit oder die neue Liturgie, könnten wir niemals akzeptieren.«

»Verräter« möchte Schmidberger die Petrusbrüder zwar nicht nennen, aber eines müsse schon klar sein: »Man kann nicht Gott dienen und zugleich auch der Reformkirche.« Eine Zusammenarbeit mit der Petrusbruderschaft schließt Schmidberger dezidiert aus: »Solange sie uns schismatisch und exkommuniziert nennen, ist das ja auch von ihrer Seite unmöglich. Ich kann doch nicht mit jemandem diskutieren, der außerhalb der Kirche steht, oder?« Wehmut verspürt Schmidberger nur, wenn er an die gemeinsame Vergangenheit vor 1988 denkt, aber auch hier mischen sich die Reminiszenzen bald mit Zorn. »Ohne unseren Gründer, Erzbischof Lefébvre, hätte es nie eine Petrusbruderschaft gegeben. Daß sie seine Grundsätze heute oft verleugnet und sich so schwer schuldig macht, scheint sie aber gar nicht weiter zu kümmern«, sagt Schmidberger.

Auf der anderen Seite des großen Grabens sieht man die Sache naturgemäß anders. Von einer Unterwerfung unter das Diktat Roms will man bei den Petrusbrüdern nichts wissen. Sie sehen sich vielmehr als die wahren Traditionalisten. »Bei den Bischofsweihen Lefébvres handelt es sich nicht nur um Ungehorsam«, sagt Engelbert Recktenwald[19] in Richtung Piusbruderschaft, »sondern um einen Akt, der sich gegen göttliches Recht richtet, nämlich gegen die Einheit der Kirche.« Den Unkenrufen aus dem Lager Schmidbergers mißt Recktenwald keine Bedeutung zu: »Die Prophezeiungen der Priesterbruderschaft St. Pius X., daß wir uns im Laufe der Zeit dem Modernismus angleichen werden, werden sich nicht erfüllen. Da Rom uns die alte Messe zugestanden hat, bin ich sicher, daß auch die Mehrheit der Bischöfe unsere Haltung der unverbrüchlichen Treue zur alten Liturgie akzeptieren wird.« In der Piusbruderschaft sieht Recktenwald keinen Rivalen: »Wir kämpfen für die Tradition. Unser Gegner ist nicht die Priesterbruderschaft St. Pius X., sondern der Modernismus.«

Das sieht auch Pater Martin Lugmayr, Distriktoberer der Petrusbruderschaft in Österreich, so: »Anfeindungen gibt es nur von der anderen Seite. Den Priestern der Piusbruderschaft ist ja sogar verboten worden, mit uns ›Treulosen‹ zu sprechen.« Freilich gebe es auch inhaltliche Unterschiede, meint Lugmayr, denn während die Piusbruderschaft einige Dekrete des Zweiten Vatikanums ablehnt, akzeptiert seine Petrusbruderschaft das gesamte Konzil. »Natürlich muß man aber dazusagen, daß Linkskatholiken und vermeintlich Fortschrittliche das Konzil teilweise falsch ausgelegt haben. Die werfen uns dann Fundamentalismus vor, aber eigentlich sind wir die Progressiven, weil wir auf dem Weg der Lehre Christi fortschreiten.«

Chronologie eines Schismas[20]

14. 7. 1987:	Erstes Treffen Erzbischof Lefébvres mit Kardinal Ratzinger bezüglich einer Übereinkunft mit dem Vatikan.
4. 2. 1988:	Gespräch Erzbischof Lefébvres mit der Zeitung »Le Figaro«. Er kündigt an, am 30. Juni »wenigstens 3 Bischöfe zu weihen«.
8. 4. 1988:	Brief von Papst Johannes Paul II. an Kardinal Ratzinger: Man möge auf jeden Fall alles tun, das Schisma zu vermeiden. Der Papst äußert Verständnis für bestimmte Anliegen Lefébvres, weist jedoch darauf hin, daß man nicht wegen Übertreibungen jegliche gesunde Erneuerung nach Geist und Buchstaben des Konzils zurückweisen dürfe.
5. 5. 1988:	Vorläufiges Vertragsprotokoll der Übereinkunft zwischen dem Vatikan und der Priesterbruderschaft, von Erzbischof Lefébvre mit unterzeichnet.
25. 5. 1988:	Treffen zwischen Kardinal Ratzinger und Erzbischof Lefébvre. Zustimmung des Papstes zu einer Bischofsweihe wird signalisiert.
9. 6. 1988:	Mahnschreiben des Papstes an Erzbischof Lefébvre.
15. 6. 1988:	Ankündigung Lefébvres, vier Priester der Bruderschaft zu Bischöfen zu weihen.
17. 6. 1988:	Mahnschreiben der Bischofskongregation an Erzbischof Lefébvre.
28. 6. 1988:	Johannes Paul II. appelliert an Lefébvre, in der Einheit der Kirche zu bleiben.
29. 6. 1988:	Letzter Appell des Papstes an Lefébvre beim Angelus auf dem Petersplatz.
30. 6. 1988:	Weihe von vier Priestern der Piusbruderschaft zu Bischöfen in Ecône.
1. 7. 1988:	Exkommunikationsdekret durch die Bischofskongregation.
2. 7. 1988:	Motuproprio »Ecclesia Dei« von Papst Johannes Paul II., das die Exkommunikation von Erzbischof Lefébvre feststellt. Erklärung von sechs Priestern und neun Seminaristen der Bruderschaft Sankt Pius, in der sie Lefébvre die Gefolgschaft aufkündigen, die Bischofsweihen bedauern und das Protokoll der Übereinkunft vom 5. Mai 1988 als großzügige Möglichkeit charakterisieren.
18. 7. 1988:	Gründung der »Priesterbruderschaft Sankt Petrus« in

	der Schweizer Zisterzienser-Abtei Hauterive bei Freiburg. Josef Bisig (bisher Leiter des Lefébvre-Priesterseminars in Zaitzkofen bei Regensburg) wird Generaloberer der neuen Bruderschaft.
10. 12. 1989:	Kardinal Augustin Mayer (Leiter der Kommission Ecclesia Dei) weiht in Rom Mitglieder der Petrusbruderschaft zu Priestern.
12. 12. 1989:	Johannes Paul II. empfängt Kardinal Mayer und die Neugeweihten.
Ostern 1990:	Kardinal Ratzinger hält das Osterhochamt in der deutschen Niederlassung der Petrusbruderschaft in Wigratzbad. Erzbischof Eder, Salzburg, übergibt der Priesterbruderschaft das Rektorat St. Sebastian in Salzburg.
17. 11. 1990:	Kardinal Stickler spendet die Firmung für Kinder aus Österreich und Deutschland in St. Sebastian in Salzburg.

Realos in der Kirche

Die Peterskirche in der Wiener Innenstadt ist hübsch geschmückt. Das Opus Dei, das die barocke Rektoratskirche seit Jahrzehnten betreut, hat der Petrusbruderschaft das Kirchenschiff an diesem 6. Juli 1997 großzügig überlassen. Ansonsten feiern die Petrusbrüder ihre traditionellen Gottesdienste in der nahen Malteserkirche in der Kärntnerstraße, doch an größeren Festtagen ist sie für die ständig wachsende Gemeinde immer öfter zu klein. Fast 400 Strenggläubige haben sich heute in die Peterskirche gedrängt, um der »Heimatprimiz«* von Franz Karl Banauch, 24, beizuwohnen. Es ist ein besonderes Ereignis, denn allzu oft gibt es erzkatholische Neupriester in Österreich nicht zu bewundern. Der frischgebackene »Pater« Banauch ist eine rühmliche Ausnahme.

Von der Piusbruderschaft durch ihren Bruch mit dem Papst schwer enttäuscht, hatte sich das Kind aus Favoriten 1988 der Priesterbruderschaft St. Petrus zugewandt. 1991, nur wenige Monate nach der Matura, trat Banauch ins Priesterseminar im deutschen Wigratzbad ein und fand dort, ganz im Geiste des konservativen Klerikerbundes, den Weg zu Gott. Vor wenigen Tagen, am 28. Juni, empfing er dann

---

* Primiz: erste offizielle, feierliche Messe eines Priesters nach seiner Weihe

zusammen mit sieben anderen Diakonen, vier davon aus Frankreich und drei aus Deutschland, das heilige Sakrament der Priesterweihe. Den heutigen Tag, seinen ersten Gottesdienst in der Heimat als Priester, begeht Banauch besonders ehrfurchtsvoll. Während die Mitbrüder von der Choralschola gekonnt den lateinischen Einzugsgesang intonieren, schreitet er bedächtig durch das Haupttor. Mit versteinerter Miene bahnt er sich langsam einen Weg durch die Menge und besprengt die Gemeinde mit Weihwasser. Die Gläubigen bekreuzigen sich oder fallen vor ihm auf die Knie.

Wer von der Einrichtung der Petrusbruderschaft in der katholischen Kirche nichts weiß, könnte glauben, eine klassische Messe der schismatischen Piusbruderschaft zu beobachten. Auch in der Peterskirche tragen die Frauen Kopftuch und knöchellange Röcke. Gesungen und gebetet wird auch hier nur in Latein. Der Fotograf, der die Ereignisse für die Nachwelt aufnehmen soll, hat Probleme, eine Vorderansicht Banauchs zu erhaschen: Der Priester dreht ihm und der Gemeinde immerfort den Rücken zu. Banauch kniet in sich versunken vor dem Altar. Der Fotograf pirscht sich langsam in seine Nähe und getraut sich dann doch nicht, auf die Stufen des Altars zu steigen, um einen Schnappschuß für die Ewigkeit zu ergattern. Vor dem Austeilen der Kommunion werden die Gläubigen darauf hingewiesen, daß ausschließlich »wer getauft, gläubig und frei von schwerer Sünde« zur Kommunion zugelassen ist. Außerdem muß sie kniend und oral empfangen werden. So verlangt es die Tradition.

Der einzige Unterschied zu den Hochämtern der Piusbruderschaft ist die Predigt. Der Mitbruder Banauchs, der die Gläubigen heute belehrt, erreicht bei weitem nicht die polemische Brillanz eines Pater Schmidberger. Während der in Jaidhof eindeutige Worte gegen das Zweite Vatikanum und das vom Modernismus verseuchte Rom gefunden hatte, philosophiert der Petrusbruder über die transzendenten Funktionen des Priesterberufes.

Er erzählt etwas vom Priester im »Vorhof des Heiligtums« und vom »priesterlichen Brückenschlag von der Zeit in die Ewigkeit«. Pater Banauch, und zumindest das verstehen die meisten im Saal, ist »Repräsentant Gottes auf Erden«. Wenn er die Sakramente spendet, dann ist Jesus in ihm. »Ja dann *ist* er Jesus«, ruft der Prediger. Während der Messe müsse sich der Priester deshalb auch Gott und nicht den Gläubigen zuwenden, denn »überall dort, wo der Mensch im Mittelpunkt steht, da fällt der Priester in eine Identitätskrise«. Und das könne man heute ja leider überall in den katholischen Landen beobachten. »Unlängst habe ich ein Plakat gesehen, wo ein Zen-Kurs für katholische Priester angeboten wurde. Man stelle sich vor, die sitzen dann zehnmal pro Tag im Lotussitz. Da fällt es mir nicht schwer, die wahren Quellen des heutigen Glaubens ausfindig zu machen«, sagt der Prediger.

In der Petrusbruderschaft wird Kritik an der katholischen Kirche behutsam vorgetragen, bleibt aber doch für jedermann verständlich. Sie wirkt ein wenig ruhiger und stiller, ein wenig reifer und beherrschter als die der Lefébvrianer. Packte man die beiden Organisationen in politische Kategorien, so stünden den Fundis der Piusbruderschaft wohl die Realos der Petrusbruderschaft gegenüber. Während die Fundis außerhalb der Kirche auf Aktionismus und giftige Parolen setzen, haben die Realos längst den Marsch durch die Institutionen angetreten. In ihren Zielen unterscheiden sich die beiden Lager dies- und jenseits des großen Grabens kaum, nur der Weg zur Verwirklichung differiert. Verflucht Pater Schmidberger für die Piusbrüder das Fernsehen, so macht sich die Petrusbruderschaft sogar das Internet zunutze. Seit 1996 gibt es eine vom amerikanischen Priesterseminar in Scranton kreierte Homepage.*

Selbst in der Jugendarbeit gibt es Abweichungen. Zwar hat die Petrusbruderschaft in der Christkönigsjugend (CKJ) eine ähnliche Organisation wie die Piusbrüder, die Jugendlager im Sommer werden allerdings nicht so strikt gehandhabt wie bei den Lefébvrianern. Während in Jaidhof absolute Geschlechtertrennung herrscht, bieten Pater Lugmayr & Co. auch »religiöse Familienfreizeiten« an. Teilnahmeberechtigt sind alle Familienmitglieder, gleich welchen Geschlechts. Die Austragungsorte der Familienfreizeiten finden sich bevorzugt in Österreich: Meist zieht es die Gemeinde nach Eisgarn ins Waldviertel oder auf die Felseralm in Obertauern. Die Exerzitien für Erwachsene finden in Walpersdorf bei Herzogenburg oder im schweizerischen St. Pelagiberg statt. Zur Auswahl stehen dort ignatianische, Herz-Jesu- und Sühneexerzitien.

Auch medial stehen die Petrusbrüder den Anhängern Lefébvres kaum nach. Audiokassetten wider die Europäische Union oder Broschüren wie »33 Wahrheiten zur Betrachtung für unsere Zeit« sucht

---

* http://www.ewtn.com/fssp/fsp_html.htm (FSSP steht für die offizielle lateinische Bezeichnung der Priesterbruderschaft St. Petrus: Fraternitas Sacerdotalis Sancti Petri.

man in den Kirchen der Petrusbruderschaft zwar vergebens, das Informationsblatt der Vereinigung kann sich mit dem der Piusbruderschaft aber allemal messen. Seit 1993 gibt das Priesterseminar in Wigratzbad auch eine theologische Zeitschrift heraus. Unter dem Titel »Umkehr – Eine Zeitschrift für Christen, die denken« werden dort Aufsätze durchwegs konservativer Theologen wie Robert Spaemann oder Leo Scheffczyk präsentiert, ab und an wird auch Kardinal Ratzinger gedruckt. Die Beiträge beschäftigen sich meist kritisch mit liberalen Entwicklungen der Kirche.

Obwohl der Ton in den Zeitschriften immer wissenschaftlich korrekt bleibt, wird klar, daß auch die Petrusbruderschaft die katholische Kirche in einer tiefen Glaubenskrise sieht. Die Schuld sucht man vor allem bei der Liturgiereform, linkskatholischen Theologen wie Hans Küng oder Eugen Drewermann und den Massenmedien. »Der Mensch glaubt nicht mehr der Kirche, dafür umso mehr einer immer heidnischer werdenden Presse. Und wenn der Papst sein verantwortungsvolles Amt der Glaubensverkündigung wahrnimmt und sagt, was Sache ist, dann fallen ihm die eigenen Theologen in den Rücken, die dann in den Medien hochgejubelt werden«, sagt Engelbert Recktenwald in einem 20seitigen Interview mit dem erzkonservativen KOMM-MIT-Verlag.[21] Das Rezept gegen den allgemeinen Moralverfall hat Recktenwald auch gleich zur Hand: »Die Kirche braucht keine Feministinnen, die das Priesteramt der Frau fordern; sie braucht keine Jugend, die mehr sexuelle Freizügigkeit von der kirchlichen Lehre verlangt usw. Was die Kirche braucht, sind Laien, die sich für die Belange des Reiches Gottes, für Christus einsetzen und für das Heil der Menschen. Die Kirche ist kein Selbstbedienungsladen, wo jeder sich nimmt, was ihm gerade zusagt.« Und ganz im Sinne der päpstlichen Neuevangelisierung Europas gibt er das Programm für die nächsten Jahre vor: »Europa ist wieder Missionsland geworden. Wir brauchen wahrhaft gläubige, katholische Journalisten, katholische Verleger, katholische Lehrer, die bereit sind, für die Wahrheit ihres Glaubens einzustehen!«

Den Worten lassen die Patres aber auch Taten folgen. Sie opponieren öffentlich und oft erfolgreich gegen allzu liberale Projekte innerhalb der Kirche. Das Kirchenvolks-Begehren ist für sie eine Gefahr für die Einheit der katholischen Kirche, weil es schlichtweg »haarsträubende Forderungen« erhebt. In Salzburg verhinderten die Petrusbrüder vor Jahren den Ankauf von Religionsbüchern für Schulen, weil diese ihrer Meinung nach nicht mehr wahrhaft katholisch waren. Und im fundamentalistischen Kirchenblatt »Der 13.« erschien im Mai 1993 ein zweiseitiger Artikel gegen die katholische »Aktion Leben«. Weil die Initiatoren dieser recht aufgeschlossenen Lebensschutzorganisation für die Verwendung von Verhütungsmitteln plädierten, wurden sie von den Autoren, den Patres Klaus Gorges, Walthard Zimmer, Martin Lugmayr und Dietmar Aust von der Petrusbruderschaft, scharf angegriffen. Der Bischofskonferenz empfahlen die frommen Männer via »13.«, jede finanzielle Unterstützung für die »Aktion Leben« einzustellen. Noch im selben Jahr strich die Bischofskonferenz der Organisation tatsächlich alle monetären Zuwendungen. Grund: das öffentliche Eintreten der »Aktion Leben« für die Anti-Baby-Pille. Ein direkter Zusammenhang zwischen der Aufforderung der Petrusbrüder und dem Subventionsentzug bleibt aber natürlich rein spekulativ.

Sicher ist nur soviel: In den vergangenen Jahren hat sich die Priesterbruderschaft St. Petrus mit einer klugen und nach außen hin wenig effektheischenden Strategie eine führende Rolle im katholisch-fundamentalistischen Lager erkämpft. Im Vatikan schätzt man die Glaubensbrüder mittlerweile ob ihres unbedingten Gehorsams in allen Moralfragen. Auch österreichische Hirten sind von der Arbeit der Vereinigung sichtlich angetan, die Kardinäle Stickler und Groër zelebrieren des öfteren tridentinische Messen der Bruderschaft. Erzbischof Georg Eder von Salzburg war weltweit einer der ersten Bischöfe, der den Traditionalisten eine Rektoratskirche zur Verfügung stellte. So wurde die Kirche St. Sebastian in der Linzer Gasse 1990 zum ersten Stützpunkt der Petrusbruderschaft in Österreich. Ein besonderer Förderer kommt ebenfalls aus Salzburg: Wolfgang Waldstein, Rechtsprofessor an der Lateranuniversität in Rom, ist – wie schon erwähnt – Mitglied des kirchlichen Gemeinderates St. Sebastian.

Für die zunehmende Vernetzung mit dem rechten Flügel der katholischen Kirche sprechen auch die Medienkontakte der Petrusbrüder: Im »13.« sind Jubelartikel über die konservativen Kleriker keine Seltenheit, und auch zur reaktionären »Weißen Rose« besteht ein gutes Verhältnis. Zur Primiz Pater Banauchs in der Peterskirche waren sowohl Herausgeber Albert Pethö als auch Autor und »Pro Occidente«-Aktivist Ronald F. Schwarzer angedampft. Im Mitteilungsblatt der Priesterbruderschaft werden weitere Kontakte zur rechtskatholischen Szene deutlich. Hingewiesen wird da unter anderem auf eine Veranstaltung des Linzer Priesterkreises mit Gastreferent Professor Robert

Prantner vom Engelwerk, die letzte Buchveröffentlichung eines Priesters des umstrittenen Ordens der »Servi Jesu et Mariae« (siehe Kapitel »Katholische Pfadfinderschaft Europas«) oder die Welttagung der radikalen Anti-Abtreibungsorganisation »Human Life International«. Die neuesten Entwicklungen in Engelwerk und Katholischer Pfadfinderschaft Europas sind ebenso nachzulesen wie Veröffentlichungen konservativ-katholischer Laienverbände wie »Una Voce«, »Austria Catholica«, »Pro Missa Tridentina« oder »Initiativkreis katholischer Laien«. Im Gegenzug streuen diese Organisationen freilich auch der Petrusbruderschaft Blumen. Nach nur knapp zehn Jahren hat sie eine Akzeptanz innerhalb der Kirche erreicht, wie sie die Piusbruderschaft selbst zu Zeiten eines Erzbischof Lefébvre nie hatte.

Kutte und Doc Martens

Die Petrusbruderschaft polarisiert aber auch wie kaum eine andere Vereinigung in der Kirche. Das, was sie vielen sogenannten Linkskatholiken vorwirft, nämlich eine bestehende Spaltung innerhalb der Kirche zu vertiefen, tritt bei ihr selbst am deutlichsten zutage. Das päpstliche Schreiben »Ecclesia Dei«, das der Bruderschaft die Feier des alten Meßritus erlaubte, stieß in verschiedenen liturgischen und pastoralen Kommissionen auf massive Ablehnung. Arno Schilson, Professor für Kirchengeschichte in Mainz, sprach im Zusammenhang mit der Eingliederung der Petrusbruderschaft sogar von einer »faktischen Suspendierung des Zweiten Vatikanischen Konzils«.[22] Im Oktober 1997 folgte der Passauer Liturgiewissenschafter Karl Schlemmer. Die Petrusbruderschaft, so Schlemmer, vertrete ein »völlig anderes Kirchen- und Liturgieverständnis«, als es im Zweiten Vatikanum begründet liege. Außerdem sei es völlig falsch, den 1570 entstandenen tridentinischen Ritus als einen der ältesten in der Kirche zu bezeichnen, schon im ersten Jahrtausend habe es verschiedene »Liturgiefamilien« gegeben.

Auch die deutsche Bischofskonferenz brachte ihre Distanz zur Petrusbruderschaft klar zum Ausdruck: 1993 verfügte sie, daß tridentinische Messen nur in Ausnahmefällen von den traditionalistischen Patres gelesen werden sollten. Die Zulassung zur Messe machten die deutschen Bischöfe davon abhängig, ob die Petrusbrüder auch die neue Liturgie nach dem Zweiten Vatikanum akzeptierten. Von der Petrusbruderschaft wurde diese Weisung scharf attackiert. Die mei-

sten seiner Patres, so der Generalobere Josef Bisig in einer Stellungnahme, würden es aus prinzipiellen Gründen ablehnen, den Gottesdienst nach dem neuen Missale zu feiern.
Zu den liturgischen Bedenken mischten sich bald auch ideologische. Nicht nur ihre Vorstellung von der idealen Kirche sei rückwärtsgewandt, sondern auch das Menschenbild der Petrusbruderschaft. Den Traditionalisten wurde sogar Anfälligkeit für rechtsextremes Gedankengut vorgeworfen. Ausgelöst hatte die Debatte Ende 1995 der Skandal um Dietmar Aust, einen Priester der Linzer Niederlassung. Wochenlang berichtete die österreichische Presse über den kahlgeschorenen Pater und seine engen Kontakte zur Linzer Skinhead-Szene. »Glatze, Kutte und Doc Martens«[23] titelten die »Salzburger Nachrichten« über Aust, für die Illustrierte »News« war er schlicht der »Pfarrer auf dem rechten Pfad«.[24] Die »Linzer Kirchenzeitung« hatte sich als erstes Medium der Sache angenommen. Die provokante Schlagzeile: »›Braune Schafe‹ unter schweigenden Lämmern?«[25]
Mit den »braunen Schafen« war vorrangig Pater Aust gemeint. Die Staatspolizei hatte den gebürtigen Deutschen ins Visier genommen, weil in seiner Linzer Wohnung auffallend viele Skinheads mit Bomberjacken und Doc-Martens-Stiefeln gesehen worden waren. Einige der Jugendlichen aus der rechtsextremen Szene waren bereits wegen Körperverletzung mit dem Gesetz in Konflikt geraten. Mit Pater Aust konnten sie allerdings ganz gut. Zum gemeinsamen Stammlokal avancierte die »Bierstube« am Linzer Hauptbahnhof. Dort soll Pater Aust einen Kellner einmal sogar mit »Scheiß-Ausländer« beschimpft haben. Die »Salzburger Nachrichten«, die diese Behauptung aufgestellt hatten, mußten sie allerdings widerrufen, weil der Kellner die betreffenden Worte plötzlich nicht mehr gehört haben wollte. Auch die angeblichen Besuche Austs bei den Rechtsextremisten Jürgen-Maria L. und Günther Reinthaler in der Strafvollzugsanstalt Salzburg konnten die »Salzburger Nachrichten« schlußendlich nicht beweisen. »News« und das deutsche Wochenmagazin »Focus«, die in der Causa Aust mehrere Einrichtungen der katholischen Kirche miteinander verwechselt hatten, wurden ebenfalls geklagt. »News« hatte es fertiggebracht, gleich drei Organisationen, die Petrusbruderschaft, den Orden »Servi Jesu et Mariae« und die »Gemeinschaft vom heiligen Josef« im niederösterreichischen Kleinhain (siehe Kapitel »Liberale Theologie«), in einen Topf zu schmeißen. Sowohl Pater Aust als auch die Diener Jesu und Mariens gewannen ihre Prozesse.
Was blieb, waren die unwiderlegbaren Kontakte zur rechtsextremen

Szene. Aust meinte, daß es sich bei seiner »Betätigung nicht um eine politische, sondern um eine rein seelsorgliche Tätigkeit« gehandelt habe. Ziel sei es lediglich gewesen, den »einzelnen Jugendlichen in menschlicher und sozialer Hinsicht« zu helfen. Eine Auffassung, die zumindest der Generalvikar der Diözese Linz, Johann Ahammer, so nicht teilte. Er verbot dem Pater weitere Kontakte mit der rechtsextremen Szene. Auch die Petrusbruderschaft reagierte. Im Informationsblatt für den Distrikt Österreich stellte Austs Mitbruder Walthard Zimmer klar, man habe Aust »seit rund zwei Jahren immer wieder auf die Gefahren aufmerksam gemacht, die seine Kontakte zu rechtsextremen Jugendlichen beinhalten. Die Leitung der Bruderschaft hatte ihn nicht für den geeigneten Priester gehalten, in diesen Kreisen Seelsorge zu betreiben und ihm deswegen eine derartige Betätigung verboten.«
Aus Deutschland meldete sich sogar der Generalobere Josef Bisig mit einer Erklärung zu Wort. »Was die Haltung der Priesterbruderschaft St. Petrus angeht, so verurteilt sie selbstverständlich rechtsextremes Gedankengut und entsprechende politische Betätigung«, ließ Bisig ausrichten. In Österreich empört sich der Distriktsobere Martin Lugmayr noch heute über die Affäre: »Ich werfe ja auch den Sozialisten nicht vor, wenn einer von ihnen Amok läuft.« In der Öffentlichkeit, vor allem aber innerhalb der katholischen Kirche blieb dennoch ein bitterer Nachgeschmack. Da half es auch nicht viel, daß Pater Aust ins Ausland versetzt wurde und nur mehr unter »gewissen Auflagen« (P. Martin Lugmayr) tätig ist.
Will die Petrusbruderschaft Niederlassungen in einer neuen Diözese gründen, stößt sie meist auf massive Ablehnung. So ärgerten sich die Patres im Januar 1996 über den Grazer Diözesanbischof Johann Weber, als dieser »keinen Bedarf an der klassisch lateinischen Liturgie in Graz« ortete. Im Informationsblatt forderte die Petrusbruderschaft dazu auf, Bischof Weber zu schreiben und um tridentinische Messen in Graz zu bitten. In der Diözese St. Pölten waren die Traditionalisten schon im Jahre 1992 gescheitert. Nachdem die Kartause Gaming bereits als Standort ausgewählt worden war, verhinderten massive Proteste einiger Priester doch noch eine dauerhafte Niederlassung im Ötscherland. Ähnlich erging es den Petrusbrüdern in Vorarlberg. Zwar zeigte sich Bischof Klaus Küng an einem Stützpunkt der traditionellen Messe durchaus interessiert und wies die Bruderschaft sogar an, sich einen geeigneten Ort dafür zu suchen. Gefunden hat man den allerdings bis heute nicht. Sowohl die Dekanatskonferenz

des Hinterwaldes als auch die Kapuziner weigerten sich, eine geeignete Kirche zur Verfügung zu stellen.
Zuletzt blitzte die Petrusbruderschaft in Dornbirn ab. Als acht Priester der Stadt davon Wind bekamen, daß die Petrusbrüder sonntags in der Pfarrkirche Haselstauden bereits »probeweise« die tridentinische Messe zelebrierten, richteten sie sofort ein Protestschreiben an Bischof und Generalvikar. »Die Petrusbruderschaft ist nicht bereit, das Zweite Vatikanum ganz mitzutragen. Sie ist eine Gruppe in unserer Kirche, die noch mehr zur Polarisierung beiträgt«, heißt es im Schreiben: »Die Unterzeichner sprechen sich daher gegen die Entscheidung aus, der Petrusbruderschaft in Haselstauden einen Gottesdienstraum zu gewähren.« Der Protest war erfolgreich. Die wenigen Vorarlberger Traditionalisten müssen weiterhin über die deutsche Grenze ins nahe Wigratzbad pilgern, um dem Herrgott im Priesterseminar der Petrusbruderschaft tridentinisch gedenken zu können.

OPUS DEI

Das Kreuz mit dem »Werk Gottes«

> *Kämpft, meine Kinder, kämpft. Handelt nicht wie diejenigen, die sagen, daß die Firmung uns nicht zu Soldaten Christi macht. Vielleicht sagen sie es, weil sie nicht kämpfen wollen. Und so sind sie, was sie sind: besiegte Menschen, unterworfene Menschen, glaubenslose Menschen, gefallene Seelen wie der Satan.*[26]
>
> Opus-Dei-Gründer Josemaría Escrivá

Ein treuer Diener seines Herrn

Martin Kugler will kämpfen, für die geistige Herrschaft Christi auf Erden. Körper und Stimme hat der 34jährige angespannt, wenn er von seinem Lieblingsthema redet, dem wahren Glauben und der Schwierigkeit, ihn in einer Mediengesellschaft auch zu leben: »Wir sind seit Jahren einer ganz bewußten Hetzjagd in den Medien ausgeliefert. Es ist ein Skandal.« Mit »wir« meint Kugler das Opus Dei, die Organisation, für die er seit 1992 die Pressearbeit in Österreich erledigt. Seinen Kampf führt er als »Miles Christi«, als Soldat des Herrn, gegen die verseuchten Medien, die diese Schmutzlawine gegen seine heilige Organisation losgetreten haben. Lange sucht er nach einer Erklärung, warum es gerade das Opus Dei, das »Werk Gottes« so schwer hat, bei den Journalisten anzukommen. »Diese Leute brauchen wahrscheinlich nur ein Feindbild, um ihre schaurigen Klischees zu pflegen«, sagt Kugler dann und tröstet sich am Beispiel seines Herrn: »Auch Jesus hatte es wahrlich nicht leicht, auch er wurde verfolgt und zum Feindbild gestempelt.«
Kuglers einsamer Kreuzzug gegen die »Verleumdungskampagne« der Medien gerät zum Sturm auf Windmühlen. In der Bevölkerung hat

sich in den vergangenen Jahren längst ein negatives Bild des Opus Dei etabliert. Die Attribute, mit denen es in der öffentlichen Diskussion versehen wird, sind wenig schmeichelhaft: Von einer Sekte ist da die Rede, von einem Geheimbund und einer katholischen Glaubensloge. Daß es dazu kommen konnte, daran tragen aber weniger Journalisten die Schuld als das Opus Dei selbst. In den vergangenen Jahren sorgten ehemalige Mitglieder mit Buchveröffentlichungen über die menschenverachtenden Praktiken des Opus Dei immer wieder für Aufsehen. Zudem war das »Werk Gottes« in Finanzskandale und dubiose Bankgeschäfte des Vatikans verwickelt. Zweifel an den rein religiösen Absichten des Opus Dei waren aber schon lange zuvor laut geworden, selbst innerhalb der Kirche. Der anerkannte Schweizer Theologe Hans Urs von Balthasar etwa klagte das Opus Dei als »stärkste integralistische* Machtballung innerhalb der Kirche«[27] an, in Spanien, dem Herkunftsland des Werkes, wird das Opus Dei seit vielen Jahren bloß »Santa Mafia«, die Heilige Mafia, genannt.

»In unserer Gesellschaft ist eben Kritik immer glaubwürdiger als Selbstdarstellung. Das heißt aber noch nicht, daß sie auch stimmt«, ärgert sich Martin Kugler über die Vorwürfe. Die Wahrheit sei eine ganz andere: »Das Opus Dei hat keinerlei wirtschaftliche Ziele, sondern rein religiöse.« Welche das sind? »Vor allem eine lückenlose geistige Bildung für die Mitglieder«, sagt Kugler. Er versteht das Opus Dei als »Dienstleistungsbetrieb«, der die seelsorgliche Betreuung für seine Mitglieder bereitstellt und ihnen Anleitungen gibt, wie man sich in einer zunehmend gottlosen Welt den wahren Glauben bewahrt. Hier von einer Sekte zu sprechen oder das Opus Dei an den rechten Rand der Kirche drängen zu wollen sei unredlich und böswillig.

Martin Kugler spricht nicht über das Opus Dei, er doziert. Seine Argumentationslinie ist vorgegeben, Widerspruch nicht eingeplant. Kommt er doch, dann kann Kugler schon mal aus der Fassung geraten. Seine Mimik, seine Gestik, alles an ihm signalisiert »Verleumdung«, doch über die Lippen bringt er nur ein abgeschwächtes »Blödsinn« oder »lächerlich«. Dann schüttelt er den Kopf, faßt sich wieder und hat gleich darauf die passenden, vorgefertigten Antworten parat. Kein Wunder, er hat sie in den vergangenen Jahren ge-

---

* Im theologischen Diskurs wird der katholische Fundamentalismus als »Integralismus« bezeichnet.

betsmühlenartig wiederholt. Der Sanctus des jeweiligen Gesprächspartners ist dabei aber meist ausgeblieben.
Das zehrt an der Substanz. Schließlich ist es sein Job, als Sprecher für ein freundliches Bild des Opus Dei zu sorgen, mehr noch, es ist ihm ein Herzensanliegen. Denn Martin Kugler ist Mitglied im Opus Dei*, seit über zehn Jahren. Schon mit 17 hatte er um Mitgliedschaft angesucht, endgültig gewährt wurde sie traditionellerweise erst fünf Jahre danach, in einer feierlichen Zeremonie, »Fidelitas« genannt. »Das ist keine formale Bindung, sondern eine Art Verlobung«, sagt Kugler nicht ohne Stolz. Zum Zeichen seiner Zuneigung hat er sich, wie andere Verlobte auch, einen Ring an den Finger gesteckt. Das Opus Dei ist seine Braut, neben ihr darf es keine geben, denn Kugler hat sich mit dem Beitritt zum »Werk Gottes« nebst den Geboten der Armut und des Gehorsams auch das der Keuschheit auferlegt. Das hat er gern gemacht und tut es auch jedes Jahr wieder: Obwohl gar nicht nötig, erneuert er seinen Bund mit dem Opus Dei an jedem 19. März, dem Namenstag des spanischen Gründers des Opus Dei, Josemaría Escrivá de Balaguer. So bleibt die Liebe jung.
Die Gebote Escrivás, der 1928 auf eine »göttliche Eingebung« hin das Opus Dei in Spanien aus der Taufe hob, sind für Kugler die Maximen seines Lebens. Vor allem das oberste Gebot, die Heiligung des Alltags und der Arbeit, hat er sich zu Herzen genommen. Er schafft Tag und Nacht für das »Werk Gottes«. Neben seiner Tätigkeit als Pressesprecher leitet er auch noch das Opus-Dei-Studentenheim Kroisegg in Graz, das ausschließlich männlichen Studenten vorbehalten ist. Die beiden anderen Leiter haben dafür wenig Zeit, heiligen sie ihren Alltag doch als vielbeschäftigte Ärzte. Selbst im Urlaub widmet sich Kugler ganz dem Opus Dei. Im August 1997 ging es zum Beispiel nach Guatemala, wo er geistliche Entwicklungshilfe leistet und ebenfalls ein Studentenheim betreut. Den Gutteil seiner Energie wendet er aber doch für die aufwendige Pressearbeit auf. Die Jahre, die er jetzt als Pressesprecher fungiert, haben unübersehbar ihre Spuren hinterlassen. Unter die tiefschwarzen Haare hat sich flächendeckend dezentes Grau gemischt, die vielen bösartigen Artikel über das Opus Dei haben Furchen auf Kuglers Gesicht hinterlassen. Die Arbeit hat ihn ausgezehrt, seine Züge sind verhärmt.

---

* Martin Kugler war außerdem Funktionär der erzkonservativen Jungen Europäischen Studenteninitiative (JES).

»Uns bläst der gnadenlose Zeitgeist ins Gesicht«, sagt Kugler. Doch es ist mehr als das. Als Pressesprecher einer Geheimorganisation lebt Kugler einen Gegensatz. Er muß verkaufen, was nicht zu verkaufen ist. Einerseits soll er das Opus Dei medienwirksam ins öffentliche Bild rücken, gleichzeitig aber die Organisation von der Außenwelt abschirmen. Während er die Medien mit Jubelmeldungen überschüttet, entsteht so unweigerlich der Eindruck, daß er das wahre Gesicht des Opus Dei verbirgt. Wie eine Glucke hockt er auf den wohlbehüteten Geheimnissen des Opus Dei. Namen von Mitgliedern erfährt man von Martin Kugler nicht, die sind geheim. Er achtet peinlich genau darauf, daß keiner aus seinen Reihen ein Wort zuviel an die Öffentlichkeit trägt. Ein Besuch in einem Zentrum des Opus Dei? Nur, wenn er sicher sein kann, daß darüber dann positiv geschrieben wird. Geht es nach Martin Kugler, so ist er Anfangs- und zugleich Endpunkt jeder Recherche über das Opus Dei in Österreich.

Im Opus Dei ist Martin Kugler immer und überall, keine wichtige Veranstaltung geht ohne ihn über die Bühne. Am 27. Juni 1997, dem 22. Todestag Escrivás, sitzt er in der ersten Reihe der Wiener Karlskirche. Dort zelebriert Militärbischof Christian Werner zusammen mit vier Priestern des Opus Dei gerade den Gedenkgottesdienst für den seligen Gründer. Mehrere hundert Anhänger des Werkes haben sich ehrfürchtig in der Basilika versammelt. »Der Gründer mußte das Kreuz der Anfeindung tragen«, sagt Bischof Werner: »Er war ein guter Soldat Christi. Auch wir werden durch die Firmung zu Soldaten des Herrn und führen jeden Tag Kämpfe, vor allem gegen uns selbst.« Alles lauscht, nur in der ersten Reihe kritzelt einer die Predigt hektisch mit. Martin Kugler hat auch an diesem Tag keine Ruhe und muß eine Meldung für die Katholische Presseagentur verfassen, weil keiner der Redakteure für den Opus-Dei-Gottesdienst Zeit hatte.

Wie Jesus in den 30 Jahren

Wer die Kirchen oder Zentralen des Opus Dei besucht, hat kaum Probleme, sich über das »Werk Gottes« zu informieren. Überall gibt es Schriftenstände mit Literatur über die hehren Ziele der Organisation. Damit sollen die infamen Anschuldigungen der Medien und ehemaliger Mitglieder möglichst lückenlos widerlegt werden. Im Te-

legrammstil versucht etwa das Informationsbüro der Schweizer Dependance den Anschein der Offenheit zu erwecken:[28]
»1. Das Opus Dei ist eine internationale Personalprälatur der katholischen Kirche mit Zentralsitz in Rom. Ihr vollständiger Name lautet: *Prälatur vom Heiligen Kreuz und Opus Dei.*
2. Die Zielsetzung der Prälatur ist ausschließlich pastoraler (geistlicher) Natur. Sie liegt in der Förderung und konkreten Verwirklichung eines vollwertigen Christentums im normalen Alltag, besonders in der beruflichen Arbeit.
3. Die Gründung des Opus Dei erfolgte 1928 in Madrid durch den Priester *Josemaría Escrivá* (1902–1975). Zweiter Nachfolger des Gründers und derzeitiger Prälat des Opus Dei ist Bischof *Javier Echevarría* (*1932).
4. Die Prälatur ist auf allen fünf Kontinenten tätig. Sie zählte 1994 knapp 79 000 Mitglieder aus fast 90 Ländern, davon ca. 1 500 Priester. Frauen und Männer sind annähernd gleich stark vertreten. Die Laien-Mitglieder sind gewöhnliche Christen unterschiedlichster sozialer, kultureller und beruflicher Stellung.«
In ebenso nüchternem Stil folgen ein kurzer geschichtlicher Abriß der Entwicklung der Prälatur, Daten zu innerer Struktur und Aufbau und einige Punkte zu »Geist« und Zielsetzung des Opus Dei. »Die Förderung eines vollwertigen und frohen Alltagschristentums ist das einzige Ziel der Prälatur«, steht da zu lesen, und: »Die Prälatur leistet einen seelsorglichen und bildungsmäßigen Dienst, den Alltag in persönlicher Freiheit und Verantwortung christlich zu gestalten.« Über all dem steht das Prinzip der »Heiligung der Welt«. Das Opus Dei sieht sich selbst auf dem Weg zurück zu den Wurzeln des Christentums: »[Unser] Vorbild ist das ganz gewöhnliche Familien- und Handwerkerdasein, das Christus dreißig Jahre lang geführt hat, sowie die Lebensweise der ersten Christen.«
Ist das Opus Dei also tatsächlich eine heilige Organisation, verkannt von einer Gesellschaft, der Gott nichts mehr bedeutet? Sind kritische Berichte Schritte auf dem Weg zu einer neuen Christenverfolgung? Bietet das »Werk Gottes« seinen Mitgliedern, wie Martin Kugler beteuert, tatsächlich nur eine »zusätzliche Portion Christentum«? Blickt man hinter die Fassade des Opus Dei, dann tut sich eine zweite Welt auf. Eine Welt, die mit den heroischen Selbstdarstellungen nichts zu tun hat. Das Bild des Opus Dei als uneigennütziger Dienstleistungsbetrieb erweist sich als trügerisch. Die Praxis der Prälatur hat mit persönlicher Freiheit und Verantwortung des einzelnen nur

wenig gemein; wer an die rein religiösen Absichten des »Werkes Gottes« glaubt, wird bald eines Besseren belehrt. Das Opus Dei ist vielmehr ein straff organisierter Kader mit eindeutigen Vorgaben, was Machtgewinn in Kirche und Gesellschaft anbelangt. Davon zeugen nicht nur Aussagen desillusionierter Ex-Mitglieder, sondern ganz unverhohlen auch die internen Schriften des Opus Dei. Sie bieten Handlungsanleitungen für jedes Mitglied, seiner Position innerhalb der strengen Hierarchie entsprechend, und werden streng unter Verschluß gehalten. Die bloße Existenz dieser Schriften kennzeichnet das Opus Dei als Geheimorganisation, deren wahre Ziele nicht an das Licht der Öffentlichkeit dringen sollen.
Dem deutschen Journalisten und Opus-Dei-Spezialisten Peter Hertel ist es dennoch gelungen, an einige der streng gehüteten Schätze zu gelangen. Aus dem »Vademecum für die örtlichen Räte« (Rom, 19. März 1987) zitiert er über den Umgang mit den geheimen Schriften: »Die Instruktionen und Briefe unseres Gründers, die Glosas, das Vademecum usw. müssen in dem Zentrum verbleiben, dem sie zugewiesen sind. Sie sind im Büro des Direktors unter Verschluß zu halten und dürfen das Zentrum nicht verlassen.«[29] Die einzelnen Mitglieder sind angehalten, ihre Zugehörigkeit zum Opus Dei zu verschweigen: »Die Laienmitglieder vermerken in ihrem ›Curriculum vitae‹ nie ihre Zugehörigkeit zum Opus Dei, wie ja die anderen Gläubigen auch nicht angeben, welchem Bistum sie angehören. Auch verwenden sie nicht Briefpapier mit dem Briefkopf der Prälatur oder des Postens, den sie im Werk innehaben ... Das Opus Dei kann sein Ziel umso wirksamer verfolgen, wenn es in aller Bescheidenheit sein Leben zu führen beschließt.«[30]
Die Anweisungen, die zumeist von Gründer Escrivá selbst stammen, werden detailgenau ausgeführt. Sie betreffen alle Lebensbereiche und pressen den Alltag des einzelnen in vorgefertigte Schablonen. Auch 20 Jahre nach Escrivás Tod lebt seine Vorstellung vom wahren Glauben im Opus Dei fort. Besonders beliebt bei seinen Anhängern ist sein geistiges Hauptvermächtnis, die Aphorismensammlung »Der Weg«. Die 999 Weisheiten und Leitsätze des Gründers, millionenfach verkauft, sind in Kapitel wie »Führung«, »Gewissenserforschung«, »Demut« und »Gehorsam« gegliedert und erklären Escrivás Jüngern das Wesen des Christentums, wie es der Gründer sah (siehe Seite 79). Auch der »Diskretion« ist ein eigener Abschnitt mit 18 Weisheiten gewidmet. Die Strategie ist klar, nichts soll über das Opus Dei nach außen getragen werden: »Es gibt viele Leute, auch

heilige, die deinen Weg nicht begreifen. – Mühe dich nicht damit ab, ihn ihnen begreiflich zu machen. Du verlierst nur Zeit und gibst Raum für Indiskretionen« (Weg 650). Der »Vater«, wie Escrivá im Opus Dei genannt wird, bemüht sogar Christus zum Vergleich. »Eure Lebensweise soll verborgen bleiben wie die Lebensweise Jesu in den dreißig Jahren« (Weg 840), rät er seinen Anhängern. Erst wenn die Zeit reif ist, könne das Opus Dei seine Heiligkeit auch offen leben. Dann, wenn alles in der Kirche zum Opus Dei mutiert ist. Bis dahin aber, so will es der »Vater«, werken seine Kinder im geheimen an der Verwirklichung des großen Zieles.

Worte des Gründers Josemaría Escrivá

Aus dem »Weg«, den 999 Appellen des »Vaters«:

16 Dutzendmensch werden? Du ... zum großen Haufen gehören, der du zur Führung geboren bist?! Bei uns haben Laue keinen Platz. Sei demütig, und Christus wird aufs neue in dir die Glut seiner Liebe entfachen.
62 Ein Leiter. – Du brauchst ihn. – Um dich hinzugeben, um dich zu verschenken ..., im Gehorsam. – Ein Leiter, der dein Apostolat kennt und weiß, was Gott will ...
194 Ich nenne dir die wahren Schätze des Menschen auf dieser Erde, damit du sie dir nicht entgehen läßt: Hunger, Durst, Hitze, Kälte, Schmerz, Schande, Armut, Einsamkeit, Verrat, Verleumdung, Gefängnis ...
196 Dem Körper muß man etwas weniger geben als notwendig. Sonst übt er Verrat.
208 Gesegnet sei der Schmerz. – Geliebt sei der Schmerz. – Geheiligt sei der Schmerz ... Verherrlicht sei der Schmerz!
227 Wenn du begriffen hast, daß der Leib dein Feind und Feind der Verherrlichung Gottes ist, weil er deine Heiligung bedroht, warum faßt du ihn dann so weich an?
592 Vergiß nicht, was du bist ..., ein Kehrichteimer ... Demütige dich: weißt du nicht, daß du ein Eimer für Abfälle bist?
624 Hierarchie. – Jeder Teil an seinem Platz. – Was würde aus einem Bilde von Velásquez, wenn jede Farbe ihren Platz verließe, wenn sich jeder Faden aus der Leinwand löste, wenn jedes Holzstück des Rahmens sich vom anderen trennte?

681 An dem Tag, da du vom Tisch aufstehst und keine kleine Abtötung gemacht hast, hast du wie ein Heide gegessen.
899 Wie hart kommt dich diese kleine Abtötung an! – Du kämpfst. – Sie scheinen dir zu sagen: Warum mußt du dem Lebensplan, der Uhr, so treu sein? – Hast du gesehen, wie leicht man die Kinder über etwas hinwegtäuschen kann? – Sie wollen die bittere Medizin nicht nehmen, aber man sagt ihnen: Komm! Dieses Löffelchen für den Papa, dieses für die Oma ... und so weiter, bis sie die ganze Dosis geschluckt haben. Genauso du: noch eine Viertelstunde Bußgürtel für die Seelen im Fegefeuer, noch fünf Minuten für deine Eltern, weitere fünf für deine Brüder im Apostolat ... Bis die Zeit erfüllt ist, die dein Stundenplan dir angibt. Wenn du deine Abtötung auf diese Weise machst, wie wertvoll ist sie dann!
941 Gehorchen ..., sicherer Weg. Den Vorgesetzten mit rückhaltlosem Vertrauen gehorchen ..., Weg der Heiligkeit. Gehorchen in deinem Apostolat ..., der einzige Weg; denn in einem Werk Gottes muß dies der Geist sein: daß man gehorcht oder geht.

Unsterblicher Charakter

Majestätisch erhebt sich die Peterskirche im Zentrum von Wien. Die prachtvolle Barockkirche ist fast zu groß für den schmalen Petersplatz, auf dem sie steht, sie füllt ihn gänzlich aus, an ihr vorbei führen nur zwei schmale Gassen. In der Kirche spürt der Besucher unentwegt den Geist des Opus Dei. Schon in der Vorhalle wird der Blick weniger auf die Fresken gelenkt als auf den Opus-Schriftenstand. In der Kapelle der heiligen Familie, gleich links neben dem Hochaltar, dominiert ein überlebensgroßes Porträt des »Vaters« Escrivá. Milde lächelt er herab auf die Betenden.
Die Peterskirche ist das geistliche Zentrum des Opus Dei in Österreich, seit 1970 betreuen die Priester der Prälatur das Gotteshaus. Das wahre geistliche Leben spielt sich allerdings nicht im großen ovalen Kirchenschiff ab, sondern einige Meter darunter. Versteckt an der rechten Außenfassade der Kirche führt ein schmuckloser Seiteneingang zum eigentlichen Sanktuarium des Opus Dei, der Krypta. Einmal die Gegensprechanlage passiert, findet man sich in einer fremden Welt. Schon die Architektur verlangt Respekt: Über eine breite Treppe gelangt man in ein weites Gewölbeverlies, das durch vier mächtige Pfeiler in drei Schiffe geteilt ist. Im Hauptraum stehen zwei üppige Sitzgruppen aus feinstem Leder auf dunkelrotem Stein-

boden. Die Möbel sind antik, und an den Wänden hängen kostbare Bilder. In einer Ecke wacht ein frühromanischer Portallöwe aus Stein, ein Relikt der zerstörten mittelalterlichen Peterskirche. Alles gemahnt zur Demut, die herrschende Grabesstille verstärkt noch die schlichte Noblesse der Krypta. Die Zeit spielt hier keine Rolle. Das Opus Dei denkt in Jahrhunderten, es baut für die Ewigkeit vor.
Im Jahr 1971, kurz nach der Übergabe der Kirche durch Kardinal Franz König, begann das Opus Dei, Kirche und Krypta nach seinen Vorstellungen zu gestalten. Der kostspielige Umbau wurde von Erzdiözese, Bundesdenkmalamt und Stadt Wien mitfinanziert. Das Beinhaus in der Krypta mußte weichen, heute befindet sich dort das Arbeitszimmer von Johannes Baptist Torelló, einem der ranghöchsten Priester des Opus Dei in Österreich. Das wundersame Ambiente des unterirdischen Gemäuers dient dem »Werk Gottes« vor allem als Seelsorgezentrum. Regelmäßig werden für die Gläubigen Einkehrstunden in den heiligen Hallen abgehalten. Zugelassen sind dazu aber nur Mitarbeiter und bekannte Sympathisanten des Werkes. Streng nach Geschlecht getrennt, versteht sich.
Bei den geistlichen Unterweisungen, egal ob in der Wiener Peterskirche oder anderswo in Österreich, sind die Gläubigen des Opus Dei unter sich, Zuhörer von außen sind unerwünscht. Und das nicht ohne Grund, denn jedesmal, wenn »Fremde« Einblick in die Gedankenwelt des Werkes bekommen, ist ein Eklat programmiert. So auch zu Ostern 1994 in Dornbirn, als eine Frauengruppe des Opus Dei einen Einkehrnachmittag im Pfarrheim Rohrbach veranstaltete. Schon zuvor hatte es in der Pfarre rumort, als bekannt geworden war, daß es des öfteren Geheimtreffen dieser Gruppe im Pfarrheim gegeben hatte. Einige Frauen aus der Pfarre entschlossen sich kurzerhand, der Geheimniskrämerei ein Ende zu bereiten, und setzten sich zu den 20 Opus-Dei-Frauen in den Saal. »Das Hauptthema war der Gehorsam, bis in den Abend hinein«, sagt eine der Zuhörerinnen: »Die Devise war hören und schweigen, Fragen waren keine erlaubt.« Die Frauen des Opus Dei ließen den eindringlichen Vortrag des Priesters mit gesenktem Blick über sich ergehen, die Gäste hingegen hatten bald genug. Keine Überraschung angesichts des Inhalts der strengen Predigt. »Nachdem der Priester das halbe Leben Escrivás heruntergebetet hatte, wurde es extrem frauenfeindlich«, erzählt die empörte Beobachterin: »Gegipfelt hat es darin, daß der Priester den Frauen sagte, sie seien das sündige Geschlecht und verantwortlich für die Vertreibung aus dem Paradies. Die einzige Möglichkeit, die Schuld ab-

zutragen, sei ein unterwürfiges Leben. ›Ihr sollt sein wie ein weicher Teppich, auf dem man herumlaufen kann‹, war sein Rat an die Frauen.«
In der Pfarre war die Aufregung über den Augenzeugenbericht entsprechend groß. Viele forderten das Ende der Veranstaltungen, der Feldkircher Bischof Klaus Küng – bis zu seiner Bischofsbestellung im Jahr 1989 als Regionalvikar Leiter des Opus Dei in Österreich – allerdings rügte die Kritiker. Sie hätten sich bei der Veranstaltung eingeschlichen, lautete der Vorwurf des Bischofs, der jegliche inhaltliche Diskussion abzuwürgen versuchte. Das Opus Dei reagierte auf seine Weise: Die Frauengruppe trifft sich nunmehr in der Privatwohnung des ehemaligen Vorstandsdirektors der Vorarlberger Kraftwerke AG, Paul Weber. Weber und seine Frau, eine Schwester Bischof Küngs, sind Sympathisanten des Opus Dei, zwei ihrer Kinder wurden Mitglieder im »Werk Gottes«. Sohn Bernhard leitet das luxuriöse Opus-Dei-Studentenheim Birkbrunn im Wiener Nobelbezirk Döbling. Die Dornbirner Männergruppe des Opus Dei hatte die Aufregung von Anfang an vermieden und hält ihre Treffen schon seit einigen Jahren in der Wohnung des ehemaligen Pfarrers von Rohrbach, Anton Zehrer, ab.
Erfahrungen wie die aus der Pfarre Rohrbach in Dornbirn sind in Österreich die Ausnahme. Aber nicht etwa aus Mangel an Aktivitäten des Opus Dei, im Gegenteil: Seit 1957, als das »Werk Gottes« in Österreich Fuß faßte, hat es in fast allen Landeshauptstädten eigene Bildungszentren errichtet und muß so in der Regel nicht auf gewöhnliche Pfarrsäle ausweichen. Für die männlichen Anhänger stehen folgende Zentren zur Verfügung: In Wien neben der Krypta der Peterskirche auch der Jugendclub Delphin in der Mittelgasse im sechsten Bezirk und das Studentenheim Birkbrunn in Döbling, in Graz das Studentenheim Kroisegg mit angeschlossenem Jugendclub Kondor, in Salzburg das Juvavum in der Schießstattstraße, in Linz das Zentrum Römerberg und in Innsbruck die Niederlassung Sillgraben. Für die Frauen sind folgende Bildungszentren reserviert: das Fortbildungszentrum Buchenau mit dem Jugendclub Stubentor im dritten Bezirk und das Studentinnenheim Währing unweit von Birkbrunn in Wien, weiters die Zentren Geidorf in Graz, Hallsteg in Salzburg, Stockhof in Linz und Angerfeld in Innsbruck. Als besonderes Zuckerl für alle Mitglieder und Sympathisanten gibt es seit 1984 im niederösterreichischen Dreistetten (Gemeinde Markt Piesting) das Internationale Tagungs- und Bildungszentrum Hohewand, seit 1990 mit angeschlossener Schule

für Familienhelferinnen. Laut dem Nachrichtenmagazin »profil« kostete der Aufbau des Zentrums mehr als 75 Millionen Schilling, neun davon wurden vom Land Niederösterreich zugeschossen.[31] Von außen gleicht das riesige Zentrum einem Schloß, auch innen ist es, wie die meisten anderen Zentren des Opus Dei, luxuriös ausgestattet. Im Tagungs- und Bildungszentrum Hohewand absolvieren die Anhänger des Opus Dei keine Einkehrstunden wie in den übrigen Häusern, sondern Seminare und Exerzitien, die sich über mehrere Tage oder Wochen hinziehen.
Die Bildungszentren sind die Kaderschmieden des Opus Dei, hier werden zukünftige Anhänger in die Organisation eingeführt, hier bekommen Mitglieder und Sympathisanten das geistige Rüstzeug für den Alltag. Mit jedem neugewonnenen Jünger steigt in den Anhängern des Opus Dei das Bewußtsein, von Gott ausersehen zu sein. Laut Gründer Escrivá hat Gott das Opus Dei für die Ewigkeit geschaffen: »Der Herr will keinen vorübergehenden Charakter für sein Werk. Er fordert von uns allen einen unsterblichen Charakter.«[32]
Das Opus Dei sieht sich gern als göttliche Kampftruppe, als Eliteeinheit des katholischen Glaubens. Gekämpft wird gegen die moderne Gesellschaft, gegen Marxismus, Modernismus, Materialismus und Subjektivismus. Den eigenen Grundsätzen verpflichtet, tritt man den ideellen Rückzug aus der verkommenen Gesellschaft an. Vladimir Felzmann, Priester in England und ehemaliges Spitzenmitglied des Opus Dei: »Das Opus Dei selbst sagt: Wir sind der sichere Rest der wahren Kirche. So verteidigt man sich gegen alle Außenstehenden. Alles ist in sehr klaren Regeln und Sätzen formuliert, die erfaßbar und deshalb sicher sind. Das Opus Dei ist eine Gesellschaft ohne die Gesellschaft. Man braucht sie nicht. Opus Dei kann sich selbst bewahren.«[33] Der Mikrokosmos des »Werkes Gottes« ist bis ins letzte Detail durchdacht. Die Struktur ist quasimilitärisch, jeder hat seinen zugewiesenen Platz innerhalb eines umfunktionierenden Räderwerks. Die Hierarchie des Opus Dei ist absolut (siehe Seite 89).
Mit etwa 98 Prozent der Mitglieder bilden die Laien das breite Fußvolk. Der Nachfolger Josemaría Escrivás als Prälat, Alvaro del Portillo, bezeichnete es 1982 als heilige Aufgabe des Opus Dei, »für eine Generalmobilmachung der Laien« zu sorgen. Die laikalen Divisionen sind allerdings streng voneinander getrennt. Als Garde fungieren die männlichen *Numerarier*, das sind Recken vom Schlage eines Martin Kugler. Wie Mönche verpflichten sich die durchwegs akademisch gebildeten Männer zu lebenslanger Armut, Keuschheit

und Gehorsam. Sie leben abrufbereit in den Zentren des Opus Dei, ihre Abteilung wird »Residenz« genannt. *Numerarierinnen*, ebenfalls akademisch gebildet, haben prinzipiell dieselben Pflichten wie ihre männlichen Pendants, allerdings bei weitaus schlechteren Aufstiegschancen innerhalb der Hierarchie. Zusammen mit den nicht akademisch gebildeten *Hilfs-Numerarierinnen* leben sie in einer von der Residenz strikt getrennten Abteilung, der »Verwaltung«. Das ist die nette Umschreibung dafür, daß sich die Frauen vor allem um das Wohlergehen der Männer zu kümmern haben. Sie erledigen nicht nur ihren eigenen Haushalt, sondern auch noch den der Männer in der »Residenz«.

Dabei kommt es oft zu grotesken Situationen: Obwohl die Frauen für Putzen und Kochen in der Männerabteilung zuständig sind, dürfen sie mit den Numerariern nicht in Kontakt treten. »Vater« Escrivá wollte den Numerariern jede Versuchung ersparen: »Die Verbindungstüre zwischen den beiden Häusern [bzw. den verschiedenen Abteilungen eines Zentrums; Anm.] hat zwei verschiedene Schlösser, je eines auf jeder Seite der Türe; besser ist es, wenn eine Doppeltüre da ist mit je einem verschiedenen Schloß. Der Direktor verwahrt einen Schlüssel und die Direktorin einen weiteren, davon verschiedenen.« Die Mahlzeiten in der Residenz spielen sich in etwa so ab: »Wenn die Bewohner der Residenz zum Speisesaal zu gehen haben, läßt die Verwaltung, nachdem alles Nötige vorbereitet worden ist, das Schloß der Verbindungstüre offen und benachrichtigt telefonisch den Direktor. Sobald der Speisesaal wieder unbesetzt ist, kehrt die Verwaltung zurück, um mit ihrem Schlüssel zu schließen.« Die Numerarier nehmen die fleißigen Bienen im Idealfall gar nicht wahr. »Die Direktorin ist sich stets bewußt: Die perfekte Verwaltung sieht und hört man nicht«,[34] sagt der Gründer.

Weltweit ist im Opus Dei etwa jeder vierte Numerarier. Etwa gleich groß ist die Gruppe der *Assoziierten*, die ebenfalls im Zölibat leben, allerdings meist allein oder bei ihren Familien außerhalb der Zentren. Akademische Bildung ist für sie keine Voraussetzung, die geistlichen Pflichten bleiben allerdings dieselben. Die letzte Gruppe der Mitglieder stellen männliche und weibliche *Supernumerarier*. Sie haben einen Anteil von über 50 Prozent, dürfen heiraten und auch bei ihrer Familie leben. Ihr Auftrag zu geistlicher Bildung ist gegenüber den Numerariern deutlich geringer.

Keine Mitglieder, aber dem Opus Dei doch in tiefer Ergebenheit verbunden, sind die *Mitarbeiter* und *Sympathisanten* des Werkes. Sie

besuchen mehr oder minder regelmäßig Veranstaltungen des Opus Dei, wie die Einkehrstunden in der Krypta zu St. Peter. Weltweit wird ihre Zahl auf eine bis mehrere Millionen Menschen geschätzt, in Österreich stehen den knapp 400 Mitgliedern des Opus Dei mehr als zehnmal so viele Mitarbeiter und Sympathisanten zur Seite.
Obwohl das Opus Dei seine laikale Ausrichtung immer wieder betont, haben im Werk die *Priester* das Sagen. Sie haben einen Anteil von nicht mehr als 2 Prozent, bekleiden aber die meisten Führungspositionen. Die höchste Position, die Laien-Numerarier im Opus Dei erreichen können, ist die des *Inscrito* (bzw. der *Inscrita**). Als solche können sie auch Leitungsaufgaben übernehmen, ohne jedoch größeren Einfluß auf die tatsächlichen Entscheidungsprozesse zu gewinnen. Denn sowohl Prälat, Generalvikar und Priestersekretär als auch die jeweiligen Regionalvikare in den Ländern müssen Geistliche sein. Im Opus Dei gibt es sogar eine eigene Vereinigung der Priester, die »Priesterliche Gesellschaft vom Heiligen Kreuz« mit Sitz in Rom. Obgleich es im Opus Dei auch Diözesanpriester gibt, werden die meisten Geistlichen des Opus Dei im Werk selbst ausgebildet. Nur ausgewählte Numerarier dürfen an die Hochschule vom Heiligen Kreuz nach Rom, um dort ihre Ausbildung mit einem Theologiestudium des Opus Dei zu veredeln und somit zu angesehenen Priestern in der Organisation aufzusteigen. Die meisten Priester des Opus Dei haben eine solche Laufbahn hinter sich. Der Vorarlberger Bischof Klaus Küng zum Beispiel war Numerarier mit abgeschlossenem Medizinstudium, bevor er vom Opus Dei zum Priester ausgebildet wurde.
Ganz im Gegensatz zu den meisten katholischen Pfarrgemeinden wird im Opus Dei dem Klerus noch unumschränkte Ehrfurcht entgegengebracht: »Der Priester, wer auch immer, ist stets ein zweiter Christus« (Weg 66). Nur ihm wird im »Werk Gottes« ein gerechtes Urteil zugetraut, er soll den Laien führen: »Wenn ein Laie sich zum Sittenrichter aufspielt, irrt er nicht selten. Laien können da nur Schüler sein« (Weg 61). Der laikale Charakter erweist sich wie so vieles andere im Opus Dei als Schimäre. Der mündige Laie ist im »Werk Gottes«

---

* Auch in den Leitungsgremien wird die Benachteiligung der Frauen evident: Sie sitzen im Opus Dei lediglich im Zentralen Beirat, während die wichtigeren Gremien wie Generalrat und Ständige Kommission ausschließlich Männern vorbehalten sind. Auch der Kongreß, der den Prälaten wählt, ist durchwegs mit Männern besetzt.

kaum zu finden, statt dessen werden die Mitglieder auf Schritt und Tritt bevormundet und kontrolliert.

Wo keine Abtötung, da keine Tugend

Klaus Steigleder war 15 Jahre alt, als ihm das Opus Dei 1974 nahelegte, eine Karriere als Numerarier anzustreben.[35] »Mit der Vereinigung war ich ein Jahr zuvor, ohne es zunächst zu wissen, in Kontakt gekommen«, sagt Steigleder. Ein älterer Freund hatte ihn über eine Laienschauspielergruppe kennengelernt und in den Opus-Dei-Jugendclub Feuerstein in Köln eingeführt. Ab diesem Zeitpunkt war die Opus-Dei-Karriere des jungen Deutschen programmiert. Konsequent arbeitete der Freund, natürlich Mitglied im Opus Dei, an der Bekehrung des jungen Steigleder. Er schenkte ihm den »Weg« von Escrivá und hielt ihn dazu an, öfter zu beten und die Messen im Jugendclub zu besuchen. Steigleder befolgte die Ratschläge und Anweisungen des Freundes, seinen Eltern erzählte er vorerst nichts Näheres über das Opus Dei, die Organisation, die hinter dem Jugendclub stand: »Der Leiter des Jugendclubs Feuerstein sagte es mir ausdrücklich, daß ich mit ihnen nicht darüber reden sollte. Es sei noch nicht der Zeitpunkt, daß sie meine ›Berufung‹ verstehen könnten.« Steigleder lebte zwar noch zu Hause, doch in Wirklichkeit nur noch für das Opus Dei, seine gesamte Freizeit verbrachte er im Jugendclub.
Von seiner Mitgliedschaft im »Werk Gottes« erfuhren die Eltern erst nach drei Jahren, als Steigleder 1977 gegen ihren Willen ins Opus-Dei-Studentenheim Althaus nach Bonn zog. Langsam wurde dort der Entfremdungsprozeß von seinem Elternhaus eingeleitet. Steigleder: »Nur selten wurde mir von meinen Leitern erlaubt, meine Eltern zu besuchen. Sie müßten sich, hieß es, daran gewöhnen, daß das Opus Dei meine eigentliche Familie sei. Als das Weihnachtsfest näherrückte, sagte mir mein Leiter, daß es selbstverständlich sei, daß ich den Heiligen Abend im Kreise meiner ›Brüder‹ und nicht bei meinen Eltern verbringen werde.« Steigleder unterwarf sich voll den Richtlinien des Opus Dei, wie sein Freund begann auch er mit der Werbung jüngerer Mitglieder, dem sogenannten »Apostolat«. Er stellte sich ganz in den Dienst der guten Sache und bekam von seinen Leitern Aufgabe um Aufgabe zugeteilt.
Der zunehmende Streß wie auch das langsame »Hingezogen-Sein zum anderen Geschlecht« veranlaßten ihn schließlich, dem Opus Dei nach

fünf Jahren Mitgliedschaft im Jahre 1979 den Rücken zu kehren. Doch das gestaltete sich ausnehmend schwierig. »Das Opus Dei zu verlassen ist ein Sich-Widersetzen gegen den Willen Gottes, eine gleichsam schreckliche Durchkreuzung der konkreten Heilspläne Gottes«, sagt Steigleder. Seine Leiter und andere Mitglieder bestürmten ihn immer wieder, dem Teufel diesen Erfolg nicht zu gönnen. Schließlich sagt ja auch »Vater« Escrivá: »Bitte immer um deine Beharrlichkeit und um die deiner Gefährten im Apostolat; denn unser Widersacher, der Teufel, weiß genau, daß ihr seine großen Feinde seid ... Wenn einer in euren Reihen fällt, wie freut er sich darüber!« (Weg 924)

»Die Art und Weise, in der das Opus Dei Seelen und Personen formt, ist ein langsamer Prozeß – lautlos und über mehrere Jahre hinweg andauernd. Schritt für Schritt, nach einem langen Weg der Schulung, geht mit den Menschen eine Veränderung vor sich. Ziel dabei ist, sich den ›guten Geist‹ der Superioren des Opus Dei anzueignen.« María del Carmen Tapia, die diese Sätze schrieb,[36] war von 1948 bis 1966 Mitglied der Frauenabteilung des Opus Dei, lange Zeit davon als Inscrita sogar an recht bedeutender Stelle. Sie war Mitarbeiterin in einer Druckerei des Opus Dei, war drei Jahre in der römischen Zentralleitung der Frauen tätig und leitete später die Frauenabteilung in Venezuela. So gewann die heute 72jährige Spanierin einen Einblick in die Geheimnisse des Opus Dei.

Mit 22 Jahren war Tapia in das Werk eingetreten, sie löste ihre Verlobung und brach mit dem Elternhaus, um ganz für das Werk Gottes da zu sein. »Ich war von der Idee fasziniert, mein Inneres zu verändern, Apostel zu werden«, sagt Tapia. Erst Anfang der sechziger Jahre merkte sie, daß es eine Läuterung zum Schlechteren gewesen war. Durch eine zu liberale Leitung der venezulanischen Abteilung war sie bei Gründer Escrivá in Ungnade gefallen und bekam zusehends seinen heiligen Zorn zu spüren. Sie wurde aus Venezuela abberufen und monatelang in der römischen Zentrale des Opus Dei festgehalten, ihre Briefwechsel wurden kontrolliert, Kontakte mit der Außenwelt waren nicht möglich. Als sie 1966 das Opus Dei endlich für immer verlassen durfte, wurde sogar ein Teil ihrer persönlichen Dokumente einbehalten. Spät, aber doch, erkannte Tapia, daß das System des Opus Dei auf Unterdrückung beruht: »Ich begriff, daß ich durch meine Blindheit zu einem Automaten geworden war. Es war ein schwerer Schlag, als mir klar wurde, daß es dem Opus Dei vor allem darum geht, ... kritiklose Anhänger zu sammeln, wirksame und stumme Werkzeuge.«[37]

Klaus Steigleder und Maria del Carmen Tapia haben den Ausstieg aus dem Opus Dei geschafft. Trotz Repression und seelischer Ausbeutung fiel ihnen der Abschied vom »Werk Gottes« nicht leicht. Sie hatten das System aus Instruktionen und Kontrolle bereits verinnerlicht, beide mußten erst die über Jahre eingeschärfte Denkungsart des Opus Dei aus ihren Köpfen bannen. Wie aber waren die fixen Ideen Escrivás und seiner Erben in die Köpfe der beiden gelangt? Wie konnten sie sich dort so lange festsetzen, warum siegten sie über das eigenständige Denken?

Wie die meisten Mitglieder kamen auch Tapia und Steigleder in ihrer Jugendzeit zum Opus Dei. Rein formal ist eine Mitgliedschaft zwar erst ab einem Alter von 23 Jahren möglich, de facto haben die meisten Neueinsteiger aber schon einige Jahre in den Jugendclubs und Studentenheimen der Organisation hinter sich und sind mit der »Spiritualität« des Opus Dei längst vertraut. Der *Fidelitas*, der endgültigen Aufnahme ins »Werk Gottes« geht eine mehrstufige Eingliederungsphase voraus. Mit frühestens 16½ Jahren »pfeift« das strebsame Mitglied in spe, das heißt, es schreibt einen Brief an die Leitung und bittet darin um die *Admissio*, die Zulassung zum Opus Dei. In diesem Brief müssen sich die Jugendlichen bereits festlegen, ob sie als ehelose Numerarier bzw. Assoziierte, oder als Supernumerarier mit Heiratsoption beitreten wollen. Oft werden sie von ihrem persönlichen Leiter, den sie sofort nach ihrem ersten Kontakt mit dem Opus Dei beigestellt bekommen, dazu angehalten, sich für die edelste Form der Mitgliedschaft als Numerarier oder Numerarierin zu entscheiden. Der Bitte um Aufnahme wird meist nach einem halben Jahr entsprochen, am folgenden 19. März, dem Namenstag des Gründers Escrivá, legen die zukünftigen Mitglieder bei der *Oblatio* das erste Aufnahme-Versprechen ab, in dem sie sich zur Treue gegenüber Geist und Praxis des Opus Dei verpflichten und sich unter die Befehlsgewalt des Prälaten und der übrigen Leiter stellen. Bis zur Fidelitas wird dieses Versprechen noch vier Jahre lang, jeweils am 19. März, wiederholt. Erst dann erfolgt die Aufnahme auf Lebenszeit.

Auch an den Alltag im Opus Dei wird das zukünftige Mitglied behutsam herangeführt. Anfangs verlangt der persönliche Leiter nur ab und an kleine Opfer: Ein zusätzliches Gebet pro Tag oder den Verzicht auf eine liebgewonnene Gewohnheit wie den wöchentlichen Kinobesuch. Diese Forderungen, die nach Opus-Dei-Diktion natürlich nicht der Leiter, sondern Gott persönlich stellt, werden

Mitgliederaufbau und Leitungsstruktur des Opus Dei

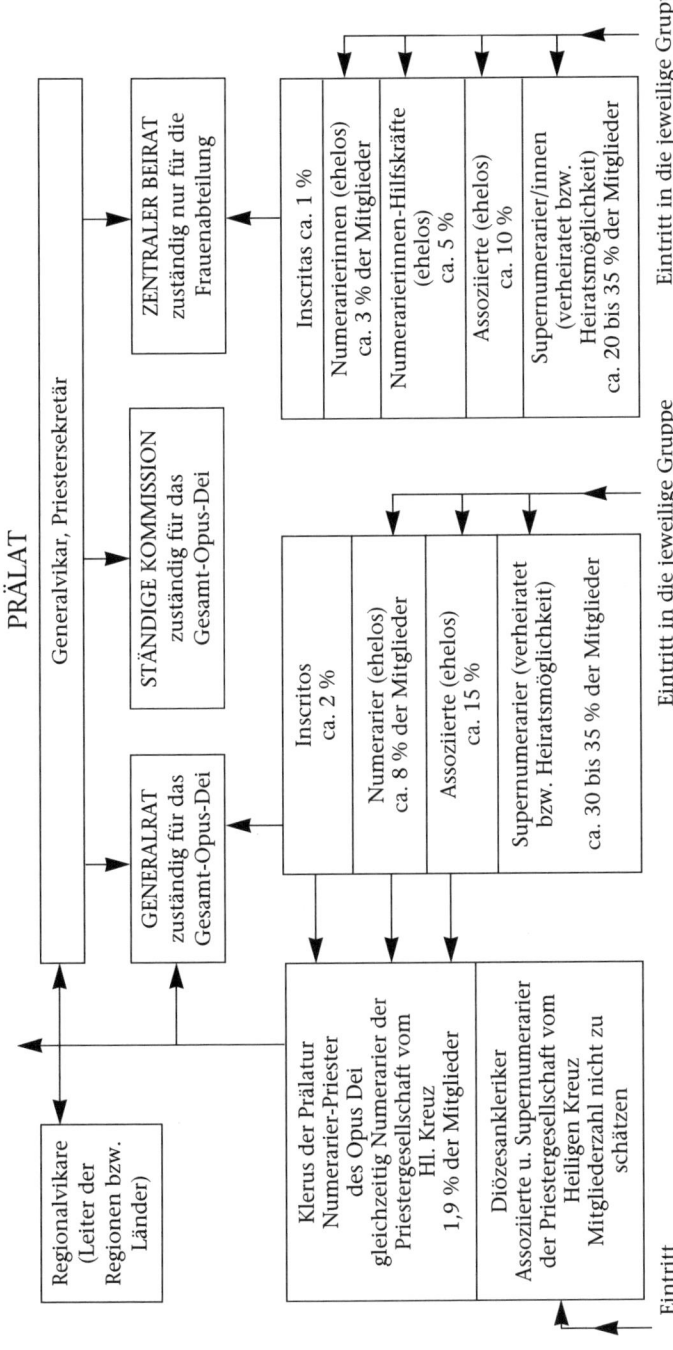

(nach: Hertel I, S. 159)

immer zahlreicher, so daß sie schließlich mit Aufnahme in das
»Werk Gottes« den Normen entsprechen, die jedes Mitglied zu erfüllen hat. Im Opus Dei nennt man das den *Lebensplan*. Dieser Plan regelt den Alltag des einzelnen Mitglieds bis ins letzte Detail (siehe auch Seite 92). Neben der täglichen Arbeit im Beruf, den fast jedes Mitglied trotz Mitgliedschaft im Werk weiter ausübt, stehen Selbstkasteiung und die absolute Hingabe an Gott im Mittelpunkt. Das »Caeremoniale«, eine Geheimschrift des Opus Dei, legt die »Normen des Lebens« wie folgt fest:
»Täglich: Aufopferung der Arbeit. Geistiges Gebet [eine halbe Stunde am Morgen, eine halbe Stunde am Nachmittag]. Besuch der Eucharistiefeier mit Kommunionempfang. Besuch des Heiligsten Sakramentes. Lesung des Heiligen Evangeliums und eines geistlichen Buches. Gebet der ›Preces‹. Heiliger Rosenkranz. Gewissenserforschung [dreimal täglich]. ›Engel des Herrn‹ bzw. ›Regina Coeli‹.
Wöchentlich: Sakramentale Beichte. Samstags körperliche Abtötung und dabei Rezitieren des ›Salve Regina‹ bzw. ›Regina Coeli‹.
Monatlich: Ein Tag geistlicher Klausur.
Jährlich: Ein [mindestens fünftägiger] Kurs in geistlicher Klausur.
Immer: Besinnung auf die Gegenwart Gottes. Betrachtung unserer Gotteskindschaft. Geistige Kommunion. Akte der Danksagung. Akt der Wiedergutmachung. Stoßgebete. Abtötung. Studium. Arbeit. Ordnung. Freude.«[38]
Im Opus Dei wird jedes Mitglied zum Asketen, der sich selbst nicht das geringste Vergnügen gönnt. Das Motto lautet *Abtötung*. Geist und Körper sollen so gezügelt, Lüste unterdrückt werden. »Wo keine Abtötung, da keine Tugend« (Weg 180), sagt »Vater« Escrivá. In der Regel beginnt jeder Tag mit der »heroischen Minute«. Wenn um 5.40 Uhr der Wecker läutet, bleibt das pflichtbewußte Mitglied keine Minute länger liegen, küßt voller Demut den Fußboden und spricht ein hingebungsvolles »Serviam« (lat., ›Ich will dienen‹). Den ganzen Tag über sinnt es darauf, weitere Annehmlichkeiten zu vermeiden und sich so Gottes würdig zu erweisen. Zu Mittag etwa bleibt die geliebte Nachspeise ungegessen, die eine oder andere Zigarette ungeraucht. Eine einzigartige Abtötung praktizieren Numerarierinnen: Im Gegensatz zu allen anderen Mitgliedern schlafen sie bis zu ihrem 45. Lebensjahr auf einem bloßen Holzbett ohne Matratze. »Man erklärte uns, der Grund dafür liege darin, daß wir Frauen triebhafter seien als die Männer«,[39] sagt María del Carmen Tapia. Für alle in den Zentren des Opus Dei lebenden Mitglieder gilt: »Um

den Körper zu züchtigen und ihn dienstbar zu machen, sollen die Numerarier und Assoziierten des Opus Dei mit Zustimmung ihres geistlichen Leiters an der frommen Gewohnheit festhalten, täglich mindestens zwei Stunden einen kleinen Bußgürtel zu tragen; außerdem sollen sie einmal pro Woche die Geißel benutzen.«[40]
Gerade diese Bußpraktiken stoßen in der Öffentlichkeit immer wieder auf Unverständnis. Das Opus Dei beruft sich auf die Tradition der katholischen Kirche. Bußgürtel und Geißel waren in früheren Jahrhunderten tatsächlich in vielen Orden gebräuchlich, heute allerdings verwendet sie außer den Mitgliedern des Opus Dei kaum jemand. Die Anwendung erscheint auch wenig zeitgemäß: Der Bußgürtel, ein Metallband mit eisernen Dornen an der Innenseite, das stramm um den Oberschenkel geschnürt wird, ist beileibe nicht ungefährlich. »Er verursacht Schmerzen im Oberschenkel, kleine Verletzungen, aufgrund derer man, um mögliche Infektionen zu vermeiden, des öfteren von einem Bein auf das andere wechseln sollte«[41], rät Tapia. Nicht minder unangenehm ist die fünfschwänzige Bußgeißel aus Leder (für Männer) oder Perlonschnüren (für Frauen). Ihre Anwendung erklärt Tapia so: »Man muß sich dabei hinknien, die Geißel mit der Hand schwingen und über die Schulter auf die Hinterbacken schlagen.« Auch Klaus Steigleder erinnert sich noch gut an die Geißelungen: »So schmerzhaft es auch war, sich selbst zu geißeln, als weitaus unangenehmer und qualvoller empfand ich es, das durchdringende Knallen zu hören, wenn ein anderer sich mit der Geißel schlug.« Die heutigen Mitglieder des Opus Dei können den eigenartigen Praktiken hingegen durchaus etwas abgewinnen. »In Wahrheit ist das harmloser, als wenn Arnold Schwarzenegger die Leute zum Bodybuilding auffordert. Wir sehen die körperliche Abtötung eben als handfestes Zeichen der Solidarisierung mit dem Leiden Christi«, sagt Opus-Pressesprecher Martin Kugler. Friedrich Kummer, Supernumerarier und Primar des Wiener Wilhelminenspitals, assistiert: »Ich verstehe die Aufregung nicht. Die Geißelung ist wie kalt duschen.«
Durch Selbstzüchtigung und Askese erlangt der einzelne Gewißheit: Hat er seinen Lebensplan heute treu erfüllt oder gar übertroffen, kann er auf dem Weg zum Heil so schlecht nicht liegen. Für das Opus Dei hingegen ist Selbstkontrolle zuwenig, die Organisation erlangt auch auf andere Weise die nötige Macht über die Mitglieder. Das Opus Dei hat in den Jahrzehnten seines Bestehens ein perfektes Kontrolldesign entworfen, dem sich kein Mitglied zu entziehen vermag.

Der Lebensplan – Tagesablauf einer Numerarierin während der Woche[42]

5.40 Uhr:	Lautes Klopfen an der Tür, sofort aus dem Bett, Bodenkuß und ›Serviam‹, kalte Dusche, Geißelschläge auf das Gesäß während eines Gebetes;
6.15 Uhr:	Gemeinschaftliche Meditation mit einem Priester;
6.30 Uhr:	Heilige Messe in Latein;
7.45 Uhr:	Frühstück, Anlegen eines Bußgürtels oder eines Nagel-Metallbandes für zwei Stunden;
8.00 Uhr:	Staubsaugen auf zwei Fluren in weißer Uniform;
9.00 Uhr:	Aussprache mit dem Leiter über Werbung, Zweifel, über die Berufung zum Opus Dei usw.
9.45 Uhr:	Abmelden beim Direktor zum Besuch der Universität, Im Bus: 15 Minuten geistliche Lesung genehmigter Bücher;
10.30 Uhr:	Vorlesung;
12.00 Uhr:	Angelusgebet, Essen mit einer Freundin, die für das Opus Dei gewonnen werden soll;
13.00 Uhr:	Vorlesungen;
16.00 Uhr:	Treffen mit potentiellen Opus-Dei-Mitgliedern und gegebenenfalls Hinweise auf das Beichthören von Priestern des Opus Dei usw.
16.45 Uhr:	Rückkehr ins Zentrum, unterwegs: Vergegenwärtigen von Gebeten des Opus Dei, Anmeldung beim Direktor;
17.30 Uhr:	Meditation;
18.00 Uhr:	Abendessen;
18.30 Uhr:	Rosenkranz, Preces;
19.00 Uhr:	Lateinunterricht durch den Direktor;
19.30 Uhr:	Studium;
20.15 Uhr:	Spanischunterricht;
21.00 Uhr:	Tertulia mit allen Numerarierinnen; hauptsächliches Gesprächsthema: Mitgliederwerbung;
21.45 Uhr:	Gewissenserforschung, Nachtgebet, Schweigen bis zum Frühstück;
22.00 Uhr:	Knien vor dem Bett mit ausgestreckten Armen, beten von drei ›Ave Maria‹, Besprengen des Betts mit Weihwasser.

Der Verschwiegenheit nach außen steht totale persönliche Transparenz nach innen gegenüber. Während das Mitglied in der Öffentlichkeit zumeist sogar seine Mitgliedschaft verschweigt, darf es intern keine Geheimnisse geben. Die Beichte soll, wenn möglich, nur von einem Priester des Opus Dei abgenommen werden. Zu anderen Geistlichen hatte der »Vater« offensichtlich kein Vertrauen: »Alle meine Söhne haben die Freiheit, bei irgendeinem vom Ortsbischof approbierten Priester zu beichten, und man ist nicht verpflichtet, den Direktoren des Werks zu sagen, daß man das getan hat. Sündigt, wer das tut? Nein. Hat er einen guten Geist? Nein. Er ist auf dem Weg, auf die Stimme des schlechten Hirten zu hören.«[43] Die persönliche Schmutzwäsche, so der Gedanke des Gründers, sollte besser im »Werk Gottes« gewaschen werden und nicht außerhalb. Vor allem nicht in einer Zeit, in der auch viele Priester den Grundsätzen des Opus Dei mit Mißtrauen gegenüberstehen. Maria del Carmen Tapia vermutet noch einen anderen Zweck, vor allem bei der Werbung neuer Mitglieder: »[Im Beichtstuhl] sammelt der Priester kostbare Informationen, die er der Leiterin des Zentrums weitergibt. Er schlägt ihr die beste Weise vor, wie man sich [der Person] nähern und ihr Vertrauen gewinnen könne.«[44] Ein Bruch des Beichtgeheimnisses also, um besser an potentielle Mitglieder heranzukommen? Das Opus Dei bestreitet solche Methoden heftig, das Beichtgeheimnis, so das Dementi, bleibe im »Werk Gottes« in jedem Fall gewahrt.

Sicher ist allerdings, daß es zumindest unter den Mitgliedern verschiedene Formen des Aushorchens und der Kontrolle gibt. Eine davon ist der wöchentliche *Kreis*. Die Mitglieder eines Zentrums legen dabei Rechenschaft über die Erfüllung der Normen ab. Im Mittelpunkt des Kreises steht die *Gewissenserforschung*, insgesamt 26 Fragen, die Schwächen der Mitglieder ansprechen sollen. Nach der Verlesung der Fragen bekennen dann einige Mitglieder vor allen anderen ihre Mängel und bekommen vom Leiter des Kreises eine Buße auferlegt. Bereits beim Eintritt in das Opus Dei wird jedem Mitglied ein geistlicher Leiter, meist ein etwas älteres Mitglied, zur Seite gestellt. Dem hat es alles anzuvertrauen, dem hat es auch in allen Belangen zu gehorchen. Einmal in der Woche ruft der Leiter zur »Brüderlichen Aussprache«, in der persönliche Verfehlungen und das geistliche Leben des Mitglieds zur Sprache kommen. Wenn ein Mitglied gar eine Norm des Werkes verletzt, dann sind die anderen zu einer »Brüderlichen Zurechtweisung« verpflichtet, ist die Verfehlung grob, so muß sogar der Leiter des Zentrums informiert werden. All das geschieht unter der Prämisse der *Formung*, der religiösen Unter-

weisung. Verbessert wird das interne Klima dadurch kaum. Klaus Steigleder: »Brüderlichkeit ist im Opus Dei eher ein ›Überbau‹, eine Ideologie. Man weiß voneinander weniger, als gute Freunde von sich wissen; von vielen Äußerlichkeiten und Oberflächlichkeiten einmal abgesehen, kennt man sich im Grunde kaum.«
Der Leitung kommt dieses Klima nicht ungelegen, denn so erfährt sie von jeder Seite etwas über die jeweils andere. Für das einzelne Mitglied ist es kaum möglich, etwas ohne das Wissen der anderen zu tun. Zusätzlich fühlen sich die Leiter eines Zentrums manchmal genötigt, die private Korrespondenz der Mitglieder zu zensurieren. Den Sanctus vom »Vater« haben sie: »Die Direktoren haben das Recht und die Pflicht, zu vermeiden, daß Schriften, Briefe usw. an die Mitglieder des Werkes gelangen, die irgendwie eine Gefahr für ihre Empfänger verursachen könnten, woher sie auch immer kommen mögen.«[45]
Obwohl vom Opus Dei immer wieder bestritten, führt die Organisation sogar den vom Vatikan im Jahre 1559 eingeführten, 1966 aber wieder aufgelösten Bücherindex »verbotener Bücher« fort und ergänzt ihn laufend. Im »Vademecum« heißt es dazu: »Konkret darf man ohne notwendige Erlaubnis nicht lesen: die Bücher, die von der zuständigen kirchlichen Behörde ausdrücklich verworfen worden sind; die Bücher und Artikel von nichtkatholischen Autoren, die ausdrücklich religiöse Themen behandeln, es sei denn, sie enthalten mit Gewißheit nichts gegen Glaube oder Sitten; ...die Werke von Autoren marxistischer Ausrichtung, wobei zu beachten ist, daß der Einfluß dieser Ideologie sich auf vielen kulturellen und wissenschaftlichen Gebieten zeigt etc.«[46]
In den hauseigenen Bibliotheken der Opus-Dei-Zentren gibt es eine fünfteilige Bewertungsskala für die vorhandenen Bücher[47]: 1. empfehlenswert, 2. bietet keine Hinderungsgründe, 3. nur mit solider doktrinärer Vorbildung, 4. fällt unter das interne Verbot, 5. fällt unter das allgemeine moralische Verbot. Während Brecht wie alle sozialistischen oder marxistischen Autoren verboten ist, dürfen Platons »Politeia« oder Gerhart Hauptmanns »Bahnwärter Thiel« immerhin noch von Mitgliedern mit »solider doktrinärer Vorbildung« gelesen werden. Probleme entstehen vor allem für künftige Mitglieder, wenn von ihnen die Lektüre verbotener Bücher in der Schule verlangt wird. Susanne, eine ehemalige Numerarierin, dazu: »Wir nahmen im Deutschunterricht die ›Ansichten eines Clowns‹ von Böll durch. Da dieser Autor natürlich auf dem internen Index zu fin-

den ist, war es mir verboten, diese Lektüre zu lesen. Ich mußte also einen Priester des Opus Dei um Rat fragen. Dieser Priester bestätigte mir das Verbot. Damit ich jedoch im Unterricht mitarbeiten konnte, las er für mich dieses Buch und übergab mir anschließend eine 2 DIN-A4-Seiten ›umfassende‹ Zusammenfassung des Buches, die natürlich sehr stark zensiert worden war. Mit diesen ›Unterlagen‹ mußte ich nun im Deutschunterricht arbeiten.«[48]
Zensiert werden nicht nur Bücher, sondern alles, was verdächtig erscheint. Die Leiter der Zentren achten peinlich genau darauf, daß den auserwählten Mitgliedern kein verdorbenes Gedankengut in den Weg kommt. Da kann es schon einmal vorkommen, daß aus der Tageszeitung »gefährliche« Artikel herausgeschnitten werden, oder daß bei unanständigen Szenen im Fernsehen das Programm gewechselt wird. Von einem Erlebnis der besonderen Art weiß Robert[49] zu erzählen. Anfang der neunziger Jahre hatte er einige Zeit im Studentenheim Birkbrunn in Wien-Döbling gewohnt. Bei einer Videovorführung an einem Samstagabend glaubt er, seinen Augen nicht zu trauen. Als sich am Bildschirm Erotisches anbahnt, flimmert plötzlich das Bild, und ein Tigerkopf erscheint. Der wurde einfach einer Tierdokumentation entnommen und über die anstößige Szene kopiert. Nach wenigen Augenblicken flimmert das Bild wieder und die Handlung des Films geht weiter. Martin Kugler, damals Leiter des Wiener Studentenheims, kann sich an solche Vorkommnisse nicht erinnern: »Das mit der Zensur im Opus Dei ist doch absurd. Aber natürlich schauen wir uns keine Pornofilme an, das ist schon klar.« Auch verbotene Bücher gibt es laut Kugler nicht: »Wenn mich aber jemand fragt, was ich von einem speziellen Buch halte, werde ich ihm schon klar meine Meinung sagen. Ich will ja schließlich, daß er etwas Gescheites und vor allem Katholisches liest. Ich berate ihn da lediglich in Glaubensfragen.«
Daß Glaubensfragen im Opus Dei praktisch immer feststehende Glaubensantworten sind, sagt Kugler nicht. Hinterfragen steht nirgendwo am Lebensplan. Erwünscht sind lediglich kritiklose, aber kampfbereite Anhänger, die der Führung des Opus Dei helfen sollen, das große Ziel des Gründers Escrivá endlich zu erreichen: die Durchsäuerung von Kirche und Gesellschaft von innen her.

Arm und Reich

Im Juli 1992 bebten die altehrwürdigen Hallen der Theresianischen Akademie in der Wiener Favoritenstraße. Grund dafür war eine Welle der Empörung über eine geplante Neubesetzung an der Spitze des Wiener Elitegymnasiums. Friedrich Meisinger, Chemie-Professor am Amerlinggymnasium, sollte Direktor werden, doch der Elternverein hatte etwas dagegen. Meisinger hatte in seine Bewerbung nämlich hineingeschrieben, daß er für Jugendliche des Opus-Dei-Jugendclubs Delphin Chemie-Übungen veranstaltet hatte. Sofort wurden Gerüchte um eine Mitgliedschaft Meisingers im »Werk Gottes« laut. Aufgebrachte Eltern versuchten, den Karrieresprung des mutmaßlichen Opus-Dei-Mannes zu verhindern. Neun Monate später wurde der Protest von Erfolg gekrönt: Nach langem Hin und Her machte schließlich die Nummer zwei auf dem Wunschzettel des Stadtschulrates, Waltraud Hauschka, das Rennen um den Direktorsposten. Zuviel der Aufregung um einen simplen Chemiekurs für Jugendliche des Opus Dei? Gesinnungsterror gegen einen unbescholtenen AHS-Lehrer, der leider einen Satz zuviel in seine Bewerbung geschrieben hatte?

Die Eltern am Wiener Nobelgymnasium hatten schon in den Jahren vor der umstrittenen Bewerbung Meisingers so ihre Erfahrungen mit der Elitetruppe Gottes gemacht. Ernst Burkhart, heute Regionalvikar und damit Leiter des Opus Dei in Österreich, hatte seit 1978 als Religionslehrer ganze Schülergenerationen des Theresianums für die hehren Ziele des Opus Dei zu gewinnen versucht. Laufend hatte er Schüler für den Jugendclub Delphin angeworben und dem Theresianum so den Ruf einer Vorfeldorganisation des Opus Dei eingebracht. Erst Beschwerden der Eltern über den Religionsunterricht Burkharts, in dem er seine eigenartigen Ansichten über die »Abtötung« und die »Heiligung des Alltags« vortrug, führten zu einer Reaktion der Schulleitung. Im April 1984 mußte er sich schriftlich verpflichten, Anwerbungsversuche für den Jugendclub Delphin zu unterlassen. Daß das allein zuwenig war, merkte auch der damalige Direktor des Theresianums, Gottfried Wallner, bald: »Man kann genausogut einem Amphibium verbieten, an Land zu gehen. Trotz aller Verbote wird es das immer wieder tun.«[50]

Als sich im Sommer 1987 unerwartet ein Nachfolger für den umstrittenen Burkhart ankündigte, atmete man am Theresianum bereits auf. Die Querelen rund um das Opus Dei schienen beendet. Der

Nachfolger Burkharts allerdings hieß Christian Spalek, seines Zeichens Leiter des Jugendclubs Delphin und natürlich ebenfalls Priester des Opus Dei. Der Sohn des damaligen Handelsdelegierten in Zürich, des Supernumerariers Johannes Spalek, durfte nun das von seinem Vorgänger aufbereitete Feld im Sinne des Opus Dei weiterbeackern.

Ernst Burkhart machte einen Karrieresprung ganz anderer Art. Der ehemalige Journalist, der in den späten sechziger Jahren zusammen mit Lucona-Versenker Udo Proksch und einem weiteren Opus-Dei-Mitglied Herausgeber der Zeitschrift »Analyse« war,[51] wurde noch im September 1987 zum neuen Universitätsseelsorger der Wiener Karlskirche. Dazu hatte ihn der neue Wiener Weihbischof Kurt Krenn über Nacht ernannt. Krenn wollte sofort nach Amtsantritt in der liberalen Katholischen Hochschulgemeinde für Zucht und Ordnung sorgen. Bei den Mannen des Opus Dei wußte er sich mit seinem Vorhaben gut aufgehoben. Burkhart durchforstete in Windeseile das Programm der Hochschulgemeinde und ersetzte Diskussionen mit kritischen Theologen durch wohlbekannte Angebote: Einkehrtage und Exerzitien in den Hochburgen des Werkes, dem Wiener Studentenheim Währing und dem Tagungshaus Hohewand. Als einschlägige Bildungsstätten des Opus Dei wurden die Veranstaltungsorte freilich nicht ausgewiesen.

Das ist bis heute so geblieben. Wer im Semesterprogramm der Hochschulgemeinde nach Hinweisen auf die Prälatur sucht, wird sie nicht finden. Außer er kennt die Namen der Werks-Priester: Die Besinnungstage im Sommer 1994 leiteten zum Beispiel der seit 1989 amtierende Hochschulseelsorger Christian Spalek (für Studentinnen) und Philipp Gudenus (für Studenten), ehemals Journalist bei der »Presse« und den »Salzburger Nachrichten« und heute Opus-Dei-Priester in Ungarn. Vortragender im Club der Wirtschaftsstudenten war unter anderen Enrique H. Prat de la Riba, Pressesprecher des Opus Dei in Österreich bis 1992. Die Karlskirche wurde nach der Peterskirche zum zweiten großen Gotteshaus in Wien, das vom Opus Dei betreut wird. Die Organisation selbst bleibt aber auch im Bereich der Hochschulseelsorge vornehm im Hintergrund, formt Studenten nach ihren Vorstellungen und stockt so auf wundersame Weise ihren Mitgliedsstand auf.

Scheinbar zufällig sind auch die Orte gewählt, an denen das Opus Dei zu wirken beginnt. Sowohl Universität als auch Theresianum zählen zu den Zentren der geistigen Elite Österreichs. Versucht das

Opus Dei also, sich die Rosinen aus dem Kuchen der Kirche zu picken und die finanzstarken Katholiken von morgen schon heute auf sich zu vereinen? »Nie und nimmer«, sagt Opus-Dei-Sprecher Martin Kugler: »Statistisch gesehen sind die Hausfrauen unsere häufigste Berufsgruppe. Wir richten unser Werben nicht speziell auf Begüterte und Intellektuelle aus.« Auch hier wird der bemühte Pressesprecher von der Realität widerlegt: In Österreich sind, wie er später selbst zugeben muß, mehr als 50 Prozent der Opus-Dei-Mitglieder Akademiker. Und in den internen Schriften wird die Zielgruppe des Apostolats (= der Werbung neuer Mitglieder) eindeutig definiert: »Ständig sollen sie [die Mitglieder des Opus Dei] sich die Wirksamkeit des Apostolats bei Personen intellektuellen Zuschnitts vor Augen halten, denen große Bedeutung für den Dienst in der bürgerlichen Gesellschaft zukommt – wegen der wissenschaftlichen Bildung, über die sie verfügen, wegen der Aufgaben, die sie erfüllen, oder wegen der Amtsautorität, mit der sie bekleidet sind.«[52]
Jedes Mitglied ist im Opus Dei zur Werbung neuer Anhänger verpflichtet. Die potentiellen Neueinsteiger werden aber nicht, wie etwa bei den Zeugen Jehovas oder auch beim Neokatechumenat, auf der Straße angesprochen, es gibt auch keine großangelegten Missionierungen in den Haushalten. Das Opus Dei geht eher selektiv vor: Die Kandidaten finden sich in der näheren Umgebung der Mitglieder und kommen wie sie meist aus begütertem Haus. Jedes Mitglied, so heißt es in einer internen Schrift, soll »mit wenigstens 12 bis 15 Personen verkehren, und mit nicht weniger als fünf davon besonders intensiv.«[53] Aus diesem kleinen Kreis rekrutieren sich dann die Neulinge. An jedem 19. März, dem Tag, an dem die heiligen Versprechen vieler Mitglieder im Opus Dei erneuert werden, wird die sogenannte Josephsliste erstellt. Auf dieser Liste finden sich die Namen derer, die bis zum nächsten Jahr für das Opus Dei gewonnen werden sollen. Am folgenden 19. März wird dann Einblick in die Liste genommen und festgestellt, wessen Apostolat besonders erfolgreich war.

Das Ziel ist klar: Das Opus Dei soll durch die Bekehrung möglichst vieler Intellektueller an gesellschaftlichem Einfluß gewinnen. Das alles freilich nur unter dem Deckmantel des Glaubens: »Wir haben den großen Ehrgeiz, die Institutionen der Völker, der Wissenschaft, Kultur, Zivilisation, Politik, Kunst und sozialen Beziehungen zu heiligen und zu christianisieren.«[54] Die radikal-reaktionäre Organisation hat darin auch einigen Erfolg. Erstaunlich viele Führungskräfte aus allen Bereichen des öffentlichen Lebens akzeptieren die gottgewollte Autorität des Opus Dei. Die ideologischen Versatzstücke aus dem tiefsten Mittelalter scheinen dabei niemanden zu stören. Mitgliedschaft oder Sympathie Prominenter für das »Werk Gottes« werden zwar, so gut es geht, geheimgehalten. Doch allein das, was an bekannten Namen im Laufe der vergangenen Jahre an die Öffentlichkeit drang, läßt auf den großen gesellschaftlichen Einfluß des »Werkes Gottes« schließen.

Im Jahre 1979 belieferte der damalige Prälat des Opus Dei, Alvaro del Portillo, den Vatikan mit statistischem Material über die Prälatur. Durch eine Indiskretion wurden die geheimen Informationen bekannt. Laut den Daten Portillos waren die Mitglieder des Opus Dei in insgesamt 479 Universitäten und höheren Schulen auf allen fünf Kontinenten; in 604 Zeitungen, Zeitschriften und wissenschaftlichen Veröffentlichungen; in 52 Radio- und TV-Anstalten; in 38 Nachrichten- und Werbe-Agenturen und in zwölf Filmproduktions- und Filmvertriebsgesellschaften vertreten.[55] Diese Zahlen ringen sogar dem Medienprofi und Opus-Dei-Freund Bischof Kurt Krenn bewundernde Worte ab: »Im Medienbereich ist das Opus Dei geradezu phänomenal. Sie haben eine ganze Reihe von Journalisten, die nicht nur in Opus-Dei-Zeitungen arbeiten.«[56]

Aber nicht nur im Medienbereich sind die Jünger des Opus Dei präsent, auch einflußreiche Wirtschaftsleute und Politiker sind unter den Mitgliedern und Sympathisanten. Das verwundert nicht weiter, denn mittlerweile leitet das Opus Dei weltweit bereits neun Universitäten und Hochschulen. Die bekannteste ist die von Opus-Dei-Professoren gegründete »Universität von Navarra« im nordspanischen Pamplona. Ihr angeschlossen ist das »Instituto de Estudios Superiores (IESE)«, eine angesehene Business School nach dem Vorbild der Universität Harvard, die die Lenker der spanischen Wirtschaft ausbildet. Einer der berühmtesten Abgänger dieser Schule war zum Beispiel der derzeitige Präsident des Internationalen Olympischen Komitees, Juan Antonio Samaranch. Unter den insgesamt 30 000 spanischen Mitgliedern des Opus Dei waren schon 1987 die drei mächtigsten Banker des Landes: der Präsident des spanischen Bankenverbandes, Rafael Termes, der Präsident der Banco Popular Español, Luis Valls, und der Chef der Banco Español de Crédito, Jorge Brossa. Die Schweizer »Weltwoche« schätzte damals, daß tausend weitere Wirtschaftskapitäne in Spanien den Grundsätzen des Opus Dei folgten.[57]

Erstaunlich ist aber vor allem der politische Einfluß der Kämpfer des

Herrn: König Juan Carlos wurde von Lehrern des Opus Dei erzogen und ist dem »Werk Gottes« heute noch freundschaftlich verbunden. Wahre politische Höhenflüge wagte das spanische Opus Dei aber vor allem in der Zeit des Franco-Regimes. Schon zu Beginn der vierziger Jahre hatte der Gründer Josemaría Escrivá einige Besinnungstage für das Ehepaar Franco organisiert, 1951 berief der Generalissimo dann drei Opus-Mitglieder in seine Regierungsbüros. Der eigentliche Durchbruch allerdings gelang erst 1957, als Franco sein Kabinett umbildete und drei Opus-Leute zu Ministern machte. 1969 sollen der Regierung Franco insgesamt schon 10 Opus-Dei-Minister angehört haben, was von der Organisation allerdings bestritten wird: Sie spricht von vier Mitgliedern des Opus Dei und sechs Ministern, die mit dem »Werk Gottes« lediglich sympathisierten. In der Zeit der sozialistischen Vorherrschaft wurde der direkte politische Einfluß des Werkes etwas zurückgeschraubt, der neue konservative Ministerpräsident José María Aznar allerdings berief im Mai 1996 wieder drei Opus-Dei-Mitglieder zu Ministern.

Weitere europäische Hochburgen sind Portugal und Italien, wo das Opus Dei im vergangenen Jahr rund um den Mafia-Prozeß gegen Ex-Ministerpräsident Giulio Andreotti wieder ins mediale Rampenlicht rückte. Vertreter des Werkes hatten im Zusammenhang mit angeblichen Mafia-Kontakten Andreottis immer wieder von einer Verleumdungskampagne gegen den Politiker gesprochen. Der erzkonservative Katholik Andreotti pflegte schon während seiner langjährigen politischen Laufbahn intensive Kontakte mit dem »Werk Gottes«. Nach dem Tod von Gründer Escrivá war er einer der ersten, der dem »Vater« in der römischen Zentrale des Opus Dei in der Viale Buozzi die letzte Ehre erwies.

In Deutschland befolgen etwa die Söhne und Töchter der Familie Brenninkmeyer, Eigentümer des deutschen Textilgiganten C&A, die Gebote des Werkes. Eine wahre Hochburg ist das kleine Fürstentum Liechtenstein am Westrand Österreichs. Kein Wunder, denn das Opus Dei hat vor allem beim europäischen Erbadel viele Freunde. Ein großer Teil des Fürstenhauses Liechtenstein sympathisiert mit dem Opus Dei. Vor allem Fürstin Marie ist dem Werk sehr zugetan. Im Dezember 1997 wurde Liechtenstein sogar zu einem eigenen Erzbistum erhoben. Zum ersten Erzbischof avancierte der umstrittene Churer Bischof Wolfgang Haas, ein offener Sympathisant des Opus Dei. Des weiteren beherbergt Liechtenstein auch die »Internationale Akademie für Philosophie (IAP)«. Gegründet von Prinz Nikolaus von

Liechtenstein, der das Fürstentum auch im Vatikan vertritt, lehren in dieser wissenschaftlich äußerst umstrittenen Institution zumindest drei Opus-Dei-Mitglieder. Weitere adelige Sympathisanten hat das Opus Dei in Otto von Habsburg, dem deutschen Abgeordneten zum Europaparlament und Mitinitiator der Paneuropa-Bewegung, und dem österreichischen Bundesratsabgeordneten Vinzenz Liechtenstein. In Österreich sind auch noch Emanuel Mensdorff-Pouilly, Geschäftsführer der Sicherheitsfirma Protectas, und vor allem seine Frau, die Supernumerarierin Assunta Mensdorff-Pouilly, dem »Werk Gottes« verbunden, weiters der ehemalige Funktionär der Jungen Europäischen Studenteninitiative (JES), Heinrich Liechtenstein, und der Betreiber des Golfklubs Enzesfeld Karl Eugen Czernin.

Glaubt man dem englischen Journalisten Gordon Urquhart, dann sind nahezu alle europäischen Parlamente und Regierungen mit Leuten des Opus Dei durchsetzt. Er veröffentlichte in Amerika eine Liste mit etwa 40 europäischen Politikern, die dem Opus Dei nahestehen sollen, darunter auch der Präsident der Europäischen Kommission Jacques Santer.[58] Für Österreich nennt Urquhart den ÖVP-Bundesrat Vinzenz Liechtenstein und den früheren Außenminister Alois Mock als Sympathisanten. Während Liechtenstein seine Nähe zum »Werk Gottes« gar nicht bestreitet, gibt sich Mock kryptisch: »Ich habe keinen Grund, mich davon zu distanzieren, gehöre aber keiner Gruppe des Opus Dei an. Im übrigen teile ich die Beurteilung des Opus Dei, wie sie seinerzeit Kardinal Franz König formuliert hat.« Kardinal König wird vom Opus Dei in Österreich immer wieder als Förderer der Organisation hingestellt. Tatsächlich hat König im Jahre 1970 dem Opus Dei, dessen Gründer Escrivá er persönlich kannte, die Peterskirche in Wien überantwortet und einige Jahre später sogar eine recht wohlwollende Broschüre über das Opus Dei in einer Schriftenreihe der Karlskirche veröffentlicht.[59] Doch seine Beziehung zum Werk war nicht nur positiv: Er kritisierte die zu rasche Seligsprechung Escrivás (siehe den folgenden Abschnitt) und forderte das Opus Dei auch mehrmals auf, die öffentliche Kritik an seinen Methoden ernst zu nehmen.

In Österreich ist das gesellschaftliche Netzwerk des Opus Dei nicht so eng geknüpft wie jenes in Spanien, trotzdem ist es dicht genug, um so manchen großen Fisch zu fangen. Viele Opus-Dei-Mitglieder sind auch hier anerkannte Ärzte, Richter oder Manager. Der Universitätsprofessor und Internist an der Wiener Klinik für Arbeitsmedizin Oswald Jahn und der Primar des Elisabethspitals Johannes Bonelli

sind ebenso Mitglieder wie der Wiener Richter Johannes Stöger. Sympathisanten des Opus Dei sind der ehemalige Präsident des österreichischen Bundesrates Herbert Schambeck, Wirtschaftskämmerer Wolfgang Küng und Harald Fiegl, ehemals Handelsdelegierter in Bukarest. Des weiteren gehören der ehemalige Bundeskämmerer und heutige Vizepräsident des Forums Alpbach Friedrich Gleissner und der pensionierte Gerichtsmediziner Professor Wilhelm Holczabek zu den Freunden des Werkes. Ein besonderes Duo bilden die Salzburger Rechtsprofessoren Theo Mayer-Maly und Wolfgang Waldstein (siehe das Interview auf Seite 24 ff.).
Journalistisch wird das Opus Dei vom Wiener Korrespondenten der großen spanischen Zeitung »La Vanguardia«, Ricardo Estarriol, der auch Einkehrstunden in der Krypta der Peterskirche hält, und dem Redakteur und ehemaligen Chefredakteur der Salzburger Kirchenzeitung »Rupertusblatt«, Martin Löschberger, unterstützt. Von den großen österreichischen Tageszeitungen zeigte vor allem die Wiener »Presse« in vielen Artikeln große Affinitäten zum »Werk Gottes«. Wohlwollend stehen dem Opus Dei auch Bauunternehmer Alexander Maculan und sein ehemaliger Assistent Thomas Winkler, heute bei Frank Stronachs Firma MAGNA tätig, gegenüber. Vor der katholischen Hochschulgemeinde hielt Maculan 1992 zum Beispiel einen Vortrag über »Das Menschenbild in der Unternehmenskultur des dritten Jahrtausends«, drei Jahre später, im Dezember 1995, folgte Winkler mit dem weniger erfreulichen Thema »Maculan: Der Weg in die Krise« im Studentenheim Birkbrunn. Zum Freundeskreis des Werkes zählen auch der Wiener Statiker Robert Krapfenbauer, der ehemalige Direktor der Vorarlberger Kraftwerke AG Paul Weber und viele andere mehr.

Förderer des Opus Dei

Was den Wirtschaftsexperten, den Arzt oder die Hausfrau mit dem Opus Dei verbindet und was sie von der Kritik am Werk halten.

Dip.-Ing. Martin Kastner *aus der Grazer Handelsdynastie Kastner & Öhler*
»Mein älterer Bruder Florian hat mich mit 22 Jahren zu Einkehrstunden eingeladen. Jahre später gab ich meinen Job als Werbeleiter des Versandhauses auf, um mich als Numerarier ganz dem Werk zu widmen. Wenn ich eine Yacht hätte, würde ich eine Menge Geld dafür

aufwenden. Mein Hobby ist sozusagen das Opus Dei, und da stecke ich einiges hinein.«[60]
Dr. Paul Weber *ehem. Vorstandsdirektor der Vorarlberger Kraftwerke AG*
»Zum Opus Dei hat mich mein Schwager, der heutige Bischof Klaus Küng, gebracht. Das hätte er auch getan, wenn ich Hilfsarbeiter gewesen wäre. Ich besuche regelmäßig Bildungsveranstaltungen und Besinnungstage des Werkes. Ich spende auch, aber reich ist davon noch keiner geworden. Kritik am Opus Dei verstehe ich nicht, denn dort beruht alles auf Freiwilligkeit. Zwei meiner Kinder sind Mitglieder geworden, und ich bin sehr froh darüber. Wir brauchen heute wieder Orientierung im Leben – die bietet das Opus Dei.«
Prof. Dr. Robert Krapfenbauer *Ziviltechniker und Statiker in Wien*
»Ich helfe dem Opus Dei, sooft es geht. Beim Umbau der Peterskirche habe ich das Werk kostenlos beraten und auch Wege ins Rathaus geebnet, zum Denkmalamt. Ich besuche regelmäßig Einkehrtage und spende auch. Vor neun Jahren lag ich schwerkrank im Spital, da haben mir die Schriften von Escrivá schon sehr geholfen. Mir imponiert der Idealismus des Opus Dei. Das ist kein Geheimbund – wer so etwas sagt, ist einfach ein böser Mensch.«
Dr. Friedrich Gleissner *Vizepräsident des Forums Alpbach, ehem. hochrangiger Wirtschaftskämmerer*
»Es gibt da eine kleine Runde beim Regionalvikar Burkhart, zu der ich regelmäßig gehe. Ich halte das Opus Dei für eine gute Idee, vor allem die Verbindung zwischen Priestern und Laien. Vielleicht ist manche Kritik am Werk berechtigt. Ich wünsche mir, daß das Opus Dei nach einer Zeit der Übersteigerung zu einem wertvollen Bestandteil der katholischen Kirche wird. So war es auch schon bei den Jesuiten.«
Assunta Mensdorff-Pouilly *Hausfrau*
»Ich bin Supernumerarierin, mein Mann Emanuel [Geschäftsführer der Sicherheitsfirma Protectas, Anm.] ist Sympathisant des Opus Dei. Ich bin seit zwölf Jahren dabei. Als ich aus der Schweiz hierher kam, habe ich das Werk sehr kritisch gesehen. Dann habe ich Vorträge von Klaus Küng gehört und war begeistert. Da habe ich die Berufung in mir gespürt. Zur Kritik: Wenn einer eine unglückliche Ehe hinter sich gebracht hat, wird er danach auch darüber schimpfen. In den Medien läuft aber eine breit angelegte Verleumdungskampagne gegen uns.«
Dr. Wolfgang Küng *Wirtschaftskämmerer, ehem. Handelsdelegierter in Brasilien, Spanien und Japan*
»Ich habe das Opus Dei während meiner Studentenzeit in London kennengelernt. Ich bin durch Zufall in ein Studentenheim des Werkes geraten. Später, im Jahre 1956, habe ich dem Opus Dei geholfen, in

Wien Fuß zu fassen. Ich habe auch meinen Bruder, Bischof Klaus Küng, eingeführt. Heute besuche ich noch Veranstaltungen, spende und lege dem Opus Dei, wo es geht, Schienen. Sie brauchen natürlich Leute, die ihnen helfen, Projekte zu finanzieren. Die Kritik am Werk imponiert mir überhaupt nicht. Das Opus Dei ist ein neuer Weg für die Einbeziehung des Berufslebens in den Glauben.«
Daisy Bene *Vorstandsmitglied von Kastner & Öhler in Graz*
»Mein Neffe [Martin Kastner, Anm.] ist Mitglied beim Opus Dei. Ich bin durch Zufall auf das Opus Dei gestoßen. Mir ist »Der Weg« von Escrivá in die Hände gefallen und ich war davon begeistert. Es gibt da drinnen extreme Auffassungen, aber sie entsprechen dem, was ein aufrichtiger Katholik glauben sollte. Die Gesamtkirche ist in den vergangenen Jahren ja zu einer Wischi-waschi-Organisation verkommen. Zur Kritik: Die Medien stürzen sich auf kleine, wehrlose Gemeinschaften innerhalb der Kirche, damit muß man leben.«
Dr. Friedrich Kummer *Primarius des Wiener Wilhelminenspitals*
Ich bin Supernumerarier des Opus Dei. Finanziell greife ich schon oft tief in den Sack, aber wichtiger ist die Arbeit, die man ins Werk steckt. Jeder Mensch hat einen anderen Hang zur Askese: Geißel und Bußgürtel erinnern uns daran, daß der Körper nur gehorsamer Diener ist. Die Kritik am Opus Dei ist Blödsinn. Wir haben es nicht speziell auf Intellektuelle und Begüterte abgesehen. Wenn es bei uns davon mehrere gibt, dann deshalb, weil diese Leute aus überdurchschnittlich guten Verhältnissen kommen.

Fast alle Genannten haben eines gemeinsam: Sie werden vom Opus Dei in Glaubensfragen unterwiesen, sei es als Mitglieder, Mitarbeiter oder Sympathisanten. Doch sie geben auch etwas dafür, und das ist manchmal gar nicht wenig. Wer Numerarier oder Numerarierin ist und in einem Zentrum wohnt, liefert sein gesamtes Gehalt an der Pforte ab. Im Zentrum selbst braucht man kein Geld, für das Notwendigste sorgt das »Werk Gottes«. Mit ihrem Beitritt haben sich Numerarier und Numerarierinnen auch zur Armut verpflichtet, meist bekommen sie deshalb nur ein Taschengeld für kleinere Besorgungen. Selbst für die Zeit nach dem Ableben der Mitglieder hat man im Werk vorgesorgt: Im Opus Dei gibt es eine vorgefertigte Testamentsformulierung, die die Mitglieder handschriftlich übernehmen und Opus-nahe Vereine als Erben einsetzen. Die Supernumerarier, die meist verheiratet sind und Familie haben, trifft es weniger hart: Sie entrichten lediglich einen gewissen Prozentsatz ihrer Einkünfte. Primarius Bonelli beziffert seinen Obulus mit etwa 5 bis

10 Prozent seines Gehalts. Den Mitarbeitern und Sympathisanten ist es völlig ihrer Geberlaune überlassen, wieviel sie wann spenden. Manchmal freilich sind die Leistungen der Anhänger nicht nur monetärer Art. Robert Krapfenbauer: »Ich habe mich beim Umbau der Peterskirche als Statiker engagiert. Verlangt habe ich dafür freilich nichts. Es würde mir nicht einfallen, dem Opus Dei eine Leistung in Rechnung zu stellen.«
All das, die weitreichenden Einflußsphären des Opus Dei und die Lukrierung satter Geldmengen aus den finanziellen Beiträgen der Mitglieder, festigen das Bild einer elitären und finanzkräftigen Organisation. Auch wer die Häuser des Opus Dei besucht, wird sich dieses Eindrucks nicht erwehren können. Das Tagungszentrum Hohewand etwa oder das Studentenheim Birkbrunn, eine der prachtvollsten Jugendstilvillen Döblings, sind Immobilien der besonderen Art. Außen geadelt durch höchste Eleganz, ist auch das Interieur bis hin zum kleinsten Kästchen vom Allerfeinsten. Wenn man das Opus Dei allerdings als einflußreiche Organisation bezeichnet, erntet man überall im Werk die gleiche Antwort: »Nicht das Opus Dei ist einflußreich, sondern das einzelne Mitglied.« Nicht anders ergeht es dem, der dem »Werk Gottes« materiellen Reichtum unterstellt: »Einzelne Mitglieder sind vielleicht reich, das Opus Dei aber ist völlig besitzlos«, kontert die Organisation. Nach außen hin bleibt sie immer nur ihren religiösen Zielen verpflichtet. Schon der »Vater« sagte: »Nach einem halben Jahrhundert als Priester bin ich wirklich immer noch bettelarm.«[61]
Warum das Opus Dei trotz seiner offensichtlichen Reichtümer solches behaupten kann, ohne sich zu versündigen, ist schnell erklärt: Als Organisation tritt das Opus Dei praktisch nie in den Vordergrund. Während sich die einzelnen Mitglieder nicht als solche zu erkennen geben, versteckt sich das »Werk Gottes« selbst hinter Vereinen und Instituten, die zu gemeinnützigen Zwecken gegründet werden und das gesamte Vermögen von der Prälatur übertragen bekommen. In England erfüllt diese Funktion die »Netherall Educational Association«, in Deutschland etwa die »Studentische Kulturgemeinschaft«. In Österreich verbirgt sich das Opus Dei hinter nichtssagenden Namen wie »Österreichische Kulturgemeinschaft«. Die verwaltet zum Beispiel die Wiener Studentenheime des Werkes. Gegründet wurde der Verein zwar von Opus-Dei-Mitgliedern, und auch im Vorstand sitzen fast nur solche, dennoch existiert er völlig unabhängig von der Prälatur. Derzeitiger Vorstandsvorsitzender ist Universitäts-

professor und Opus-Dei-Mitglied Oswald Jahn. Gerhard Erkinger, ebenfalls vom Opus Dei und Vorstandsmitglied der »Österreichischen Kulturgemeinschaft«, erklärt den Zweck des Vereins so: »Wir haben die Aufgabe, Studentenheime und Jugendclubs zu errichten, oder wenn nötig auch zu sanieren. Das Geld dazu kommt von Opus-Dei-Mitgliedern, Spenden und diversen Kreditgeschäften. Mit dem Opus Dei haben wir aber nichts zu tun.« Andere »Korporative apostolische Vereinigungen«, wie das Opus Dei seine vorgelagerten Organisationen nennt, sind in Österreich die »GFB – die Gemeinschaft zur Förderung von Bildungszentren« (ebenfalls in Wien, auch zuständig für das Tagungszentrum Hohewand) oder die »Internationale Kulturvereinigung« (in Graz). Die gesamten Besitztümer, wie die Studentenheime, das Tagungszentrum Hohewand oder die einzelnen Jugendclubs, gehören diesen unverdächtigen Vereinen. Das Opus Dei übernimmt lediglich die »geistliche Betreuung« der einzelnen Einrichtungen. Das hat einen weiteren Vorteil: Nach außen hin sind die Vorfeldorganisationen des Opus Dei nicht immer gleich als solche zu erkennen. Offiziell gibt es eben keinen *Opus-Dei*-Jugendclub und kein *Opus-Dei*-Studentenheim. Die Heime des Werkes werden ohne Hinweis auf das Opus Dei sogar im offiziellen Hochschulführer des Wissenschaftsministeriums aufgeführt. Da bietet die »Österreichische Kulturgemeinschaft« 32, das »Studentinnenheim Währing« 40 und die »Internationale Kulturvereinigung Kroisegg« 16 Heimplätze an, und keiner der sich bewerbenden Studenten ahnt, wer die heißersehnten Heimplätze in Wahrheit anbietet.[62] Viele Ex-Mitglieder erzählen auch übereinstimmend, daß sie erst nach einiger Zeit in Jugendclub oder Studentenheim hinter das Geheimnis Opus Dei gekommen sind.

Die Mitglieder des Opus Dei sind im Gründen unauffälliger Organisationen überhaupt sehr aktiv. In Österreich gibt es noch den von Oswald Jahn, Emo Valencak, Ewald Ritschel und Alfred Berger geprägten »Club Belvedere«. Das ist ein Bund von mehrheitlich dem Opus Dei nahestehenden Wissenschaftern, der die Seminarreihe pro-med veranstaltet. Zu den Tagungen dieses Klubs erschienen unter anderen auch der Universitätsprofessor Josef Seifert von der IAP Liechtenstein und der Psychiater und Opus-Dei-Priester in der Wiener Peterskirche, Johannes B. Torelló. Zusätzlich gibt es noch zwei von Primar Johannes Bonelli ins Leben gerufene Vereine: Einerseits die »Gesellschaft zur Familienorientierung (GFO)«, eine Opus-nahe Bildungseinrichtung für Eltern, andererseits das »Institut für medizinische Anthropologie und Bioethik – IMABE« in Wien. Das Institut, das vor allem konservative Auffassungen in puncto Abtreibung, Embryonenforschung und Geburtenkontrolle vertritt, stieg 1991 sogar zu einer offiziellen Einrichtung der österreichischen Bischofskonferenz auf. Zuständig dafür ist, wie könnte es anders sein, der Vorarlberger Bischof Klaus Küng. Auf internationaler Ebene gründeten Opus-Dei-Mitglieder verschiedene Stiftungen, zum Beispiel die Rhein-Donau-Stiftung in Starnberg oder die Limmat-Stiftung in Zürich. Zweck der Stiftungen ist die Unterstützung von Organisationen, die sich Bildungs- und Ausbildungszwecken widmen und die eine gemeinnützige Zielsetzung verfolgen. Kritiker meinen freilich, bei den wohltätigen Stiftungen handle es sich um großangelegte, steuerbegünstigte Finanzpools zur Auffettung des Opus-Budgets.

Der Organisationsdschungel des Opus Dei ist für den Außenstehenden kaum zu überblicken, vor allem deshalb, weil Zusammenhänge zwischen dem Opus Dei und den einzelnen Vereinen und Stiftungen oft nur personeller Natur sind und juristisch nicht nachgewiesen werden können. Generell kann aber gesagt werden: Obwohl das Opus Dei de facto nahezu besitzlos ist und auf die verschiedenen Vereine und Stiftungen offiziell keinen direkten Einfluß hat, wirken doch überall die Mitglieder der Organisation. Und die tun nichts anderes, als ihren Alltag und ihre Arbeit ganz im Sinne des Opus Dei zu »heiligen«. Sie unterwerfen sich in all ihrem Tun vollständig den Geboten des »Werkes Gottes«.

Ein Beispiel solch absoluter Hörigkeit lieferte auch der größte Wirtschaftsskandal, in den das Opus Dei bislang verwickelt war.[63] Zusammen mit der Vatikanbank IOR war das »Werk Gottes« in die zwielichtigen Finanztransaktionen der »Rumasa«-Affäre verwickelt. Eine Episode des vielschichtigen Skandals macht das besonders deutlich: Der spanische Supernumerarier José Maria Ruiz Mateos war in den siebziger Jahren der Shooting-Star des spanischen Wirtschaftslebens. Anfang der achtziger Jahre allerdings setzte er seinen mittlerweile auf mehr als 600 Unternehmen und 20 Banken mit 60000 Angestellten angewachsenen Konzern »Rumasa« in den Sand. Die sozialistische Regierung unter Felipe González mußte 1983 den Konzern übernehmen, um ihn vor dem Untergang zu retten. Der Grund für den Absturz des einstigen Shooting-Stars Mateos waren nicht zuletzt seine großzügigen Spenden an das Opus Dei. Mutmaßlich 50 Millionen Dollar pumpte der gottesfürchtige Mann in Opus-Dei-Konten in der Schweiz und verschiedene Stiftungen des Werkes.

Noch knapp vor dem Bankrott seines Konzerns steckte Mateos umgerechnet 175 Millionen Schilling in das »Instituto de Educatión e Investigación (IEI)«, eine angebliche Erziehungseinrichtung des Opus Dei. Mateos zeigte sich nach seinem Niedergang von seinen ehemaligen Freunden im Opus Dei enttäuscht und packte über die wirtschaftlichen Machenschaften des Opus Dei aus: Die Funktion des IEI etwa sah er vorrangig nicht in Erziehungsfragen: »Ach, was heißt denn hier Einrichtung für Erziehung! Das IEI ist eines von diesen Instituten, das vom Opus Dei nur gegründet wurde, um Geld von den Mitgliedern bekommen zu können.«[64]

Was von der Kirche bleibt

»Da mein Mann, meine Kinder und ich kaum über finanzielle Mittel verfügen, wir aber ein kleines Häuschen brauchen, wo wir leben können, haben wir uns an den seligen Josemaría gewandt, daß er uns mit einem Lottogewinn helfe. Und in der Tat: der Selige ließ uns nicht warten und half uns mit einem Los und mit einem Häuschen«, schreibt eine Frau aus Kolumbien.[65] Der Brief findet sich in einem Informationsblatt des Opus Dei neben anderen Berichten von Wundern, die der verstorbene »Vater« von seinem Domizil im Himmel aus geschehen ließ. Eine Frau aus Hallein etwa dankt Escrivá, daß er die schwerverletzte Hand ihres Mannes doch noch retten konnte, und ein Brief aus Linz beschreibt die wundersame Heilung von Depressionen und Angstzuständen durch den seligen Gründer. Ein Mann aus Paris erzählt von Komplikationen nach einer schweren Gallenoperation: »Verzweifelt begann ich eine Novene zum seligen Josemaría, und am letzten Tag dieser Novene fühlte ich nachts, wie mich dreimal große Schauer vom Kopf bis in die Füße durchliefen. In diesem Augenblick war ich mir sicher, geheilt zu sein. Der Chirurg bestätigte es mir am nächsten Tag.«[66]
Als Josemaría Escrivá de Balaguer y Albás am 9. Januar 1902 im kleinen spanischen Städtchen Barbastro geboren wurde, deutete noch nicht viel auf seine spätere heilige Wundertätigkeit hin.[67] Er stammte aus einer einfachen Kaufmannsfamilie, seine Eltern waren wenig begütert, immerhin aber fromme Leute. Doch schon als der kleine Josemaría im Alter von zwei Jahren schwer erkrankte und ihn die Ärzte bereits aufgegeben hatten, bekamen die Stadtbewohner eine Ahnung von seiner Auserwählung. Seine Mutter schleppte den schwerkranken

Jungen zur nahen Bergkapelle von Torreciudad, um ihn der Jungfrau Maria anzuvertrauen. Und siehe da, der Junge genas. »Die Jungfrau muß dich in der Welt gelassen haben, um irgendetwas Großes zu tun, denn du warst schon mehr tot als lebendig«, soll seine Mutter über die wunderbare Heilung einmal gesagt haben.

Im Alter von 15 Jahren erkannte Escrivá dann, wozu ihn die Jungfrau Maria am Leben gelassen hatte. Im Schnee sah er die Spuren eines barfüßigen Karmeliters. Er beschloß, auch etwas für Gott zu tun, und wurde Priester. 1928, drei Jahre nach der Priesterweihe, gründete er auf »göttliche Eingebung« hin das Opus Dei. 1930 ließ Escrivá widerwillig, aber eben auch auf Geheiß Gottes, die Frauenabteilung des Opus Dei folgen, 1943 dann die Priestergesellschaft vom Heiligen Kreuz. 1975 starb Escrivá in Rom, »heiligmäßig« wie seine Jünger betonen, an einem Herzstillstand. Sein »Werk Gottes« hatte er in 87 Ländern der Welt etabliert.

Im Jahre 1992 wurden die guten Taten Escrivás belohnt. In der Rekordzeit von nur 17 Jahren wurde der innerhalb des Opus Dei schon heute wie ein Heiliger verehrte Gründer des umstrittenen Laienordens von Papst Johannes Paul II. seliggesprochen. Noch nie in der Geschichte der römisch-katholischen Kirche war jemand so kurz nach seinem Ableben zur »Ehre der Altäre« erhoben worden. Mit Ausnahme von Thomas Becket, Erzbischof von Canterbury, der 1170 aus politischen Motiven ermordet und nur 26 Monate später zum Heiligen gemacht wurde. Durch seine Seligsprechung ist Escrivá endgültig zu einer schillernden Ikone des Glaubens aufgestiegen. Am 17. Mai 1992, dem Tag seiner Erhebung, stürmten seine Anhänger den Petersplatz. Über 20 000 Menschen waren es am Ende, die dem Porträt des »Vaters« über dem Portal der Peterskirche zujubelten, mehr als gewöhnlich zur feierlichen Osteransprache des Papstes kommen.

So groß der Lobgesang des Opus Dei ob der Seligsprechung seines Gründers war, so empört waren auch die kritischen Stimmen zu diesem Verfahren. Viele Katholiken konnten nicht verstehen, warum gerade dem Initiator der umstrittensten katholischen Bewegung dieses Jahrhunderts solche Ehre zuteil wurde, und nicht etwa dem beim Kirchenvolk so beliebten liberalen Konzilspapst Johannes XXIII. Auch die Eile des Seligsprechungsverfahrens erhitzte die Gemüter. Die Seligsprechungsakte des Vatikans umfaßte die Bücher und Homiliensammlungen, die Escrivá zu Lebzeiten verfaßt hatte, und insgesamt 6000 Bittgesuche von hohen Persönlichkeiten aus Kirche und Staat, aber keine einzige kritische Stimme zur Person Escrivás. Die vielen Kritiker wurden entweder nicht angehört oder einfach für befangen erklärt.

Der Seligsprechungsprozeß wurde zur einseitigen Angelegenheit. So störte es auch nicht weiter, daß das für eine Seligsprechung nötige Wunder ein sehr zweifelhaftes war: Ein Jahr nach seinem Tod hatte Josemaría Escrivá angeblich die 17jährige Karmelitin Concepción Boullón von einem faustdicken Tumor geheilt. »Sie rang bereits mit dem Tode, als sie in einer Juninacht des Jahres 1976 kraft der Anrufungen, die an den Diener Gottes [Escrivá, Anm.] gerichtet worden waren, plötzlich, vollständig und dauerhaft von ihrer Krankheit geheilt wurde«, heißt es im offiziellen Dekret der »Kongregation für die Selig- und Heiligsprechungen«. Die Oberin der Karmelitinnen, Catalina Serna, erfuhr erst nach Jahren aus den Medien, daß in ihrem Kloster ein Wunder geschehen sei.

Seit der Seligsprechung fahndet das Opus Dei nach weiteren Wundern Escrivás, die nötig sind, um seine Heiligsprechung voranzutreiben. Auch für seinen 1994 verstorbenen Nachfolger Alvaro del Portillo werden schon emsig »Gebetserhörungen« gesammelt, die auch ihm in absehbarer Zeit zur »Ehre der Altäre« verhelfen sollen. Die Chancen stehen für beide nicht schlecht: Die Freunde des Opus Dei sitzen nicht nur in der dafür zuständigen Kongregation, sondern an praktisch allen kirchlichen Schalthebeln der Macht.

So verwundert es auch nicht, daß trotz der offensichtlichen Indoktrinierung Jugendlicher, trotz der auch ansonst sektenhaften Methoden des »Werks Gottes« und trotz seiner oft zweifelhaften Finanzgebarung kein kritisches Wort der Kirche am Opus Dei laut wird. Obwohl die offiziellen Kirchenstellen über die Vorgänge hinter den Mauern des Opus Dei mittlerweile längst Bescheid wissen müßten, geschieht nichts: Es gibt kein Einschreiten, kein Wort des Tadels. Im Gegenteil, Escrivás Jünger werden sogar noch gefördert. In den vergangenen Jahren stieg das Opus Dei zur mächtigsten Organisation innerhalb der Kirche auf. Die mit etwa 25000 Mitgliedern größte Priestergemeinschaft des Katholizismus, die Jesuiten, wurden vom »Werk Gottes« klar überflügelt. Papst Johannes Paul II. waren die Jesuiten – in der Zeit der Gegenreformation noch selbst die Dobermänner der bedrängten Kirche – zu liberal und weltoffen geworden. In einer Zeit der Unsicherheit und des In-Frage-Stellens tradierter Normen suchte er aber nach einem geschlossenen Kader, von dem er zumindest eines erwarten konnte: Gehorsam. Im Opus Dei fand er, was er gesucht hatte. Schon allein das äußere Erscheinungsbild der Opus-Priester verweist auf ihre Demut: Sie tragen immer ihren schwarzen Talar und den weißen römischen Kragen. Der Aufstieg innerhalb der Kirche war von Escrivá und seinen Gefolgsleuten generalstabsmäßig geplant. Wie auch in der Gesellschaft wollten sie »von oben nach unten« in die Institutionen der Weltkirche einsteigen. Das adäquate Mittel zur Verwirklichung dieses Vorhabens war bald gefunden: Im Jahre 1970 gründete Escrivá das »Centro Romano di Incontri Sacerdotali (CRIS)«, das Zentrum der Priesterlichen Gesellschaft vom Heiligen Kreuz. Dorthin wird seither jeder, der in der Kirche »wichtig ist oder wichtig werden könnte«[68] eingeladen, dort werden besonders jene hofiert, von denen sich das Opus Dei konkrete Vorteile auf dem Weg ganz an die Spitze erhofft. Zu den hohen Würdenträgern, die in den vergangenen Jahrzehnten während ihrer Romreisen im CRIS abgestiegen sind, zählen zum Beispiel Kardinal Franz Hengsbach aus Essen, später auch mit der Ehrendoktorwürde der Opus-Dei-Universität Pamplona bedacht, Kardinal Joseph Höffner aus Köln und nicht zuletzt Kardinal Karol Wojtyla aus Krakau, der spätere Papst Johannes Paul II. Unter seinem Episkopat begann ein ungeahnter Siegeszug des Opus Dei.

Von Beginn seiner Amtszeit an ließ Johannes Paul II. keinen Zweifel darüber aufkommen, daß er Gefallen am strammen Kader Escrivás gefunden hatte. Der Opus-nahe Kardinal Silvio Oddi wurde noch 1979 Präfekt der vatikanischen Kleruskongregation, und der ebenfalls dem Werk nahestehende Kurienkardinal Pietro Palazzini stieg ein Jahr später zum Präfekten der Kongregation für die Selig- und Heiligsprechungen auf. Heute ist das Opus Dei in Rom fast allmächtig. Nicht nur, daß der Papst insgesamt zwölf der derzeit 17 Bischöfe des Opus Dei ernannt hat, verfolgt er auch die Linie, sich vorrangig mit Mitgliedern oder Sympathisanten des Opus Dei zu umgeben. Der bekannteste von ihnen ist wohl sein langjähriger Pressesprecher, der Numerarier Joaquín Navarro Valls. Zu den engsten Mitarbeitern des Papstes zählen aber auch noch die vier Kapläne Joachim Pacheco, Klaus Becker, Fernando Ocariz und Felipe Rodríguez. Alberto Michelini, Opus-Dei-Mitglied und ehemaliger Abgeordneter der Christdemokraten, ist Medienberater und das Mitglied Gianmario Rovero Finanzberater des Vatikan.

Auch in der römischen Kurie verfügt das Opus Dei mittlerweile über eine solide Machtbasis. Der kanadische Journalist Robert Hutchison veröffentlichte in seinem Buch »Die heilige Mafia des Papstes«[69] eine

Liste von 18 Prälaten und neun Laien, die dem Opus Dei den Einfluß auf diese mächtige Institution der Kirche sichern. Unter den Genannten waren zum Beispiel der peruanische Erzbischof Juan Luis Cipriani, die Vorstandsmitglieder der Vatikanbank IOR Virgil C. Dechant und Professor José Angel Sánchez Asiain, dann Monsignore Stanislaw Dziwisz, persönlicher Sekretär des Papstes, und Professor Eduardo Baura, Konsultor der Kongregation für die Evangelisation der Völker.

Den größten Gefallen hat Johannes Paul II. dem »Werk Gottes« aber wohl erwiesen, als er den sehnlichsten Wunsch des verstorbenen »Vaters« Escrivá erfüllte und das *Säkularinstitut* Opus Dei 1982 in den Stand einer *Personalprälatur* erhob. Damit ist das »Werk Gottes« die einzige Organisation dieser Kirchenrechtsform in der katholischen Kirche. Sie sichert ihr größtmögliche Freiheit, da die eigenständige Prälatur nicht mehr der vatikanischen Kongregation für Ordensleute und Säkularinstitute untersteht. Das Opus Dei ist praktisch eine eigenständige Diözese ohne jegliche Ortsgebundenheit, die nur mehr der Bischofskongregation unterstellt ist.

Als die Nachricht über diese unglaubliche Aufwertung des Opus Dei an die Öffentlichkeit drang, war, wie auch später rund um die Seligsprechung Escrivás, die Hölle los. Die Gegner des Opus Dei sahen ihre schlimmsten Befürchtungen erfüllt und betrachteten das »Werk Gottes« von nun an endgültig als »Kirche in der Kirche«, die sich auch noch in ihrer Geheimhaltungspraxis bestätigt fühlen durfte. Auch der Parteinahme unverdächtige Kirchenmänner konnten der Entscheidung des Vatikans herzlich wenig abgewinnen. Die Anhänger der neuen Personalprälatur freilich frohlockten. Peter Berglar, Biograph Josemaría Escrivás: »Für die Geschichte der Kirche bedeutet der 28. November 1982 [Tag der Erhebung zur Personalprälatur, Anm.] ein Datum höchsten Ranges. Die Kirche bereitet sich vor, in das dritte christliche Jahrtausend einzutreten.«[70]

Besser hätte Berglar gesagt, das Opus Dei bereitet die Kirche auf das dritte Jahrtausend vor. Denn längst ist die kämpferische Glaubensauffassung Escrivás zum Allgemeingut der katholischen Weltkirche geworden. Der Papst gibt zwar nach außen hin die Linie vor, auf der die Mannen des Opus Dei dann pflichtgetreu entlangmarschieren, im Hintergrund allerdings bestimmt das Opus Dei längst selbst die Programmatik. Als dem Papst die liberalen kirchlichen Umtriebe in Südamerika zuviel wurden, freute sich das Opus Dei, endlich im Auftrag des Vatikans sein altes Feindbild bekämpfen zu dürfen. Der

Kreuzzug gegen die »marxistisch verseuchte Befreiungstheologie« erhielt endlich den Sanctus von ganz oben. Zusammen mit der ebenfalls rechtsgerichteten italienischen Organisation Communione e Liberazione* sah das Opus Dei in Lateinamerika nach dem Rechten. Heute sind die Befreiungstheologen fast gänzlich zurückgedrängt. Der Papst paßt sich in seiner Sprache immer mehr der militärischen Diktion des Opus Dei an. Im Jahre 1994 erzählte der derzeitige Prälat des Werkes, Javier Echevarría, auf einem Familienkongreß freudestrahlend von einer Rede Johannes Pauls II.: »Vor ein paar Tagen hat der Papst in Rom von der Notwendigkeit gesprochen, eine neue ›Maginot‹-Linie aufzuziehen. Er schlug vor, daß eine ›große Mauer‹ errichtet werden sollte, um das hedonistische Konsumdenken aufzuhalten, das die Entwicklungsländer bedroht.«[71]
Aber nicht nur die Entwicklungsländer sind nach Auffassung des Opus Dei gefährdet, sondern vor allem die alten katholischen Stammgebiete in Europa. Auch hier versuchen die Jünger Escrivás möglichst viele kirchliche Spitzenpositionen zu erlangen. In der Schweiz hatte das Opus Dei mit Wolfgang Haas bis Dezember 1997 den Bischof des Bistums Chur auf seiner Seite. Dem diözesanen Priesterseminar verpaßte der »Kurt Krenn der Schweiz« gleich nach seinem Amtsantritt mit dem Opus-Dei-Priester Peter Rutz einen erzkonservativen Leiter. Welche Akzente Haas in seinem neuen Erzbistum Liechtenstein setzen wird, bleibt freilich abzuwarten.
In Österreich ist der Einfluß des Opus Dei um einiges größer als etwa in der Schweiz. Mit Klaus Küng hat Vorarlberg sogar einen ehemaligen Regionalvikar des Opus Dei zum Bischof. Der schart auch in seinem neuen Aufgabenbereich vorrangig »Brüder« um sich. Sein erster Privatsekretät war der Opus-Dei-Priester Rainer Tagwerker. Als der 1995 nach Wien zurückkehrte, um wieder ständig für die Prälatur tätig zu sein, folgte ihm ein weiterer Priester des Opus Dei, Christoph Tölg, nach. Tölg war zuvor vor allem in der Wiener Karlskirche als Studentenseelsorger zum Einsatz gekommen.
Neben Klaus Küng hegen auch noch zwei weitere Bischöfe Sympathien für die Nachfolger Escrivás. Kurt Krenn, Bischof von St. Pölten, stellte das schon als Wiener Weihbischof unter Beweis, als er einen Teil der Wiener Studentenseelsorge dem Opus Dei übertrug. Unter Georg Eder, dem Erzbischof von Salzburg, wirkt, wie in Chur, ein

---

* Ital. Kommunion und Befreiung

Priester des Opus Dei am diözesanen Priesterseminar. Friedrich Brunnthaler ist dort zwar nicht der Leiter, aber immerhin Spiritual. Als solcher ist er vor allem für die geistliche Formung der Studenten zuständig. Eder selbst hatte im Januar 1992 aufhorchen lassen, als er die Arbeit der Personalprälatur über den grünen Klee lobte. »Für die Weltkirche sind in kurzer Zeit reiche Früchte aus der Bildungsarbeit des Opus-Dei-Gründers Josemaría Escrivá hervorgegangen«, sagte Eder bei der Wiedereröffnung eines Opus-Bildungszentrums in Salzburg: »Durch die Bücher Escrivás können die Menschen zu einer echten Einheit des christlichen Lebens geführt werden.«

»Bezau«bernde Dorfposse

»Eigentlich wollte ich nur mehr Transparenz«, sagt Gottfried Winkel, 45, Gemeindesekretär der kleinen Gemeinde Bezau im Bregenzerwald: »Ich konnte ja nicht ahnen, welche Lawine ich lostreten würde.« Als Bibliothekar der Gemeindebibliothek des benachbarten Reuthe hatte Winkel 1995 ein Werk des Opus-Dei-kritischen deutschen Journalisten Peter Hertel angeschafft und in aller Öffentlichkeit beworben. Vor allem jenen Familien hatte er das Buch ans Herz gelegt, deren Töchter den »Jugendclub Bezau« besuchten. Der wurde nämlich von einer Supernumerarierin des Opus Dei, Annemarie Heim, ganz im Geiste des »Vaters« Josemaría Escrivá geleitet.
Bekannt war das den meisten Eltern bis zum Auftritt Winkels freilich nicht. Die Empörung über die Geheimhaltung ihres Opus-Dei-Hintergrunds konnte Jugendclub-Leiterin Heim nicht verstehen: »Wir machen doch nur das, was gut ist.« Gemeinsame Freizeitaktivitäten mit »ihren« Mädchen fielen darunter und ab und zu eine Extraportion Beichte bei einem Opus-Dei-Priester. Die Aufregung in der Gemeinde wollte trotz dieser »Offenlegung« nicht abflauen. Im November 1995 goß dann Heims Mann, Mathias, mit einem Beschwerdebrief über Gottfried Winkel, gerichtet an den Gemeindevorstand Bezau, weiter Öl ins Feuer. Er bezichtigte Winkel der üblen Nachrede und beklagte einen 25prozentigen Umsatzrückgang seines Autohauses, der auf die Affäre rund um den Jugendclub zurückzuführen sei.
Der Brief Heims fiel in der Gemeindevertretung auf fruchtbaren Boden, vor allem bei Bürgermeister Helmut Batlogg, dem selbst ein Naheverhältnis zum Opus Dei nachgesagt wird. Ohne Winkel über den konkreten Inhalt des Briefes zu informieren, leitete Batlogg in der Gemeindevertretung ein Verfahren gegen Winkel ein, das in weiterer Folge zur Kündigung des Gemeindesekretärs führte. Winkel klagte

beim Arbeitsgericht. Die Reaktion des Bürgermeisters: Winkel wird wegen eines angeblichen anderen Vergehens fristlos entlassen. Der Streit vor Gericht wird prolongiert, ein Ende der Dorfposse ist nicht abzusehen. Gottfried Winkel heute: »Erst jetzt begreife ich, was ein Freund meinte, als er meinen Mut bewunderte, öffentlich gegen das Opus Dei aufzutreten.«

Österreich ist auch ein Dreh- und Angelpunkt in der internationalen Maschinerie des Opus Dei. Von der nationalen Zentrale in Wien aus wird ein großer Teil der Osteuropa-Offensive des Werkes geführt. Regionalvikar Ernst Burkhart betreut auch die Zentren in Prag, Preßburg und Budapest. Wie Robert Hutchison recherchiert hat, spielte die Wiener Dependance des Opus Dei sogar bei der Missionierung Polens eine große Rolle.[72] Noch vor der Gründung der Gewerkschaft Solidarność, die in weiterer Folge vom Vatikan massiv unterstützt wurde, sollen vom Wiener Stützpunkt des Werkes aus Kontakte nach Polen geknüpft worden sein. Noch heute, so Hutchison, sind Mitglieder des österreichischen Opus Dei in Polen aktiv. So etwa Johannes B. Torelló, Martin Kastner und der Journalist Ricardo Estarriol.
Thematisch stürzt sich das Opus Dei bei seinem Eroberungszug vor allem auf die Fragen der Familie und Sexualität. Vertreter des Werkes sitzen in praktisch allen damit befaßten päpstlichen Institutionen, wie zum Beispiel dem »Institut für Studien über Ehe und Familie« oder der »Päpstlichen Akademie für das Leben«, der auch der Salzburger Rechtsprofessor Wolfgang Waldstein angehört. Daß das Opus Dei dabei gegen Fristenlösung und Verhütung auftritt, versteht sich von selbst. Die Ansichten der Kämpfer Escrivás konkurrieren mit jenen des Papstes eher in puncto Unerbittlichkeit. Prälat Javier Echevarría etwa erntete den Zorn einiger italienischer Behindertenorganisationen, als er Anfang 1997 einen Zusammenhang zwischen der Behinderung eines Menschen und dem Sexualleben seiner Eltern herstellte. Die meisten Behinderten, so Echevarría, würden von »unreinen Menschen mit sexuellen Kontakten vor dem Eheleben«[73] zur Welt gebracht. Das Opus Dei, das diese Worte eigentlich nicht für die Öffentlichkeit bestimmt hatte, schwächte die Aussagen seines Prälaten umgehend ab. Mißverständnisse seien auf Echevarrías schlechtes Italienisch zurückzuführen, er hätte lediglich allgemein auf die negativen Folgen der Promiskuität hingewiesen.
Innerkirchliche Kritik an solch demaskierenden Peinlichkeiten gibt es kaum. Die Ziele und Methoden der mächtigen Personalprälatur

bleiben in der Kirche nahezu unangetastet. Lediglich der Schweizer Theologe Hans Urs von Balthasar, wahrhaft kein »Linkskatholik«, richtete 1988, kurz vor seinem Tode, mahnende Worte an das Opus Dei. In Anspielung auf die wirtschaftlichen Interessen des Opus Dei meinte Balthasar: »›Ihr könnt nicht zwei Herren dienen: Gott und dem Mammon‹ – selbst wenn ihr nicht Mönche, sondern eine Laienbewegung seid.«[74] Auch die Werbemethoden (nicht nur) des Opus Dei waren nicht nach seinem Geschmack: »Es bereitet tiefe Sorge zu sehen, wie christliche Gemeinschaften heute für sich werben, oft schon bei Minderjährigen, die sich durch geschickte Lockmittel einfangen lassen. Ich besitze eine ganze (internationale) Sammlung von Klagebriefen übertölpelter Eltern, denen eine kirchliche Institution oder Bewegung die Kinder weggestohlen hat. Heilige Ordensgründer wie Franziskus oder Ignatius haben nie für sich geworben, sondern für das Gottesreich.«

Die katholische Kirche hat sich diese Worte offenbar nicht zu Herzen genommen. Das Opus Dei kann sogar das Zweite Vatikanum ungestraft für sich in Anspruch nehmen und sich als beispielhafter Laienorden der Öffentlichkeit präsentieren. Die Machtbasis des »Werkes Gottes« ist ständig im Wachsen begriffen. Der Erfolg der Prälatur hängt heute längst nicht mehr vom Wohlwollen eines Papstes ab. Das Opus Dei trägt sich mittlerweile selbst und nach eigener Einschätzung bald auch die ganze Kirche. Das hochrangige Ex-Mitglied Vladimir Felzmann dazu: »Sehr wichtige Leute im Opus Dei sagen heute offen, in 20, 30 Jahren wird das einzige, was von der Kirche bleibt, Opus Dei sein. ›Die ganze Kirche wird Opus Dei sein. Denn wir haben den klaren, sicheren, orthodoxen Blick in bezug auf alles. Der Gründer ist ja von Gott erwählt worden, die Kirche zu retten. Deshalb ist Gott mit uns.‹«[75]

DAS ENGELWERK

Bekehrte Teufelsmacht?

Jenseits von Eden

Im Anfang hatte Gott seine Engel vor eine harte Prüfung gestellt: Sie sollte zeigen, wer von ihnen wirklich verdiente, mit ihm im Himmelreich zu wohnen. Fast die Hälfte – allen voran Luzifer, der Lichtträger und erste aller Engel – versagte. Zusammen mit seinem Gefolge verweigerte er Gott Anerkennung und Gehorsam und wurde in einer gewaltigen Schlacht von den eigenen Mitbrüdern, die Gott treu geblieben waren, in den Abgrund geschmettert. Die meisten Dämonen fielen auf die Erde, einige auch auf die umgebenden Planeten und Gestirne.

Die gestürzten Fürsten und Erzengel krallten sich fest, wo sie konnten: *Och*, der Dämon der »Entmoralisierung und Trunksucht« fing sich im Sternbild des Löwen; *Phul*, der »Maßlosigkeit und Eifersucht gegen die Menschen schleudert«, klammerte sich an die Sterne des Tierkreiszeichens Krebs; *Schebarschenoth*, Dämon der »Unordnung« und verantwortlich für »Kreislaufstörungen und abnormale Drüsenfunktionen«, sitzt auf Neptun; *Taphthartareth*, Dämon des Liberalismus und Atheismus, hockt auf Merkur; und gleich neben ihm, auf der Venus, versucht der gestürzte Fürst *Schammasch*, »geniale, aber dämonische Ideen« auf die Erde zu werfen.

Dort droht dem Menschen, der im Mittelpunkt des Kampfes zwischen Engeln und Dämonen steht, große Gefahr. Denn während die heiligen Engel versuchen, ihn in die »Seligkeit der Gotterfülltheit« zu ziehen, trachten die Dämonen, ihn in die »Finsternis der Gottlosigkeit« zu zerren. Sie machen sogar die Natur zu ihrem Helfer. Um der Seele des Menschen habhaft zu werden, schicken sie ihre bösartigen Strahlen durch Pflanzen wie durch Tiere. Besonders empfänglich für die Strahlungen der Dämonen sind »stehende Wasser, Sumpferde und Gewächse wie Beinkraut, Brennessel, Erle oder Esche«. Unbedenklich sind hingegen »fließende Gewässer, Kieselerde, Baldrian, Kamille oder Obstbäume«. Im Tierreich sind »Schafe, Esel, Reh und Fische« gegen schlechte Strahlung weitgehend immun, sehr empfänglich dagegen sind: »Am meisten die grauen, gefleckten und schwarzen Katzen, die gefleckten und schwarzen Hennen, die Schweine und glatthaarigen Hunde, die Schmeißfliegen, Ratten und Schlangen.« Große Vorsicht ist auch vor der Schwarzen Magie geboten. Sie wirkt durch »frisch gerissene Federn von lebenden schwarzen Hennen, Tierhaare, besonders von Kühen, Katzen und Schweinen, Federn von Hahn, Pfau und Krähe, Tierzähne und -klauen und durch frische Eingeweide.«

Menschen bleiben von der dämonischen Strahlung keineswegs verschont. »Durchstrahler« werden Personen genannt, die sich mit Schwarzer Magie abgeben und so praktisch zu Medien des Teufels werden. Am anfälligsten sind dabei »Hebammen, Bauersfrauen, Zigeuner, Botenfrauen oder alte rachsüchtige Bauern«. Satanshörige Menschen erkennt man auch daran, *wann* sie ihr teuflisch inspiriertes Wesen zur Entfaltung bringen. Meist nutzen sie »Zeiten besonders starker dämonischer Einstrahlung, zum Beispiel Neumond, Vollmond oder bestimmte andere Tage und Nächte zu Schadenszwecken.« Wachsamkeit und Vorsicht sind also geboten, zumal der apokalyptische Endkampf zwischen Gott und dem Teufel immer näherrückt. Zeichen dafür gibt es genug, vor allem »*Ismael*, aus der Rangstufe der gestürzten Cherubim, der ›Fürst der Endzeit‹, steht jetzt über Europa in seiner Glanzzeit«.

Was sich wie Nachhilfeunterricht für erfolglose Horrorregisseure liest, ist in Wahrheit als Lebenshilfe für Seelsorger gedacht. Die zitierten Zeilen sind nicht etwa aus Drehbüchern für Fortsetzungen von »Das Omen« oder »Der Exorzist«, sondern entstammen dem »Handbuch des Engelwerkes«.

Auf gut 300 Seiten sind hier die wichtigsten Engel und Dämonen mit Namen und Funktion beschrieben. Insgesamt 412 Mitstreitern Gottes stehen 243 Anhänger des Teufels gegenüber. Das Lexikon von Gut und Böse ist aber nicht für religiöse Normalverbraucher gedacht, sondern wird in den Stützpunkten des Opus Angelorum (lat. Engelwerk) streng unter Verschluß gehalten. Zugang zu den wenigen hundert Exemplaren des Buches haben lediglich Mitglieder der umstrittenen katholischen Vereinigung. Sie erhalten dafür eine detaillierte Schilderung dessen, was sich jenseits von Eden in puncto Apokalypse so alles tut.

Um die Höllenbrut wirksam zu bekämpfen, ist es für die gottergebenen Engelwerker besonders wichtig, die Namen und Aufgabengebiete der Dämonen zu kennen. Weiß man erst, welcher böse Geist sein Unwesen treibt, hat man auch schon halb gewonnen. Zweckdienlich ist hier vor allem die Rubrik »Gegenmittel«. Im Anschluß an die Beschreibung jedes einzelnen Dämons werden im Handbuch die Engel aufgeführt, die ihn am wirksamsten bekämpfen können. Ist zum Beispiel *Abbadon*, der »Dämon der Sinneslust«, am Werk, so kann er schnell durch die Anrufung der »Engel der Abwehr«, *Barachiel*, *Manuel* und *Esdrael* in die Schranken gewiesen werden. Im Endkampf, den »Tagen des Zerfallens der Schöpfung«, sind auch noch die sieben *Zornschalen*-Engel hilfreich.

Die nützlichen Tips und Tricks haben die frommen Engelwerker von ihrer Gründerin Gabriele Bitterlich (1896–1978), einer Hausfrau aus Wien, die im Engelwerk auch heute noch liebevoll »Mutter« genannt wird. Das Haus Bitterlich hatte schon immer eine besondere Beziehung zu den Engeln. Tochter Roswitha (*1920), eine begabte Malerin, entdeckte schon im zarten Alter von zweieinhalb Jahren ihr zukünftiges Lieblingssujet. Titel ihres ersten Opus: »Roswitha mit zwei Schutzengeln«. Vierzehn Jahre danach folgte der erste Katalog mit 359 Engelbildern. Das Bild Nummer 295 zeigt einen Würgengel. »Halb über, halb unter der Erde dringt das Gespenst des Würgengels auch durch die Häuser und greift aus Torbogen und winkeligen Gassen nach den verzweifelten Opfern«, heißt es in der Bildunterschrift. Jahrzehnte später gestaltete Roswitha Bitterlich sogar die Kapelle der Zentrale des Engelwerkes auf dem Tiroler Petersberg bei Silz. Das Motiv war klar: Engel in allen nur erdenklichen Posen und Situationen.

Die innigste Beziehung zu den himmlischen Lichtgestalten hatte in der Familie Bitterlich aber Mutter Gabriele. Schon als Kleinkind soll sie Visionen von Engeln gehabt haben. Ihre Botschaften, so Gabriele

Bitterlich, waren allerdings nicht immer froh: »St. Raphael rief einmal: ›Und wenn du sündigst, töte ich dich!‹ Das war wie ein Schwerthieb.« Sogar der Leibhaftige soll Bitterlich einmal erschienen sein. »So ist eines Nachts ein wunderbarer großer Engel in der Tür gestanden. Die Augen haben Blitze geschossen, aber sie sind mir merkwürdig kalt vorgekommen, und er hatte trotz seines Prachtkleides, ganz in Weiß und Blau und Silber gehalten, einen schmutzigen Saum. Als er sagte: Ich bin gekommen, dir zu helfen, dich zu holen, da war's so, wie wenn der gute Schutzengel einen an den Schultern halten würde, und ich hab darauf gesagt: Meine Hilfe ist der Herr Jesus Christus. Und im selben Augenblick war der Engel weg.« Einige Zeit später offenbarte ihr der Herr, daß dieser Engel der Teufel höchstpersönlich gewesen war.[76]

Doch damit nicht genug. Immer wieder nahmen der Herr und seine Engel mit Gabriele Bitterlich Kontakt auf und eröffneten ihr ein Engelgeheimnis nach dem anderen. Mit der Niederschrift dieser *Privatoffenbarungen* begann Bitterlich aber erst nach dem Zweiten Weltkrieg auf Geheiß ihres Beichtvaters. Insgesamt 80 000 Manuskriptseiten sollen es bis zu ihrem Tod geworden sein, das »Handbuch des Engelwerkes«, geschrieben 1960, ist nur eine von vielen Schriften der »Mutter« Bitterlich.

Stichwort Privatoffenbarungen[77]

In der katholischen Kirche sind Privatoffenbarungen keine Seltenheit. Im Laufe der vergangenen 2000 Jahre behaupteten verschiedene Menschen immer wieder, daß sie direkt von Christus, Maria oder den Engeln religiöse Botschaften empfangen hätten. Allein die Gottesmutter Maria brachte es während dieser Zeit angeblich auf 918 Erscheinungen.[78] Aber erst in den vergangenen Jahrzehnten scheint sie so richtig auf Touren gekommen zu sein, denn für das 20. Jahrhundert stehen ganze 427 Erscheinungen zu Buche (zehn davon in Österreich). Den meisten Visionen verweigerte die Kirche jedoch die Anerkennung. Selbst die wenigen »legalen« Offenbarungen gehören nicht zum katholischen Glaubensgut. Die Kirche betrachtet die Heilslehre Christi bereits als abgeschlossen, kein Katholik ist daher verpflichtet, an neu auftauchende Privatoffenbarungen zu glauben. Viele tun das doch, und so werden die Erscheinungsorte oft zu Pilgerstätten für Millionen Gläubige. Die bekanntesten derartigen Wallfahrtsorte befinden sich im portugiesischen *Fatima* (Maria erschien drei Kindern jeweils am 13.

der Monate Mai bis Oktober des Jahres 1917; 1930 anerkannt) und im französischen *Lourdes* (Bernadette Soubirous hatte 1858 dort mehrere Marienerscheinungen; 1862 anerkannt). Nach Lourdes pilgern jährlich über zwei Millionen Menschen, die meisten erwarten sich von der Gottesmutter die Heilung verschiedenster Krankheiten. Bis heute hat die katholische Kirche rund 60 Heilungen offiziell als Wunder anerkannt.
Doch auch die von der kirchlichen Autorität nicht anerkannten Offenbarungen erfreuen sich in den vergangenen Jahren immer größerer Beliebtheit, vor allem in erzkonservativen katholischen Kreisen. Das wohl bekannteste Beispiel der jüngsten Geschichte ist der bosnische Marienwallfahrtsort *Medjugorje*. Seit 1981 soll Maria dort sechs Kindern als »Königin des Friedens« erscheinen und zu Bekehrung, Gebet und Fasten aufrufen. Bald bildete sich eine große Medjugorje-Bewegung, aus der Gebetsgruppen wie die »Oase des Friedens« hervorgingen. Ortsbischof Pavao Zanic aus Mostar ist einer der schärfsten Kritiker der Erscheinungen. Seiner Meinung nach haben sich die jungen Seher in zu viele Widersprüche verstrickt, auch für vorgebliche Heilungen gebe es keine Beweise. Unglaubwürdig erscheint Zanic auch, daß Maria in vielen ihrer Wortmeldungen seine bischöflichen Entscheidungen bekrittelt. So wurde in der Zeitschrift »Medjugorje« sogar behauptet, daß der Krieg in Ex-Jugoslawien nur deshalb ausgebrochen sei, weil die dortigen Bischöfe Medjugorje nicht als Wallfahrtsort anerkannten.
Regelmäßige Medienpräsenz erlangte auch der italienische Ort *Montichiari* südlich des Gardasees, in dem es seit 1946 Marienerscheinungen geben soll. Weil sich die Gottesmutter dort »Maria Mystica« nennt, werden weltweit sogenannte »Rosa-Mystica-Statuen« (zu erkennen an den drei Rosen an Mariens Brust) vertrieben. Von den etwa 50 000 in Umlauf befindlichen Statuen sollen nicht weniger als 100 Bluttränen weinen. Die Anerkennung des Vatikans ließ bisher dennoch auf sich warten. Auch den Herren Renato Baron und Don Stefano Gobbi blieb diese Ehre versagt. Zu Baron spricht Maria angeblich seit 1985 in Schio bei Vicenza, Don Gobbi verspürte ihren Ruf schon 1972 in Fatima. »Um all jene Priester zu sammeln, die ihre Aufforderung annehmen, sich ihrem unbefleckten Herzen zu weihen«, gründete Don Gobbi sogar eine eigene *Marianische Priesterbewegung*.
In Österreich erregten die vorgeblichen Marienerscheinungen von *Eisenberg* (ab 1955; Seherin Aloisia Lex starb 1984) und *Wilhelmsburg* (seit 1986; Seherin Aloisia Holzer) Aufsehen. Während Holzers Offenbarungen in einem Buch (»Empfangenes und Geschautes«; Eigenverlag) nachzulesen sind, erbrachte Lex einen anderen »Beweis«. Auf

ihrem Grund bildete sich 1956 als »himmlisches Zeichen« ein 1,2 Meter mal 80 Zentimeter großes Rasenkreuz. Die bekannteste marianische Privatoffenbarung Österreichs ist ohne Zweifel das »*Werk der kleinen Seelen (WKS)*«. Gründerin ist eine 1914 geborene Frau, die lediglich unter dem Pseudonym Marguerite auftritt. Mehrere Jahre lang soll sie Botschaften von Maria, aber auch von Jesus erhalten haben. Das WKS zeichnet sich durch eine massive Ablehnung des Zweiten Vatikanums und der Handkommunion aus. Teile des WKS unterstützten auch ein Buch mit dem Titel »Deine Tage sind gezählt«, das eine schonungslose Abrechnung Gottes mit der heutigen Zeit beinhaltet.
Weniger häufig als Maria zeigen sich Christus und die Engel. Während die Erscheinungen der Engelwerks-Gründerin *Gabriele Bitterlich* die wichtigste Engeloffenbarung darstellen, gelten die Visionen der *Vassula Ryden* (1942 in Ägypten geboren) als interessanteste angebliche Christusoffenbarung. In den Botschaften, die ihr Christus seit 1985 diktiert und die Ryden im Miriam Verlag veröffentlicht (»Das wahre Leben in Gott«, bisher vier Bände), wird vor allem das nahe Ende der Welt beschrieben. Obwohl auch Vassulas Offenbarungen nicht anerkannt sind, erfreut sie sich einer immer größeren Anhängerschaft in der katholischen Kirche.

Gleichzeitig mit der Aufzeichnung der himmlischen Visionen begann auch der Aufstieg des Engelwerkes. 1949 schlossen sich in Tirol erstmals einige Priester zusammen, die sich die Engelverehrung zur besonderen Aufgabe machten. Bereits zwei Jahre danach genehmigte der damalige Innsbrucker Bischof Paul Rusch die für die Aufnahme in die neue Organisation notwendigen Weihestufen. 1961 errichtete Rusch die Organisation offiziell als fromme Gemeinschaft (pia unio) in seiner Diözese. Die geheimen Schriften der Gabriele Bitterlich kannte der Bischof damals freilich nicht.
Das Engelwerk ist seit jeher darauf bedacht, die Details seines heroischen Kampfes gegen den Untergang der Menschheit geheimzuhalten. Alle Mitglieder legen ein Schweigeversprechen ab, das sie verpflichtet, nichts über die Organisation nach außen dringen zu lassen. Zu dieser sogenannten Arkandisziplin kommt noch ein stark ausgeprägtes Auserwählungsbewußtsein. Im Vorwort zum Handbuch heißt es: »Wir sollen uns die Art und Weise der Engel zu beten, zu denken und zu handeln zu eigen machen, denn der Endkampf im Schöpfungsablauf wird mit geistigen Waffen geführt werden. Wir sollen wahrhafte Schutzengel für unsere Mitmenschen werden.«
Diese hohen Ansprüche an die Mitglieder erfordern auch gestrenge

Aufnahmekriterien für das Werk der heiligen Engel. Potentielle Anhänger, die meist bei Exerzitien und Einkehrtagen in den Zentren der Organisation rekrutiert werden, müssen erst die Liebe zu ihrem Schutzengel unter Beweis stellen. Am Anfang steht das *Schutzengelversprechen*, eine Art Vorstufe zur eigentlichen Aufnahme in das Engelwerk. Die Kandidaten erklären dabei feierlich, sich in Zukunft enger an die von Gott gesandten Schutzengel zu binden: »Wir versprechen hier vor Deinen Augen, diesen unseren Begleiter zu lieben und auf ihn zu horchen, wenn er in der Stimme des Gewissens zu uns spricht. Er soll uns sicher in den Himmel führen!« heißt es im Versprechen.

Mitglied des Engelwerkes wird allerdings nur, wer von einem Priester der Organisation die *Schutzengelweihe* erhält. Mit ihr beginnt die Erziehung des Menschen durch seinen persönlichen Schutzengel. Vor der Weihe muß der Beitrittswillige allerdings einem Engelwerkspriester noch 24 Fragen zu dessen Zufriedenheit beantworten. Dasselbe Spiel, mit 21 neuen Fragen, wiederholt sich vor der *Engelweihe*. Diese Weihestufe kommt praktisch einer Vermählung des Engelwerkers mit seinem Engel gleich. Die Mitglieder verpflichten sich, mit ihren Engeln gegen die teuflischen Dämonen zu kämpfen. Die dreiteilige *Sühneweihe* intensiviert diese Aufgabe noch: Auf Stufe eins sühnt der Kandidat für die Seelen der Menschen, auf Stufe zwei für Priester und andere Gottgeweihte, und auf Stufe drei für die geheimen Aufgaben des Engelwerkes.

Aus dem »Merkblatt für die Schutzengelweihe«*

1. Liebt der Kandidat seinen Engel wirklich, wie ist der Kontakt zu ihm?
2. Praktiziert er bereits mit seinem Engel eine Zusammenarbeit, wie?
4. Wie ist der Kandidat zum Engelwerk gestoßen? Durch wen?
9. Welche Schriften des Werkes hat er studiert, was weiß er davon, wie hält er die Arkandisziplin?
10. Liebt der Kandidat die vornehmlichste Engelaufgabe: die Anbetung GOTTES, die Verherrlichung GOTTES, die Liebe GOTTES?

---

* Beide ausgefüllten Merkblätter, die hier in Auszügen wiedergegeben sind, müssen den Namen des Kandidaten und die Unterschrift des befragenden Weihepriesters tragen.

11. Bittet er seinen Engel um das Licht, die hl. Schrift richtig zu verstehen, das Wort GOTTES klar zu erfassen? Bittet er ihn um die Kraft, das Erkannte auch im Leben anzuwenden?
13. Ist der Kandidat offen für das Horchen, das Gehorchen, das Schweigen, will er hinhorchen auf seinen Engel, wie ist die Liebe, die Treue, der Gehorsam zur hl. Kirche, zum Heiligen Vater? Hat er Zucht im Reden und ist nicht geschwätzig, nicht ausgegossen? Liebt er das Schweigen, das Ruhen in GOTT?
16. Weiß der Kandidat, daß mit der Schutzengelweihe eine strenge Erziehung am eigenen Charakter einsetzen soll, weil er durch seinen Engel innerlich gewandelt und engel-gleich werden soll? Arbeitet er energisch an seinen Fehlern, will er sich im Werk ein- und unterordnen?
17. Pflegt er darum die tägliche Gewissens-Erforschung und benützt er gerne das hl. Bußsakrament zur Erlangung der Gnaden des Starkmutes und der Unterscheidung?
23. Verkehrt er in Kreisen, die eine Engelverehrung ablehnen? Wie verhält er sich?

Aus dem »Merkblatt für die Engelweihe«

1. Warum möchte der Kandidat die Engelweihe ablegen, geht es ihm wirklich um eine ernsthafte Engelnachfolge bis zur Kreuznachfolge?
4. Haben sich seit der Schutzengelweihe die Charakterfehler gebessert, ist er in der Liebe zum Gebet, zum Gehorchen, Schweigen gewachsen, ist seine Nächstenliebe wirklich liebend?
7. Hat sich seine Liebe zum Engel, zum Werk und zu den gemeinsamen Interessen des Werkes vertieft und vergrößert, gestärkt?
8. Ist seine ganze Haltung und Einstellung die eines Engelbruders (einer Engelschwester) geworden? Meidet er Kritik, nachteiliges Erzählen über andere?
10. Hat sich das Wissen des Kandidaten schon aus den Schriften des Werkes bereichert? Ist er schon imstande, herrschende Täuschungen, Verneblungen, Angriffe von dämonischer Seite her zu erkennen?
13. Weiß der Kandidat, daß er mit der Engelweihe verstärkten Angriffen des Bösen ausgesetzt sein kann? Wie bereitet er sich darauf vor?
18. Hat der Kandidat sich selber in das Werk der Engel und die Brüder und Schwestern einordnen können, reibt er sich an welchen, kritisiert er sie, ist er unzufrieden? Womit? Verursacht er selber Spannungen, Spaltung, Streit?
19. Liebt er das Werk der hl. Engel, die Pflichten im Werk, das Leben wie der Engel?

Das Engelwerk ist weltweit in 60 Diözesen vertreten, die Organisation selbst beziffert seine Mitgliederzahl auf knapp 20 000 Menschen. So viele haben zumindest die Schutzengelweihe hinter sich gebracht. Dazu kommen allerdings noch über eine Million Sympathisanten, die das Werk zum Teil auch finanziell unterstützen. 50 000 davon leben allein in Österreich, der Wiege des Engelwerkes. 1965 erstand das Werk eine mittelalterliche Burg auf dem Petersberg bei Silz (Tiroler Oberinntal) und renovierte sie äußerst großzügig. Die österreichische »Engelsburg« ist seither das eigentliche Zentrum der Organisation. Kleinere Niederlassungen gibt es auch in Innsbruck, Linz und Wien. Exerzitien und Einkehrtage werden in ganz Österreich abgehalten.

Größere Verbreitung erlangte die Organisation auch in den meisten anderen mitteleuropäischen Staaten: Das deutsche Zentrum ist Schondorf am Ammersee, das Schweizer Sekretariat befindet sich in Flüeli. Osteuropa wird erst seit der Wende 1989 missioniert. Vor allem der aus der Slowakei stammende Bischof Paul Hnilica, selbst Mitglied des Engelwerkes, ist dort im Auftrag der heiligen Engel vom Petersberg unterwegs. Außerhalb Europas reüssiert das Opus Angelorum in Asien und Afrika, vor allem aber in Lateinamerika: Im brasilianischen Anapolis steht auch die bislang einzige Hochschule der Organisation. Auf einem riesigen, von Stacheldraht und Wachtürmen umgebenen Anwesen werden dort junge Engelwerker zu Priestern ausgebildet.

Nach ihrer Weihe schließen sie sich meist den Priestergemeinschaften der Bewegung an. Im Opus Angelorum haben diese Klerikervereinigungen großen Einfluß, aber selbst innerhalb der Gemeinschaften gibt es noch eine klare Hierarchie: Die *führende Gruppe* umfaßt Priester, die dem Werk oft schon seit Jahrzehnten nahestehen. Sie sind vor allem für die Umsetzung der strengen Richtlinien der Organisation verantwortlich. Ihnen zur Seite stehen eine *beratende* und eine *bewahrende Gruppe*. Letztere umfaßt vor allem Priester der »bedrängten und ringenden«[79] Kirche, die sich mit Hilfe von Exerzitien und den Weihen der Organisation Kraft für den Alltag holen.

Die eigentliche Elite findet sich aber im *Orden der Regularkanoniker vom Heiligen Kreuz* (seine Mitglieder führen das Kürzel ORC hinter ihrem Namen). Rechtlich vom Engelwerk unabhängig, sammeln sich in ihm doch die besten Köpfe der Organisation. Der Orden wurde 1977 ins Leben gerufen, vor allem um sich der Autorität der Ortsbischöfe zu entziehen. Von einigen Hirten war nämlich Kritik an der

Praxis des Opus Angelorum laut geworden. Versuche, eine Gemeinschaft päpstlichen Rechts zu errichten, führten allerdings zu Problemen. Bei der Neugründung eines Ordens hätte die Engelwerksführung nämlich eine genaue Prüfung der Statuten in Kauf nehmen müssen. Die Lösung fand sich in Portugal: Dort stießen die Engelwerker auf eine Bruderschaft, deren letzter Angehöriger 1904 gestorben war. Die Priester des Opus hauchten dem ausgestorbenen Orden, freilich ohne weitere Prüfung der Statuten durch den Vatikan, einfach neues Leben ein und avancierten so zu weitgehend unabhängigen Patres. Heute tummeln sich im wiederbelebten Orden der Regularkanoniker vom Heiligen Kreuz wieder 160 Brüder, die Schwesterngemeinschaft zählt 150 Mitglieder.

Die Kritik an den Prinzipien der Engelwerker verstummte damit nicht. Im Gegenteil: 1987 erreichte sie sogar einen unvermuteten Höhepunkt. Die Engel *St. Abbael*, *Hajim* und *Phanael* hatten offensichtlich versagt. Sie konnten nicht verhindern, daß die Dämonen der Verleumdung, *Amalek*, *Ischel*, *Sazar*, *Nahebaz* und *Chus*, einen furchtbaren Schlag gegen das Engelwerk landeten. Die Dämonen spielten dem Engelwerks-kritischen Münchner Weihbischof Heinrich Graf von Soden-Fraunhofen nämlich ein Exemplar des geheimen »Handbuchs des Engelwerkes« in die Hände. Der reichte eine Kopie davon zwar bloß an den Vatikan zur Prüfung weiter, doch wie es der Teufel wollte, bekam auch *Ossumi*, der Dämon der »Hast nach Neuem und Sensation«, Wind davon. Den Rest besorgten *Pharan*, der »Dämon der Medien«, und *Azael*, der Dämon der »Presse, die auch in Tarnung satanshörig ist«.

Überraschend war es also keineswegs, daß noch Wochen nach Bekanntwerden des Handbuchs die heimischen Gazetten voll von Gehässigkeiten gegen die hehre Vereinigung auf dem Petersberg waren. Dort zogen die Schwestern und Brüder endgültig die Köpfe ein und kappten auch die letzten Verbindungen zur Außenwelt. Wenigstens die mittelalterliche Engelsburg wurde so zur uneinnehmbaren Festung für die Satansreporter.

In der Öffentlichkeit war indes ein veritabler Streit über die Ziele der obskuren Engelsanbeter ausgebrochen. Vor allem einige der im Handbuch aufgelisteten gestürzten Engel boten Stoff für Diskussionen. Was sollte man etwa von *Gariol*, dem »Dämon der Abtreibung«, *Cadamoth*, dem »Dämon aller Dirnen, Selbstmörder und falschen Propheten«, *Varina*, dem »Dämon der Onanie und Geilheit«, oder von *Schammaroth*, dem »Dämon der sexuellen Ju-

gendsünden und Ausschweifungen«, halten? Oder welche Absicht verfolgten *Dragon*, der »Dämon der Homosexualität«, *Ahasver*, der »Dämon über allem jüdischen Handel und Gewerbe«, und *Debtah Aglai*, die Dämonengruppe, die »eine Familie über die Frau zerstören kann, indem sie die Frau zu einem Pfau macht, zu einer schönen Katze, die nur auf ihre Geltung, ihren Lebensgenuß bedacht ist«?
Sogar innerhalb der Kirche kamen Zweifel an der Glaubwürdigkeit der »Bitterlichen« Privatoffenbarungen auf. Mit der weitaus harmloseren Engelslehre der katholischen Kirche habe das nichts zu tun, sagten viele, das Handbuch erinnere sie vielmehr an eine Sammlung längst überkommen geglaubter »Volksweisheiten«. Das Engelwerk reagierte auf die massiven Rassismus- und Diskriminierungsvorwürfe freilich nicht, auf solch weltliche Belange wollte man sich dort gleich gar nicht einlassen.
Die 243 Dämonen hatten allerdings Blut geleckt. Sie schossen sich endgültig auf das heilige Werk der Engel ein: Die Medien zerrten immer neue belastende Details ans Licht, im öffentlichen Bewußtsein etablierte sich das Engelwerk zusehends als katholischer Geheimbund. Schuld daran waren aber gar nicht so sehr die bedenklichen Inhalte des geheimen Handbuchs, sondern Gerüchte, wonach sich am Petersberg vor allem menschliche Tragödien abspielten. Von Familien war da die Rede, die durch den Einfluß der Engelwerker vor der Auflösung standen, und von Mitgliedern, die in der Tiroler Engelsburg psychische Höllenqualen litten. Sogar Kirchenvertreter wagten leise die Frage, ob sich nicht hier unter dem Schutzmantel der katholischen Kirche eine gefährliche Sekte entwickelt hatte.

Engelland, abgebrannt

Nachdem Marianne Poppenwimmer, 58, einen neuen Fall erzählt und mit zig Dokumenten belegt hat, lehnt sie sich in ihren Sessel zurück und beruhigt sich langsam. Nach einer kurzen Verschnaufpause meint sie nur: »So arbeitet diese Sekte.« Dann geht es weiter. Poppenwimmer fischt einen neuen Ordner aus einer Kiste und präsentiert den nächsten Pulk an Unterlagen. Wieder prasseln Daten, Fakten, Ungeheuerlichkeiten auf den Zuhörer ein. Im Stakkato handelt die resolute Münchnerin die Chroniken ergreifender menschlicher Schicksale ab.
Stoff dazu hat sie mehr als genug, denn sie organisiert die »Initiative

engelwerksgeschädigter Familien«*. Die treibende Kraft hinter dieser Selbsthilfegruppe haben in den vergangenen sieben Jahren fast 100 Betroffene kontaktiert und um Hilfe gebeten. 30 Familien aus Deutschland und Österreich sind dem Verein Poppenwimmers bis heute beigetreten. »Die meisten anderen trauen sich bloß deshalb nicht, weil sie Repressalien des Engelwerkes fürchten«, sagt Poppenwimmer. Sie, deren eigene Tochter einmal kurzfristig bei den katholischen Reaktionären gelandet war, hat dagegen keine Angst. An die 100 Vorträge hat sie bisher über das Engelwerk gehalten, die Säle waren dabei noch jedesmal gerammelt voll. Auf ihrer Aufklärungstour durch Deutschland und Österreich präsentiert sie Auszüge aus ihren »gesammelten Werken«. Das sind 45 Ordner, prall gefüllt mit belastendem Material gegen das Engelwerk. Aufbewahrt werden sie aber nicht in ihrer Wohnung, da lagern höchstens noch Duplikate. »Nach der Gründung der Initiative wurde sogar einmal in meiner Wohnung eingebrochen«, erzählt Poppenwimmer: »Ich kann zwar nicht beweisen, daß es Engelwerker waren, aber ich bin vorsichtig geworden. Die 45 Ordner mit allen Originaldokumenten lagern jetzt bei zuverlässigen Freunden und Bekannten, deren Adressen dem Engelwerk mit Sicherheit unbekannt sind.«
Alljährlich im Mai lädt Poppenwimmer die engelwerksgeschädigten Familien nach München. Da werden dann vor allem Erfahrungen ausgetauscht, die neuen Mitglieder machen den Anfang: Der eine erzählt von seiner Frau, die ihm das Werk abspenstig gemacht hat, die andere berichtet von ihrer Tochter. Seit die dem Engelwerk beigetreten ist, sagt die Frau, ist sie gar nicht mehr wiederzuerkennen, so verschlossen und weltfremd ist sie geworden. Nach Hause kommt sie ohnehin nur selten. Für Marianne Poppenwimmer sind das zwei Probleme mehr, die sie allerdings kaum mehr aus der Fassung bringen können. »Mir sind mehrere Fälle bekannt, in denen ehemals völlig normale Jugendliche im Engelwerk in einen religiösen Wahn verfielen, Schuldkomplexe entwickelten und sogar in psychiatrischen Kliniken landeten. Dort müssen sie zum Teil seit Jahren behandelt werden«, sagt Poppenwimmer. Sie weiß auch von einigen Ehen, die durch das Engelwerk zu Bruch gegangen sind, und von »drei Menschen, die nach jahrelanger Gehirnwäsche Selbstmord begangen haben«.

---

* Betroffene können sich unter der Telefonnummer 0049/89/6708279 an Frau Poppenwimmer wenden.

Ein solch mysteriöser Todesfall war auch der von Anna Maria Lagos (1943–1971). Die Chilenin hatte am Petersberg bei Silz gelebt und war nach Aussagen eines Ex-Mitglieds des Engelwerkes auf »äußerst rätselhafte Weise ums Leben gekommen«. Lagos hatte, nachdem sie von einem Werkspriester menschlich tief enttäuscht worden war, keinen Ausweg mehr gesehen und der damals noch lebenden »Mutter« Bitterlich angekündigt, sich umzubringen, so das frühere Mitglied. »Nach dieser Äußerung verschwand sie vom Petersberg, wobei nichts unternommen wurde, dem Mädchen gut zuzureden und sie von ihrem Vorhaben abzuhalten.«[80] Erst gegen Abend seien ihr dann einige Priester gefolgt, um die junge Frau zu suchen. Gefunden wurde sie allerdings erst am nächsten Morgen: tot, in einem Bach treibend. Gab man im Engelwerk anfangs den tragischen Selbstmord noch zu, so wurde er später zu einem »Unfall« umgedeutet. Das ehemalige Mitglied ist sich in seiner Beurteilung sicher: »Die junge Frau suchte Menschlichkeit und Verständnis und wurde durch den eiskalten Bitterlich-Mystizismus in den Tod getrieben.« Heute erinnert an die junge Südamerikanerin nur noch ein schlichtes Grab an der Mauer der Engelsburg, gleich in der Nähe der letzten Ruhestätte der Gründerin Gabriele Bitterlich.

Den Freitod wählen freilich nur die wenigsten Mitglieder. Die meisten betroffenen Angehörigen der »engelwerksgeschädigten Familien« gelangen aber in eine totale Abhängigkeit der geistigen Engelwerksführer und entfernen sich Schritt für Schritt von ihren Verwandten. Klaus Karl, Studiendirektor aus der Nähe von Regensburg, mußte das im Falle seiner Frau leidvoll erfahren. Seine Ehe, die fast 20 Jahre lang friktionslos bestand und aus der fünf Kinder hervorgingen, brach plötzlich in Stücke, als seine Frau den Weltenburger Abt Thomas Niggl kennenlernte. Niggl, eine wesentliche Stütze des Engelwerkes in Deutschland, besuchte Frau Karl mehrmals und machte sie »ganz einfach verrückt« (Klaus Karl). Sie errichtete, so Karl weiter, binnen kurzer Zeit zwei Altäre, einen in der Küche, einen im Eßzimmer; sie schlief nur noch mit einem Rosenkranz in der Hand und zog schlußendlich mit den zwei kleineren Kindern aus.

Der Deutsche Peter Michael Obermeier war selbst bis in die frühen achtziger Jahre Mitglied im Engelwerk. Der Aussteiger erinnert sich heute an massive Kontrollen der einzelnen Mitglieder auf dem Petersberg bei Silz: »Die haben unsere Zimmer, Schreibtische und Briefe überprüft.« Schlimm sei vor allem die fatalistische Glaubensauffassung gewesen. Obermeier: »Angst, Weltuntergang und Dämonen haben unsere Gehirne beherrscht. Exorzismen waren an der Tagesordnung, weil überall der Feind lauerte. Wer das Werk verlassen wollte, war ein Verräter, ein Sohn des Teufels, ein Judas, der mit dem Antichrist im Bunde stand.« Als er sich vom Engelwerk abwandte, so Obermeier, versuchte man ihn mit allen Mitteln einzuschüchtern.»Doch ich wäre bereit gewesen, vor Gericht gegen das Engelwerk auszusagen, um die Wahrheit ans Tageslicht zu bringen«, sagt Obermeier.

Zu Prozessen gegen das Engelwerk kam es bislang freilich nicht. »Obwohl genug belastendes Material vorhanden wäre«, meint Marianne Poppenwimmer. In ihren Ordnern finden sich Unterlagen, die auch die Finanzgebarung des Engelwerkes als wenig christlich erscheinen lassen.»Dieser innerkatholischen Sekte geht es genau wie der Mun-Sekte oder den Scientologen nur um Macht und Geld«, sagt Poppenwimmer. Sie zeigt Unterlagen über Hotelkäufe und Bettelbriefe, die zu Tausenden verschickt werden. Mitunter versucht das Engelwerk auch an lukrative Erbschaften zu gelangen, potentiellen Kandidaten werden da sogar vorgedruckte Testamentsformulare in die Hände gedrückt.»Mein Wille ist es«, steht auf einem Vordruck zu lesen,»daß nach meinem Ableben das Kloster des Ordens der Regularkanoniker vom Heiligen Kreuz e.V. den Rest meines Geldes bei (Bankinstitut/Kontonummer) sowie den Rest meines Postscheckkontos (Nummer/Postamt) erhalten soll.« Im Postskriptum heißt es erklärend:»Das Testament ist somit ganz einfach und kurz zu fassen. Sollten Sie jedoch ein Sparkonto haben oder ein Sparbuch, müßte auch dieses angeführt werden.«

Geldsorgen hat das Engelwerk in keinem Fall. Die finanziellen Zuwendungen der Mitglieder und Sympathisanten kennen kaum Grenzen. Am Fuße des Petersbergs wird seit 1997 ein riesengroßes internationales Zentrum für insgesamt 40 Schwestern der Organisation gebaut. Für Aufregung sorgte auch die Bilanz eines Überfalls auf die Engelwerkszentrale im brasilianischen Anapolis: Den Räubern fielen im Mai 1992 insgesamt 150 000 Dollar, acht Millionen Deutsche Mark, 400 holländische Gulden, 10 000 Cruzados, 1 250 Kilogramm Goldbarren und eine 7,65er-Pistole in die Hände.

Der augenscheinliche Reichtum der Organisation, vor allem aber die menschlichen Dramen, die sich hinter den Engelwerksmauern abspielten, ließen das öffentliche Interesse an den Machenschaften der apokalyptischen Sekte nicht abreißen. Die Sozialarbeiterin Veronika Zak widmete den oft verheerenden sozialen Folgen der Engelwerks-

spiritualität eine Diplomarbeit.[81] Der Chefredakteur des katholischen Wochenblattes »Die Furche«, Heiner Boberski, verarbeitete die fragwürdigen theologischen Grundlagen und die Praxis der umstrittenen Gemeinschaft in dem gut 300 Seiten starken Buch »Das Engelwerk. Theorie und Praxis des Opus Angelorum«. In Anlehnung an ein wahres Engelwerksschicksal wurde sogar ein Spielfilm mit dem Titel »Verkaufte Seele« gedreht.
1991 rauschte dann die Nachricht von einer jungen Frau, die nach einem Aufenthalt auf dem Petersberg beinahe ums Leben gekommen war, durch den österreichischen Blätterwald. Der »Kurier« titelte in Balkenlettern: »Sieben Tage durch die Hölle«.[82] Die Frau, die diesen Trip hinter sich gebracht hatte, war die 26jährige Waldviertlerin Elisabeth Huber. Geplagt von Depressionen, war sie zu einer religiösen »Bergwoche« des Engelwerkes nach Tirol aufgebrochen, um dort wieder den nötigen seelischen Ausgleich zu erlangen. Eine Schwester riet ihr dort gleich zu Beginn, ihre Antidepressiva abzusetzen und auf Gebet und Beichte zu vertrauen. Diese Strategie ging schief: Als die ohnehin angeschlagene Huber auch noch mit den obskuren Lehren des Opus Angelorum konfrontiert wurde, drehte sie durch. Sie bekam Angst vor dem »Fluch eines Paters« und den »Dämonen des Engelwerkes«. Schließlich floh sie vom Petersberg, zerriß ihre gesamten persönlichen Dokumente und warf ihre Wertgegenstände weg, aus Angst, in ihnen säße der Teufel. Schließlich vergrub sie sich selbst unter Steinen und Laub. Karl Huber, der Bruder der Vermißten, fand seine völlig erschöpfte und abgemagerte Schwester erst nach sieben Tagen. Später erzählte Elisabeth Huber über die Engelwerker: »Die arbeiten sehr viel mit verschiedenen sehr intensiv riechenden Ölen und auch mit Weihrauch. An der Wand unseres Zimmers unter der Decke entdeckte ich Düsen, aus denen die ganze Nacht duftender Dampf in unser Zimmer einströmte. Hinzu kam, daß ich während der Nacht immer wieder Schreie hörte, auf die ich mir keinen Reim machen konnte.«[83]
Der Fall Elisabeth Huber brachte das Faß endgültig zum Überlaufen. Der Tiroler SPÖ-Abgeordnete Lothar Müller richtete eine parlamentarische Anfrage an den Justizminister Nikolaus Michalek. Dessen Reaktion fiel zwar dürftig aus: »Nach dem Bericht der Staatsanwaltschaft Innsbruck sind in diesem Zusammenhang keine Verfahren anhängig«, hieß es im Antworttext. Doch dafür begann sich in der katholischen Kirche einiges zu regen. Nachdem schon ein Jahr zuvor die Österreichische Theologische Kommission und der damalige

Innsbrucker Bischof Reinhold Stecher kritisch zum »Handbuch des Engelwerkes« Stellung genommen hatten, setzte nun Klaus Egger, der Generalvikar der Diözese, nach. Er richtete in einer Erklärung einen dringenden Appell an die Glaubenskongregation in Rom, in der Causa Engelwerk endlich ein Machtwort zu sprechen.
1992 war es dann soweit. Die römische Glaubenskongregation, die dem Engelwerk schon neun Jahre zuvor mehrere eher zahnlose Auflagen gemacht hatte, erließ ein scharfes Dekret, das dem Opus Angelorum einige seiner wichtigsten Grundlagen raubte. In Punkt eins des Dekretes hieß es etwa: »Die aus den angeblichen Offenbarungen Gabriele Bitterlichs stammenden Theorien über die Welt der Engel, deren persönliche Namen, Einteilungen und Funktionen dürfen in der Organisation und im Baugerüst des Engelwerkes sowie im Kult, in den Gebeten, in der geistlichen Bildung, in der öffentlichen und privaten Spiritualität, im Seelsorgedienst oder im Apostolat weder gelehrt noch in irgendeiner Weise explizit oder implizit verwendet werden.«
Neben den Privatoffenbarungen Bitterlichs wurden in den weiteren Punkten des Dekrets auch noch die gesamten davon abgeleiteten Schriften, alle Engelweihen, übertriebene Exorzismen sowie die Fernspendung von Sakramenten untersagt. Das traf das Engelwerk härter als das Predigtverbot für die Priester der Organisation, das in einigen deutschen Diözesen ausgesprochen worden war. Das Dekret aus Rom entzog den Engelwerkern praktisch ihre Existenzgrundlage: Sie hatten ihr Handbuch verloren, ihre schöne Welt von Gut und Böse, in der jeder Engel, jeder Dämon seinen genau definierten Platz hatte. Engelland war abgebrannt.

Potemkinsche Burg

Hoch über Silz auf dem St. Petersberg thront die Tiroler Engelsburg, der österreichische Stammsitz des Engelwerkes. Das Gemäuer aus dem 12. Jahrhundert gemahnt an die Kulissen des Filmklassikers »Der Name der Rose«. Neben dem riesigen, mittelalterlichen Burgtor prangt ein Schild: »Privatbesitz. Keine Besichtigung – keine Führung«, steht dort knapp zu lesen. Doch diesmal macht Philippus Seeanner, seit 1994 Prior des Kreuzorden-Klosters, eine Ausnahme. Freundlich lächelnd steht er da und empfängt als erster Prior seit Jahren wieder einen Journalisten. »Sie müssen verstehen«, sagt Pater

Philippus, »wir haben schlechte Erfahrungen gemacht.« Trotzdem nimmt er sich eine gute Stunde Zeit, um »einige Vorurteile hoffentlich endgültig aus der Welt zu schaffen«. Davor gibt es aber noch eine kleine Burgführung. Über eine Stiegenanlage geht es zum prächtigen Arkadenhof, von da zum höchsten Turm der Burg. Dort wartet bereits der Lift. Die letzten paar Höhenmeter werden zu Fuß zurückgelegt. An eine Burgzinne gelehnt erklärt Pater Philippus dann, was das pitoreske Panorama des Oberinntals so alles zu bieten hat.

Auch im anschließenden Gespräch über die öffentlichen Angriffe gegen seine Organisation (siehe Seite 138) bleibt der eloquente Mann ruhig und liebenswürdig. Obwohl er auf so manche Frage »lieber nicht« antwortet, bringt ihn doch keine so richtig aus der Fassung. Er wolle die Auflagen Roms selbstverständlich erfüllen, sagt Pater Philippus, und das gelte nicht nur für ihn, sondern auch für den Kreuzorden und das gesamte Engelwerk. Die Privatoffenbarungen der Gabriele Bitterlich würden im Werk nicht mehr verwendet, beteuert er, die Grundlage des Glaubenslebens sei »natürlich« die Bibel.

Nach dem Dekret der römischen Glaubenskongregation im Jahre 1992 hatten die Stellungnahmen aus dem Engelwerk noch anders ausgesehen. Der damalige Pressesprecher der Organisation, Franz Ritzinger, hatte schon 1990 in einer hitzigen »Club 2«-Debatte[84] im österreichischen Fernsehen gemeint, daß ein Verbot des Handbuchs einem »Todesstoß« für die Organisation gleichkommen würde. Nach der Veröffentlichung des Dekrets sparte auch der langjährige Obere des Petersberger Klosters und Sohn der Gründerin, Hansjörg Bitterlich, nicht mit Kritik. Enttäuscht vom Verbot der Privatoffenbarungen seiner Mutter bezeichnete er das Schreiben der Glaubenskongregation in einem Interview für die Zeitschrift »Academia«[85] (herausgegeben vom ÖVP-nahen Cartellverband) als »politische Entscheidung«. »Man möchte damit die aufgebrachte Menge zur Ruhe bringen«, sagte Bitterlich, »man möchte die Wellen glätten.« Das Dekret sei »schädlich für die Kirche Gottes«, aber, so Bitterlich weiter, »es kommt der Zeitpunkt, wo die Kirche nach dem Engelwerk rufen wird«.

Mit seinem Interview löste Bitterlich jedoch nur Rufe nach seiner Ablöse aus. Der Generalobere des Kreuzordens in Rom und der leitende Priester des Engelwerkes distanzierten sich öffentlich von seinen Aussagen: Diese würden lediglich Bitterlichs private Meinung wiedergeben und keineswegs der Position der Werks- und Ordenslei-

tung entsprechen. Sowohl der Generalobere als auch der leitende Priester bekannten sich »vorbehaltlos zu allen Verfügungen des Heiligen Vaters«.
Diese Erklärung bedeutete Bitterlichs bitteres Ende im Kreuzorden. Er wurde vom Orden auf dem Petersberg seiner Funktion enthoben und exklaustriert*. Sein neues Domizil schlug er im Salzburger Fusch auf, wo der Industrielle Herbert Turnauer dem Engelwerk das ehemalige und bereits stark verfallene Kurhotel zum Geschenk gemacht hatte. Bald darauf entstand in Fusch die »Gesellschaft für religiöse Brauchtumskunde«. Der Salzburger Erzbischof Georg Eder verweigerte dem Verein allerdings die Anerkennung, außerdem verbot er dem Engelwerkspriester, der in Fusch ein Zentrum aufbauen wollte, jegliche seelsorgliche Tätigkeit.
Mit der Abwanderung Pater Bitterlichs hatte sich das Engelwerk faktisch in zwei Lager gespalten: in eine große, scheinbar gemäßigte Gruppe, die die Leitlinien Roms klar befolgen wollte, und in einen kleinen, unnachgiebigen Kreis rund um Pater Bitterlich. Auch unter den Mentoren und befreundeten Organisationen des Engelwerkes verliefen ähnliche Fronten. Während auf seiten Bitterlichs nur der Deutsche Claus Peter Clausen mit seinem ultrakonservativen katholischen Nachrichtendienst »Der schwarze Brief« in den Ring stieg und von »einer inneren Zerstörung des Engelwerkes« und einer »notwendigen Neugründung unter anderem Namen« schrieb,[86] hielten alle anderen am »offiziellen« Engelwerk fest.
Obwohl das Opus Angelorum nicht über einen derartigen innerkirchlichen Einfluß verfügt wie zum Beispiel das Opus Dei, kann sich auch sein »Freundeskreis« sehen lassen. Weltweit gehören dem Engelwerk nach eigenen Aussagen insgesamt 50 Bischöfe an, einer davon soll sogar in Österreich werken. In der katholischen Kirche Österreichs ist es ein offenes Geheimnis, daß es sich dabei nur um den St. Pöltner Ordinarius Kurt Krenn handeln kann. Der allerdings bestreitet, wie auch alle anderen österreichischen Bischöfe, seine Mitgliedschaft. Sicher ist nur soviel: Krenn schätzt das Engelwerk und ernannte mit Reinhard Knittel auch einen Kleriker zu seinem geistlichen Assistenten, der für die brasilianische Diözese Anapolis geweiht ist. Mitunter geschieht es sogar, daß Krenn höchstpersönlich Priesterkandidaten für diese dem Engelwerk nahestehende Diö-

---

* Das heißt, er lebt auf Dauer außerhalb des Klosters.

zese weiht. Neben Krenn zählen auch noch »Pornojäger« Martin Humer und einige Lehrende an der Zisterzienserhochschule im niederösterreichischen Heiligenkreuz zu den österreichischen Freunden des Engelwerkes. Der Professor für Sozialethik, Robert Prantner, und die Patres Bernhard Vosicky und Meinrad Tomann sind sogar Mitglieder im Werk.

Die innerkirchlichen Querverbindungen des Opus zu anderen Organisationen lassen sich am besten anhand der Mitgliederliste des »Vereinten Apostolates Mariens« (VAM)[87] ablesen. In dieser insgesamt 15 streng marianische Bewegungen umfassenden Dachorganisation finden sich nicht nur Personen, die dem Engelwerk sehr nahe stehen oder ihm sogar angehören, sondern auch Mitglieder anderer reaktionärer Gemeinschaften der Kirche: Neben Vertretern der »Servi Jesu et Mariae (SJM)« und der mit diesem Orden sehr eng verknüpften »Katholischen Pfadfinderschaft Europas (KPE)« auch Mitglieder der Medjugorje-Bewegung und, ohne offizielles Mandat, ein Priester der Priesterbruderschaft St. Petrus. In der Diözese Augsburg wurde das VAM mit einem rigorosen Veranstaltungs- und Werbeverbot belegt, weil es mit einem Manifest gegen die Straffreiheit für abtreibende Mütter aufgetreten war.

Das Engelwerk geht solchen Skandalen seit den Auflagen des Vatikans aus dem Weg. Nach dem Verbot des VAM in Augsburg zog das internationale Engelwerkszentrum in Rom seine Mitgliedschaft in dieser Organisation offiziell zurück. Obwohl das an der Teilnahme einiger engelwerksnaher Priester im VAM nichts geändert hat, bauen die Verantwortlichen mit solchen Entscheidungen doch langsam weitverbreitete Ressentiments in der Kirche ab. Das zeigt sich nicht zuletzt auch rund um den Tiroler Petersberg. Während sich die Diözese Innsbruck abwartend zeigt und die Entwicklung des Opus Angelorum erst über einen längeren Zeitraum beobachten will, ist der Dorfpfarrer von Silz, Josef Tiefenthaler, schon Feuer und Flamme für die neue Frömmigkeit der Patres vom Petersberg. »Der Kontakt zum Engelwerk ist sehr gut«, sagt Tiefenthaler, »die Brüder und Schwestern helfen uns auch immer wieder in der Pfarre aus. Vor allem der neue Prior ist sehr zuvorkommend.«

Pater Philippus ist natürlich tief gerührt. Er sieht seinen neuen Kuschelkurs bestätigt. Die Sektenvorwürfe gegen das Engelwerk sind für ihn Schnee von gestern. Er gibt sogar zu, daß in der Vergangenheit Fehler passiert sind: »Zu uns kamen viele kranke und psychisch belastete Menschen. Man hatte früher mit solchen Fällen noch zu wenig Erfahrung und glaubte, daß man derartige Nöte in der Gemeinschaft allein heilen kann. Heute wissen wir, daß diese Menschen auch ärztlicher Hilfe bedurft hätten.« Damit ist das Thema erledigt.

Eine findet die neue Fassade der Tiroler Engelsburg gar nicht hübsch: Marianne Poppenwimmer von der »Initiative engelwerksgeschädigter Familien«. Ihre Betreuungsfälle haben sich seit dem Dekret aus Rom keineswegs verringert. »Hinter den Mauern des Engelwerkes spielt sich noch genau dasselbe wie früher ab«, vermutet Poppenwimmer, »das Dekret hat daran leider überhaupt nichts geändert.«

Ein Beispiel für die unveränderte Strategie des Opus Angelorum, seine Mitglieder von der Außenwelt abzuschotten, ist der Fall Eleonore Berger. »Anfang Februar 1998 ist sie 32 Jahre alt geworden«, sagt ihr Bruder Alois: »Das hoffe ich zumindest.« Genau weiß er es nämlich nicht, denn zusammen mit seinen Eltern wartet er nun schon seit mehr als sieben Jahren vergeblich auf ein Lebenszeichen seiner Schwester.

Im August 1989 hatte Eleonore Berger aus Pichl bei Windischgarsten den Entschluß gefaßt, ihren Job als Krankenschwester an den Nagel zu hängen und dem Engelwerk beizutreten. »Ich habe im Krankenhaus gekündigt und gehe nach Silz in Tirol, ins Kloster St. Petersberg«, erklärte sie ihren Eltern. Die kannten das Engelwerk damals zwar noch nicht, versuchten die Tochter aber doch von einem Gang ins Kloster abzuhalten. Als alle Überredungsversuche scheiterten, ließen sie sie schließlich ziehen. In den folgenden Monaten gab es noch mehrmals Briefkontakt.

Bald wurde der Kontakt allerdings spärlicher. Bei ihrem einzigen und letzten Besuch zu Hause kam sie in Begleitung einer Schwester. »Die hat 80 Prozent der Fragen beantwortet«, erinnert sich Alois Berger, »so, als wäre meine Schwester nicht imstande, für sich selbst zu sprechen.« Der Briefwechsel mit der Familie endet abrupt. Am 8. Januar 1990 schreibt Eleonore noch: »Vergelt's Gott für Euer liebes Weihnachtsgeschenk, habe mich sehr darüber gefreut. Vergeßt nicht, daß ihr jederzeit herzlichst bei uns willkommen seid!!!« Ab Juni, als sie ihr zweiter Bruder Raimund als letzter der Familie für fünf Minuten zu Gesicht bekommt, bleiben alle Briefe und Geschenksendungen unbeantwortet. Im Herbst 1990 kündigt das Engelwerk Eleonores Zusatzversicherung und holt Erkundigungen über ihre Ersparnisse ein. Eleonore löst ihr Konto auf und überweist das Geld auf ein

Sparbuch. 1991 erreichen die Bergers noch drei Telegramme mit der knappen Botschaft: »Bitte laßt mich in Ruhe!« Aus welchem Grund, erfährt die Familie nicht. Dann herrscht endgültig Funkstille.
Die Bergers befürchten, daß Eleonore nicht mehr am Leben sein könnte, und schalten die Staatsanwaltschaft Steyr ein. Deren Recherchen bleiben erfolglos: »Die Erhebungen zu ihrer Vermißtenanzeige haben keinerlei Anhaltspunkte für irgendeine Straftat erbracht«, heißt es lapidar im Antwortschreiben. »Vielmehr ergab sich, daß Eleonore Berger im Vollbesitz ihrer psychischen und physischen Kräfte freiwillig den Aufenthalt in einem Ordenshaus gewählt hat und mit ihren Verwandten keinen Kontakt haben will. Die Erhebungen dazu wurden eingestellt.«
Alle Versuche der Familie, Eleonore zu Gesicht zu bekommen, scheitern. Einmal läßt man Mutter und Bruder geschlagene zweieinhalb Stunden vor dem Kloster warten. Ins Besucherzimmer werden sie nicht vorgelassen. Als Frau Berger Rückenschmerzen bekommt, stellt man ihr einen Stuhl vor die Türe. Eleonore kommt nicht. Es heißt, sie wolle keinen Kontakt mehr. Statt dessen tauchen zwei Gendarmen aus Silz auf und fordern die Bergers auf, das Grundstück zu verlassen. Ansonsten könnten sie wegen Besitzstörung verklagt werden. Mutter Berger versucht es auf einem anderen Weg: Sie schickt fünf Fragen, die nur Eleonore beantworten kann, ans Kloster. Antwort hat sie bis heute keine erhalten. Ein Brief mit Rückantwortschein von Bruder Alois kommt postwendend retour. Eleonore konnte oder wollte keine Unterschrift leisten. Ihre Signatur fehlt sogar auf ihrem Meldezettel. Am 23. März 1992 hatte sie sich schriftlich in Windischgarsten abgemeldet. Angemeldet wurde sie erst wieder am 1. Januar 1995 in Silz. Im dortigen Gemeindeamt kann man sich die Differenz von drei Jahren nicht erklären, auch das Fehlen von Eleonores Unterschrift stößt auf Verwunderung. »Eigentlich dürfte so etwas nicht passieren«, heißt es aus dem Amt.
Für Eltern und Bruder wird die Unsicherheit durch solche Ungereimtheiten nur noch größer. Niemand, der Eleonore von früher kennt, darf sie sehen. »Außer unser Pfarrer Gerhard Wagner von Windischgarsten«, sagt Alois Berger, »aber der ist selbst ein Anhänger des Engelwerkes.« Pfarrer Wagner sagt, daß er zwar kein Mitglied des Opus ist, aber gute Beziehungen zu den Patres auf dem Petersberg hat. Eleonore hat er dort schon getroffen, sagt Wagner, außerdem telefoniert er regelmäßig mit ihr. Wagner: »Es geht ihr gut, aber sie will in Ruhe gelassen werden.«

Auch Grete Corona-Pichler, ein Mitglied des Engelwerkes, will Eleonore auf dem Petersberg gesehen haben. Sie hatte Mutter Berger in der TV-Sendung »Schiejok täglich« versprochen, sich um den Fall ihrer Tochter zu kümmern. Einige Zeit später meldet sie sich tatsächlich und berichtet, sie habe Eleonore auf dem Petersberg gesehen. Frau Berger kann das nicht ganz glauben: »Sie kannte Eleonore vorher ja gar nicht. Und die Beschreibung, die sie mir gegeben hat, paßt nie und nimmer auf meine Tochter.« Corona-Pichler versuchte der verzweifelten Mutter jedenfalls noch gut zuzureden. Frau Berger: »Sie hat gesagt: Seien Sie dankbar, daß der ›Lebenspartner‹ Ihrer Tochter kein ungeliebter Schwiegersohn ist, sondern Gott der Herr selbst.«

»Alles im Rahmen«

Pater Philippus Seeanner, Prior des Kreuzordensklosters auf dem Petersberg bei Silz zu den Vorwürfen gegen das Opus Angelorum.[88]

Zur Person: Pater Philippus Seeanner ist seit 1994 Prior des Klosters der Regularkanoniker vom Heiligen Kreuz auf dem Petersberg.
Herr Prior, in einer »Club 2«-Diskussion im Jahre 1990 sagte der damalige Pressesprecher des Engelwerkes, Franz Ritzinger, ein Verbot des Handbuchs des Engelwerkes würde einem »Todesstoß« für die gesamte Organisation gleichkommen. Nun hat Rom 1992 unter anderem auch die Verwendung des Handbuches verboten – heißt das, daß Sie nun einer toten Organisation vorstehen, der jede Grundlage geraubt wurde?
Zunächst stelle ich fest, daß das Engelwerk keinen Pressesprecher mehr hat und offiziell auch nie gehabt hat. Die von Ihnen zitierte Bemerkung aus dem »Club 2« möchte ich korrigieren: Das Verbot des Handbuchs bedeutet keinen Todesstoß für das Werk der Heiligen Engel.
Sie halten sich aber an das römische Verbot und verwenden das »Handbuch des Engelwerkes« nicht mehr?
Wir haben dem Dekret aus Rom vollinhaltlich Folge geleistet. Das Handbuch wird bei uns nicht gebraucht. Unser Glaube und unsere Verkündigung basieren auf der heiligen Schrift und der Lehre der heiligen Kirche.
Ihnen wurden auch die einzelnen Engelweihen genommen. Damit

ist es doch praktisch unmöglich, neue Mitglieder aufzunehmen. Halten Sie sich auch an dieses Verbot?

Auch diese Vorschrift beachten wir. Das Verbot der Engelweihen war schmerzlich für unsere Gemeinschaft. Im Moment können wir deshalb auch keine neuen Mitglieder aufnehmen. Wie wir den Eintritt ins Werk künftig gestalten werden, ist noch nicht geklärt.

Was ist denn mit den ganzen Engeln und Dämonen, die um den Petersberg schwirren, zählen die gar nicht mehr?

Noch einmal: Unsere Grundlagen sind andere als das Handbuch oder auch die Engelweihen. Jesus Christus ist unsere Mitte, wir feiern die Eucharistie nach den Vorschriften der katholischen Kirche. Wir führen ein normales katholisches Leben. Gebräuche wie die Aussetzung des Allerheiligsten und seine Anbetung finden Sie in anderen Orden und katholischen Gemeinschaften genauso. Das bleibt bei uns alles im Rahmen.

Was ist denn an Ihrer Gemeinschaft und am Kreuzorden dann noch Besonderes?

Der Orden vom Heiligen Kreuz ist eine Gemeinschaft, die ihren Ursprung im 12. Jahrhundert hat und sich in ihrer Spiritualität an den Quellen der christlichen Tradition und Verkündigung orientiert. Von Anfang an hatte in diesem Orden die Verehrung der Heiligen Engel einen besonderen Stellenwert, natürlich basierend auf der Lehre der heiligen Kirche und der heiligen Schrift. Im übrigen baut unsere Gemeinschaft, wie auch andere Orden, auf der Regel des heiligen Augustinus auf.

Die Privatoffenbarungen der Gabriele Bitterlich gaben in der Öffentlichkeit immer Anlaß zu Diskussionen, mit dem römischen Dekret von 1992 wurden sie (zumindest teilweise) verboten. Wie steht denn das Engelwerk heute zur Gründerin?

Gabriele Bitterlich hat den Anstoß zur Gründung des Engelwerkes gegeben. Wir halten sie deshalb in Ehren. Sie ist ja auch hier auf dem Petersberg begraben.

Ihr Sohn Hansjörg Bitterlich, ehemals Prior auf dem Petersberg, kann das Grab aber nicht mehr besuchen.

Pater Bitterlich ist exklaustriert, das heißt, er lebt ständig außerhalb des Klosters. Aber das hindert ihn nicht daran, das Grab seiner Mutter zu besuchen

Auf dem Petersberg leben auch Schwestern. Ist darunter auch eine mit Namen Eleonore Berger?

Es lebt hier eine junge Krankenschwester, die diesen Namen trägt und in die Gemeinschaft der Schwestern eintreten will.
Warum dürfen sie denn ihre Eltern und ihr Bruder nicht sehen?
Daß es keinen Kontakt zwischen Eleonore und ihrer Familie geben darf, wie es oft in der Öffentlichkeit heißt, ist nicht wahr. Ich sage das mit aller Deutlichkeit: Es gibt kein Verbot von seiten der Leitung, das es Eleonore Berger oder sonst jemandem hier untersagen würde, Eltern oder Geschwister zu sehen. Wir wollen sogar, daß es gute Kontakte zu den Angehörigen gibt. Nehmen Sie das bitte zur Kenntnis.
Warum versucht Familie Berger dann schon seit fast sieben Jahren vergeblich, Eleonore zu Gesicht zu bekommen?
Eleonore selbst will keinen Kontakt zu ihrer Familie. Leider. Ich habe versucht, die Verbindung herzustellen, aber sie lehnte immer ab. Und zwingen kann ich sie auch nicht dazu. Sie ist schließlich ein erwachsener Mensch und muß selbst wissen, was sie tut.
Es besteht sogar die Befürchtung, daß Eleonore nicht mehr lebt.
Das ist doch völliger Unsinn. Eleonore lebt. Die ständigen, zum Teil auch bedrängenden Versuche von ihrer Verwandtschaft und der Öffentlichkeit, sie zu Gesicht zu bekommen, haben bei ihr jedoch eine Hemmschwelle erzeugt, die sie nun anscheinend nicht mehr überwinden kann.
Es gibt andere Menschen, die ihre Zeit im Engelwerk nicht überwinden können. Die haben sehr gelitten und mußten in psychiatrische Behandlung.
In unserer Gemeinschaft haben öfters kranke und psychisch belastete Menschen Hilfe gesucht. Man hatte früher mit solchen Fällen noch zu wenig Erfahrung und hat zu leichtfertig und ohne zu prüfen Kandidaten aufgenommen. Heute sind wir da viel vorsichtiger.
Diese Fälle haben dazu geführt, daß sich viele vom Engelwerk distanzieren. Selbst erzkonservative Organisationen in der katholischen Kirche wollen keinesfalls mit Ihnen in einem Atemzug genannt werden.
Ich kann nur jedem empfehlen, zu den Quellen zu gehen und sich zuerst ernsthaft über uns zu erkundigen, bevor er sich eine Meinung bildet. Durch die negative Berichterstattung in den Medien haben wir aber scheinbar auch in der kirchlichen Öffentlichkeit einen ganz schlechten Ruf erlangt.

Einen Ruf, der Ihrer Meinung nach nicht der Realität entspricht?
Genau. Die Urteile über uns müssen revidiert werden. Und es bleibt zu hoffen, daß man in Zukunft uns gegenüber in der Beurteilung einen fairen und objektiven Maßstab anlegt.

DIE KATHOLISCHE PFAD-FINDERSCHAFT EUROPAS

Rechte Wege nach St. Pölten

Deutsche Diener

Zufrieden konnte Bischof Kurt Krenn wahrlich nicht sein. Die Gläubigen waren am 29. Juni 1993 zwar zahlreich in den St. Pöltner Dom gepilgert, um der alljährlichen feierlichen Priesterweihe der Diözese beizuwohnen. Allein, es fehlte an Priesterkandidaten. Ein einziger hatte sich heuer vor seinem Hirten auf den Boden geworfen, um den Segen für die zukünftige Arbeit in der Seelsorge zu empfangen. Bei insgesamt 424 Pfarren im Reich des Kurt Krenn eine magere Ausbeute.
Doch schon zwei Tage nach seinem ernüchternden Erlebnis im St. Pöltner Dom rückte Krenn abermals aus, um neue Schäfchen für den Dienst an der Kirche zu rekrutieren. In Maria Langegg im Dunkelsteiner Wald ging eine zweite, inoffizielle Priesterweihe über die Bühne. Krenns Ausbeute konnte sich diesmal schon eher sehen lassen: Zwei Kandidaten weihte er zu Priestern, zwei zu Diakonen. Die Bilanz für 1993 hatte er damit gehörig aufgemöbelt. Krenn schien aber um Geheimhaltung seiner bischöflichen Sonderschicht bemüht. Heimlich,

still und leise wurde der Festakt vorbereitet, der bischöfliche Pressedienst, der über die Weihe in St. Pölten noch ausführlich berichtet hatte, erwähnte den zweiten Termin des Bischofs mit keinem Wort. Krenns Presseleute wußten, welcher Sprengstoff in den »Geheimweihen« von Maria Langegg steckte. Denn die vier Kandidaten, ein Ungar und drei Deutsche, die der Bischof da zu Priestern und Diakonen erhob, gehörten allesamt der reaktionären Klerikergemeinschaft »Servi Jesu et Mariae (SJM)« an. Hervorgegangen waren die »Diener Jesu und Mariens« aus der »Katholischen Pfadfinderschaft Europas (KPE)«, einer vor allem in Deutschland heftig umstrittenen Jugendbewegung. Schlüsselfigur in beiden Organisationen ist Andreas Hönisch. Der Jesuit war schon 1976 Mitbegründer der KPE gewesen, 1988 hob er dann auch noch die Diener Jesu und Mariens aus der Taufe. Er wollte seinen Pfadfindern, vom achtjährigen Wölfling bis zum 17jährigen Rover, eine stramm katholische Erziehung ermöglichen. Die liberale Glaubensvermittlung der meisten Diözesanpriester konnte das nicht garantieren, also schuf sich Hönisch seine eigene Priestervereinigung. Die Kandidaten dafür kamen der Einfachheit halber gleich aus dem Reservoir der KPE. Daß er für die Gründung der Diener Jesu und Mariens aus dem Jesuitenorden ausgeschlossen wurde, störte ihn nicht. Früher oder später, so die Überlegung Hönischs, würde seine Priestergemeinschaft selbst zu einem Orden aufsteigen.
Bis dahin allerdings galt es Bischöfe zu finden, die bereit waren, seine frommen Kandidaten auch zu Priestern zu weihen. Bei den deutschen Bischöfen blitzte Hönisch mit diesem Verlangen ab, selbst in ihrer Heimatdiözese Augsburg wurde den Dienern Jesu und Mariens die Weihe verwehrt. Erst Kurt Krenn erklärte sich bereit, den erzkonservativen Jüngern die Priesterwürde zu verleihen. Brisantes Detail am Rande: Krenn weihte die vier Priesterkandidaten gar nicht auf sein eigenes Bistum, sondern auf die engelwerksnahe brasilianische Diözese Anapolis. Eine hochexplosive Mischung also, die Krenn seiner ohnehin gegen ihn aufgebrachten St. Pöltner Kirchengemeinde da zumutete.
Es kam, wie es kommen mußte. Noch bevor die »Geheimweihen« in Maria Langegg überhaupt stattfanden, hatten Hellhörige schon die Medien informiert. Und die kamen in Scharen, wie immer, wenn es um Kurt Krenn geht. Sogar ein ORF-Team eilte in den Dunkelsteiner Wald. Das Bild, das sich den Journalisten dort bot, garantierte fette Schlagzeilen. Fast 200 der 3 500 deutschen Anhänger der Katholi-

schen Pfadfinderschaft Europas waren mit Bussen aus Deutschland angekarrt worden, um bei der Weihe »ihrer« Priester dabei zu sein. Auch von den 500 österreichischen KPE-Mitgliedern waren einige gekommen. Am stärksten vertreten war allerdings der deutsche »Stamm« Augsburg, bestehend aus »Trupp« Alsmoos und »Trupp« Petersdorf. Die Jugendlichen marschierten züchtig in Uniform auf: Die Burschen mit grauem Hemd, Halstuch und Rangabzeichen, die Mädchen in knöchellangen Röcken und Rüschenblusen. Kurt Krenn fühlte sich sichtlich wohl, dankte dem Herrn »für diesen wunderbaren Tag« und las, ganz dem Ambiente angepaßt, eine lateinische Messe.

Die Medien zeigten in den folgenden Tagen naturgemäß wenig Verständnis für Krenn und die Weihe seiner deutschen Diener. Sogar die katholische Wochenzeitung »Die Furche« kritisierte den konservativen Bischof ob seiner Heimlichtuerei.[89] Die meisten anderen Blätter sahen die Engelwerkskontakte Krenns endgültig bestätigt. So titelte der »Kurier«: »Kurt Krenn weihte vier ›Engelwerk‹-Priester«.[90] Die Horrorszenarien aus den Schilderungen ehemaliger Mitglieder des Opus Angelorum waren allen noch in lebhafter Erinnerung, ein Urteil also schnell gefällt.

Die vorschnelle Etikettierung als Engelwerk-Priester gab Hönisch und seinen Anhängern allerdings Gelegenheit zum Konter. Sie konnten glaubhaft versichern, daß weder die Katholische Pfadfinderschaft Europas noch die Diener Jesu und Mariens eine Einrichtung des Engelwerkes sind. Als das Opus Angelorum in der öffentlichen Meinung weiter absank, bezeichneten es die Hönisch-Jünger sogar als »Rufschädigung«, mit dem Engelwerk »in einen Topf« geworfen zu werden.

Obwohl die beiden Organisationen Hönischs mit dem Engelwerk tatsächlich nie institutionell verbunden waren, präsentierten KPE und SJM nur die halbe Wahrheit. Denn seit ihrer Gründung hatten beide Organisationen eine tief freundschaftliche Verbindung zum Engelwerk unterhalten. Davon zeugt nicht nur die Tatsache, daß einige Mitglieder der SJM von Kurt Krenn auf die Diözese Anapolis geweiht wurden. Auch mehrere Beiträge in den Medien der KPE lassen auf ein besonderes Naheverhältnis zum Opus Angelorum schließen: Während »Ad Mariam Europa« vor allem Thesen zur schleichenden Unterwanderung der katholischen Kirche durch die internationale Freimaurerei verbreitet, widmen sich »Die Spur« und die »Pfadfinder Mariens« verstärkt der Engellehre und ihrer Verteidigung gegen modernistische Strömungen. Vor allem in den »Pfadfindern Mariens« fanden sich in den vergangenen Jahren immer wieder positive Artikel über das Engelwerk, selbst nach dem weitgehenden Verbot seiner fragwürdigen Lehren durch den Vatikan. Was Wunder, wenn der Chefredakteur der Zeitschrift Claus Peter Clausen heißt. Clausen bringt auch in seinem erzkonservativen katholischen Nachrichtendienst »Der Schwarze Brief« immer wieder Jubelbeiträge über die Patres vom Tiroler Petersberg.

Auch Pater Hönisch war in Sachen Engelwerk nicht faul. Er wandte sich in Rundbriefen an seine jungen Pfadfinder: »Die tägliche Schutzengelverehrung ist der Anfang zu einer tieferen Gemeinschaft mit den Heiligen Engeln, ohne die wir in unserer Zeit nicht mehr auskommen. Denn je mehr die Macht der Dämonen gegen die Menschen entfesselt wird, desto notwendiger wird die Bindung der Menschen an die Heiligen Engel! Willst Du tiefer in die Verehrung der Heiligen Engel eindringen, kann Dir das Engelwerk sehr behilflich sein«, ist in Rundbrief Nr. 14 aus dem Jahre 1985 zu lesen. Daß sich viele Pfadfinder solche Ratschläge zu Herzen nehmen und sich auch als Mitglieder der KPE ans Engelwerk binden, ist schon aus Rundbrief Nr. 11 aus dem Jahr davor ersichtlich: »Wenn Du das Schutzengelversprechen oder gar schon die Schutzengelweihe abgelegt hast«, wendet sich Hönisch an den einzelnen Pfadfinder, »erneuere sie gleich beim Aufstehen.«

Das Verbot der gesamten Engelweihen des Opus Angelorum setzte den Empfehlungen Hönischs ein Ende. Den jungen Pfadfindern blieb immerhin die »Weihe an das Unbefleckte Herz Mariens«, die für den harten Kern der KPE seit 1981 obligatorisch ist. Im Text an Maria, den die Jugendlichen dabei unterschreiben, heißt es unter anderem: »Ich erwähle Dich zu meiner Gebieterin, Beschützerin und Fürsprecherin und nehme mir fest vor, nie etwas gegen Dich zu sagen oder zu tun noch zuzulassen, daß von anderen je etwas gegen Deine Ehre geschehe. Deinem Unbefleckten Herzen weihe und übergebe ich mich ganz! Ich will mich bemühen, täglich den Rosenkranz (bzw. 1 oder 2 Gesetze) zu beten, monatlich zu beichten und an jedem ersten Samstag im Monat diese meine Weihe zu erneuern. Ich bitte Dich daher, himmlische Mutter, betrachte mich von nun an als Dein Eigentum und verfüge über mich.«

Selbständiges Denken und Eigenverantwortung wird von den Katholischen Pfadfindern Europas kaum eingefordert. Die Jugendarbeit der KPE zeichnet sich eher durch eine »apokalyptische Wahrneh-

mung der heutigen Weltsituation, eine negative Beschreibung der heutigen Kirche, eine marianische Engführung der christlichen Botschaft und eine Fixierung auf die Sexualmoral« aus. Um diese Einschätzung des deutschen Theologen Roman Bleistein[91] zu verstehen, genügt ein Blick in weitere Schriften der KPE. In der Broschüre »Selig, die reinen Herzens sind« erklärt die KPE etwa ihre Position zur Sexualität. Ausführlich behandelt werden Tugenden wie »Reinheit, Keuschheit und Schamhaftigkeit«. Aber auch Laster wie die Selbstbefriedigung werden angesprochen: Sie komme, so der Autor, meist einer »Todsünde« gleich, vor allem, wenn sie durch »entsprechende Gedanken oder das Betrachten aufreizender Bilder begleitet wird«. In einem abschließenden Kapitel bekommen die Jugendlichen nützliche Tips für den an Versuchungen reichen Alltag. So sollen die Pfadfinder etwa »Straßen meiden, in denen sich Sex-Shops befinden, oder Kneipen und Nachtlokale mit entsprechenden Aushängen sowie Kioske, die ihre Illustrierten in den Blickfang stellen«. Vorsicht ist auch bei vielen Reklametafeln und Werbedarstellungen geboten, erklärt die Broschüre den Jugendlichen: »Können wir sie nicht umgehen, so sollten wir zumindest im Vorbeigehen ein Stoßgebet auf den Lippen oder im Herzen haben.«
Auch vor der »hemmungslosen Fleischbeschau« in Freibädern werden die Pfadfinder eindringlich gewarnt. Für Pfadfinderinnen sind freizügige Bikinis und Hosenmode natürlich tabu. »Überhaupt ist nicht einzusehen, weshalb die Hosenmode heute bei den Mädchen dermaßen überhand nimmt; etwa als Beweis ihrer ›Emanzipation‹? Es drückt sich darin äußerlich eine Einebnung der gottgegebenen seelisch-geistigen, also wesensmäßigen Unterschiede zwischen den Geschlechtern aus, die soweit nivelliert werden, bis nur noch biologische Verschiedenheiten übrigbleiben: eine Frucht der koedukativen und kooperativen Jugendarbeit!« heißt es in der Broschüre.
In der KPE ist diese verwerfliche Jugendarbeit natürlich nicht zu finden. Zur besseren Umsetzung ihrer erzkatholischen Grundsätze hat sie sich sogar mit der nicht minder konservativen Christkönigsjugend der Priesterbruderschaft St. Petrus, der Marianischen Jugendbewegung und einigen anderen reaktionären katholischen Jugendgruppen in Deutschland zur Arbeitsgemeinschaft »Jugend 2000« zusammengefunden. Die verschiedenen Gruppen fahren nicht nur geschlossen zu den Weltjugendtreffen mit dem Papst, sondern versuchen, gezielt Kontrapunkte zur liberalen Arbeit vieler katholischer

Jugendorganisationen zu setzen. Als Erziehungsideal gilt ihnen das der Nachkriegsjahre. Nur alte Werte und eine gehörige Portion Strenge, so glauben auch viele Jugendführer in der KPE, können den katholischen Glaubensverfall stoppen und die Menschheit aus den Fängen Satans retten.

Die ultrakonservative Ausrichtung der KPE hat dazu geführt, daß sich der offizielle Weltpfadfinderverband deutlich von der Organisation distanzierte. Obwohl die KPE nie Mitglied des Weltverbandes gewesen war, sondern sich schon bei ihrer Gründung der konservativen französischen Pfadfindervereinigung »Scouts d'Europe« angeschlossen hatte, war es in der Öffentlichkeit immer wieder zu Verwechslungen gekommen. Solche trachteten auch die »Pfadfinder und Pfadfinderinnen Österreichs (PPÖ)« zu vermeiden. Mit der rechtskatholischen KPE wolle man keinesfalls in einem Atemzug genannt werden, hieß es in einer Presseaussendung der PPÖ. Die »Machenschaften« solch katholischer Randgruppen hätten »nicht das Geringste mit den Inhalten, Werten und Methoden der weltweiten Pfadfinderbewegung gemeinsam und schaden dem Ruf der PPÖ«.

Der Vatikan teilte diese Bedenken gegenüber der Katholischen Pfadfinderschaft Europas offensichtlich nicht. In einem Dekret vom 16. Juli 1994 wurden die aus der KPE hervorgegangenen Servi Jesu et Mariae offiziell als »Kongregation päpstlichen Rechts« anerkannt. Zum Generaloberen des neuen, zu diesem Zeitpunkt 17köpfigen Ordens wurde naturgemäß Pater Andreas Hönisch ernannt. Er hatte sein Ziel damit vorerst erreicht, denn seine Jünger mußten von nun an nicht mehr nach Bischöfen Ausschau halten, die sie gnadenhalber auf die Diözese Anapolis weihten.

Den Stallgeruch des Engelwerkes war man also los. Doch damit nicht genug: Den SJM wurden sogar weitgehende Freiheiten in der Liturgie zugestanden. So dürfen sie die heilige Messe auch im tridentinischen Ritus halten. Verantwortlich für das insgesamt so großzügige Dekret war, wie schon im Falle der Gründung der Priesterbruderschaft St. Petrus, die päpstliche Traditionalisten-Kommission »Ecclesia Dei«. Auf Anraten der Bischöfe Manoel Pestana, Anapolis, und Kurt Krenn, St. Pölten, hatte diese das Anerkennungs-Bittgesuch der Diener Jesu und Mariens »wohlwollend aufgenommen«.

Aber wie schon bei der Errichtung der Petrusbruderschaft hatte die römische Kommission auch diesmal an der Ortskirche vorbei agiert. Vor allem in Deutschland wehrten sich einige Bischöfe gegen Hö-

nisch und seine beiden Organisationen. Das Jugendamt des Erzbistums München warnte ausdrücklich vor der Jugendarbeit der Katholischen Pfadfinderschaft Europas: »Eltern wird abgeraten, ihre Kinder in Gruppen der KPE zu schicken«, hieß es in einer öffentlichen Erklärung des Jugendamtes. Wie in anderen deutschen Diözesen wurde Pater Hönisch in München sogar mit einem Auftrittsverbot für kirchliche Räume belegt.
Auch den neuen Orden Servi Jesu et Mariae wollte keiner haben. Der Bamberger Erzbischof Karl Braun und sogar der neue Bischof der KPE-Heimatdiözese Augsburg, Viktor Dammertz, lehnten eine Aufnahme des neuen Ordens ab. Begründet wurden diese Entscheidungen mit der mangelnden Integrationsbereitschaft der neuen Patres. Die Arbeit der SJM lasse sich nicht in die gesamtpastorale Arbeit ihrer Diözesen einfügen, so Braun und Dammertz. Letzterer forderte die SJM im Sommer 1996 sogar zum Verlassen seiner Diözese auf. Pater Hönisch hatte, wohl oder übel, zu gehorchen. Mit 1. November 1996 schloß er widerwillig das langjährige Stammhaus der SJM in Mussenhausen. Zwei Monate später war auch der letzte Ordensangehörige aus der Diözese Augsburg verschwunden.

Drohbotschaft statt Frohbotschaft

Trotz der offiziellen Anerkennung des Vatikans war die Lage von Pater Hönisch und seinen Dienern Jesu und Mariens einigermaßen trist. Zwar konnten die Priesterstudenten der SJM weiterhin an der Hochschule der traditionalistischen Petrusbrüder im deutschen Wigratzbad studieren, anwenden durften sie die dort erworbenen Kenntnisse dann aber meist nicht. Besonders hart traf die SJM die Schließung ihres Noviziates in Mussenhausen. Bischof Dammertz hatte ihnen faktisch ihr Herzstück genommen. Kaum errichtet, schien der Orden wie ein Kartenhaus in sich zusammenzufallen.
Doch in Österreich wußten die Diener Jesu und Mariens einen glaubensstreuen Bischof auf ihrer Seite. Und der gute Geist Kurt Krenn, der seinen deutschen Anhängern schon vor der offiziellen Anerkennung durch den Vatikan kräftig unter die Arme gegriffen hatte, wies ihnen auch diesmal nicht die Tür. Schon Ende 1994 bekam Pater Hönisch von Krenn die Erlaubnis, das leerstehende Schloß Auhof bei Blindenmarkt zu erwerben und dort seine Residenz aufzubauen. Die SJM kauften das stark renovierungsbedürftige Schloß um kolportierte

sechs Millionen Schilling* und begannen mit der Instandsetzung des Gebäudes. Als sie Ende 1996 Augsburg verlassen mußten, hatten sie so bereits eine einigermaßen intakte Bleibe. Das Schloß Auhof avancierte so offiziell zum neuen Noviziat des mittlerweile auf 30 vorwiegend deutsche Mitglieder angewachsenen Pfadfinderordens.

Mit dem Stammsitz verlagerten sich auch die Aktivitäten der Diener Jesu und Mariens nach Österreich. Ende 1996 gingen in Blindenmarkt das deutsche »Bundesführerschaftstreffen« und ein »Rover- und Rangertreffen« über die Bühne. Bischof Krenn sorgte dafür, daß die SJM auch in der Jugendarbeit seiner Diözese Fuß fassen konnten. Schon im September 1995 stellte er Karl Barton und Anton Bentlage, zwei Ordensmitglieder der SJM, als Kapläne im Bischöflichen Seminar in Zwettl an. In diesem niederösterreichischen Internat wohnten damals nur vier Burschen. Bei der Hausübergabe äußerte Krenn den Wunsch, daß die neue Leitung das Seminar »mit vielen heiligen Lausbuben füllen kann«.

Den deutschen Dienern war der Wunsch Befehl. Innerhalb kurzer Zeit kam wieder Leben in das Bischöfliche Internat. Ein Seminarist flüchtete zwar gleich nach Ankunft der gestrengen Patres ins Melker Internat, doch auch ohne ihn zählte man in Zwettl schon bald 16 Seminaristen. Die meisten »heiligen Lausbuben« kommen freilich aus Deutschland, denn vor allem dort wurden fleißig neue Mitglieder geworben. Von einem »Bischöflichen Seminar« war in den Jubelberichten der erzkatholischen Medien »Der Fels« und »Der Schwarze Brief« allerdings nichts zu lesen, den potentiellen Seminaristen wurde das Haus in Zwettl vielmehr als neues »Pfadfinder-Internat« angepriesen. Sogar die »Junge Freiheit«, fremdenfeindliches Organ der »Neuen Rechten« in Deutschland, rückte eine Empfehlung für das Zwettler Internat ins Blatt. Imponiert hatte den »Neuen Rechten« vor allem die Ankündigung der SJM, das Internat nicht mit »geistigen Mehlsäcken«, sondern mit »Jungen, die nach hohen Idealen streben«, zu bevölkern.

Mit den SJM sind aber nicht nur im Bischöflichen Seminar wieder Zucht und Ordnung eingekehrt. Auch in jenen Pfarren, die Bischof

---

* Nach Darstellung der SJM hat das Schloß nicht mehr als 2,1 Millionen Schilling gekostet. Dieser niedrige Kaufpreis erscheint jedoch sehr unwahrscheinlich, da das Schloß knapp vor der Zwangsversteigerung stand und der Ausrufungspreis mit über 4,5 Millionen Schilling festgesetzt war. Die SJM kauften das Anwesen noch vor der Versteigerung – wohl kaum unter dem veranschlagten Preis.

Krenn mit Kaplänen der Diener Jesu und Mariens bestückt, weht bald ein anderer Wind. Pater Peter Eichenhüller von den SJM zum Beispiel schaffte es innerhalb eines knappen Jahres, die bis dahin ruhige Pfarrgemeinde Ybbs in zwei verfeindete Lager zu spalten. Erst als die Lage 1995 zu eskalieren drohte, unter anderem schwelte auch ein Konflikt zwischen Eichenhüller und dem Pfarrer, mußte der Bischof den forschen Kaplan wieder abziehen. An Eichenhüllers flammende Predigten wider die Lasterhaftigkeit einiger Gemeindemitglieder erinnert sich aber noch heute der ganze Ort. Vor allem die Abschiedspredigt hatte es in sich. Der Geistliche attackierte offen einige Anwesende, die er hinter den »Hetzkampagnen« gegen ihn vermutete. Er lasse sich, so Eichenhüller, von solchen Attacken nicht »in Schrecken versetzen«. »Im Gegenteil, da werde ich höchstens wild und gehe zum Angriff über«, polterte der Pater. Seine Kritiker hätten »genug eigenen Dreck am Stecken«, man kenne ja »den Schweinestall, in dem gewisse Leute leben«. Als Eichenhüller konkrete Namen nannte, kam es sogar zu offenen Schreiduellen.

Auch politisch hielt Eichenhüller mit seiner Meinung nie hinter dem Berg. »Wenn man heute davon ausgeht«, ließ er in einer Predigt verlauten, »daß Stalin bei der Errichtung seines ›Paradieses auf Erden‹ viele zugrunde gerichtet hat, dann muß man Stalin noch vor Hitler nennen.« »Rechtsradikal«, wie ihn Lehrer der Ybbser Hauptschule bezeichnet hatten, wolle er deshalb nicht genannt werden, das betrachte er als »Verleumdung«. Eichenhüllers Hauptthema war natürlich die Kirche: Das Kirchenvolks-Begehren, so meinte er, hätte seine zerstörerische »Hauptwurzel« in der Französischen Revolution. Überhaupt wäre ihm »das ganze Geschwisterliche« an der Kirche zuwider, und auch mit dem Slogan »Frohbotschaft statt Drohbotschaft« könne er nur wenig anfangen. Für ihn sei das Evangelium, siehe Sodom, durchaus eine »Drohbotschaft«, sagte Eichenhüller.

Etwas weniger spektakulär, dafür aber umso nachhaltiger, wirken die Diener Jesu und Mariens in der Gemeinde Blindenmarkt. Schon 1994 bei ihrer Ankunft hatte in Blindenmarkt mit dem Deutschen Gerald Goesche ein Priester das Sagen, der voll auf der Linie der Servi Jesu et Mariae lag. Karl Hochgatterer, den damaligen Präsidenten der Katholischen Aktion Niederösterreich, enthob Goesche kurzerhand aller pfarrlichen Funktionen, weil er öffentlich für das Kirchenvolks-Begehren geworben hatte. Nach einigen weiteren Auseinandersetzungen in der Pfarre warf Goesche 1996 allerdings das Handtuch. In einem pathetischen Abschiedsbrief beschwerte sich der konservative Kirchenmann noch bitterlich über die Verletzungen, die man ihm während seiner Tätigkeit zugefügt hatte. Nicht nur das Kirchenvolks-Begehren, auch den Volksaltar in der Pfarrkirche hatte der Traditionalist als »tiefen Schmerz empfunden«. Mit Stolz blickte Goesche nur auf eines zurück: »Ich bin froh, Ihnen wenigstens durch meine Mitwirkung beim Erwerb des Auhofes eine bleibende katholische Zufluchtsstätte hinterlassen zu können. Unterstützen Sie die Patres, so gut Sie können!« schrieb er den Treuen unter den Gemeindemitgliedern in seinem Brief. Dann verließ Goesche Blindenmarkt über Nacht in Richtung deutsche Heimat. Seither arbeitet er als Seelsorger für die schismatische Priesterbruderschaft St. Pius X.

Den Abgang ihres priesterlichen Mentors in der Pfarre hatten die SJM schnell verkraftet, denn die Befürchtungen, ein neuer, liberaler Geistlicher könnte ihnen die Arbeit in der Gemeinde erschweren, erwiesen sich als haltlos. Bischof Krenn hatte nichts dergleichen im Sinn. Angesichts des allgemeinen Priesterschwundes lag es für ihn nahe, mit Pater Johannes Ziegler gleich einen der Diener Jesu und Mariens als Kaplan einzusetzen. Der unterstand zwar dem Pfarrer des Nachbarortes, Franz Trondl, erledigte die Seelsorgearbeit in Blindenmarkt aber dennoch in Alleinregie.

Kaplan Ziegler stieß freilich auf ähnliche Probleme wie sein Vorgänger Goesche. Zwar stand kein streitbares Kirchenvolks-Begehren mehr auf dem Programm, aber die rigide Glaubensauffassung des jungen Kaplans sorgte bald für Aufregung. »Ein Brautpaar wollte er nach Salzburg zum Ehevorbereitungskurs schicken, weil ihm der in St. Pölten zu seicht war«, sagt Pfarrer Trondl. Auch in der Volksschule von Blindenmarkt ortete Ziegler Defizite. So bekrittelte er die »lasche« Vorbereitung der Kinder auf die Erstkommunion. »Er sagte, wir seien mit zuwenig Ernst bei der Sache«, erzählt die Religionslehrerin. Die achtjährigen Kinder durften sich, so die Lehrerin, beim Vaterunser nicht einmal in einem Kreis aufstellen, geschweige denn mit den Händen die üblichen Gesten für »Himmel« oder »Erde« machen. »Ziegler meinte, das lenke sie nur vom Gebet ab«, sagt die Religionslehrerin: »Er glaubt, in der Pfarre muß alles so sein wie in seinem Orden oder bei den Pfadfindern. Für Kinder oder kindergerechte Messen hat der Kaplan überhaupt kein Gespür.«

Den Beweis dafür erbrachte Ziegler nur wenige Monate später: Er blies den Schulschlußgottesdienst einfach ab. Seine Begründung: Die Volksschulkinder seien »für eine Eucharistiefeier nicht ausrei-

chend vorbereitet«. Das brachte das Faß zum Überlaufen. Empörte Eltern wandten sich in einem Protestbrief an Bischof Krenn, und auch die Schuldirektorin stellte fest: »Schwierigkeiten in der Zusammenarbeit gibt es erst seit dem Auftreten der Servi Jesu et Mariae.« Selbst Pfarrer Trondl konnte seine Empörung nicht verbergen: »Ich glaube, Kaplan Ziegler paßt mit seinen erzkonservativen Ansichten einfach nicht in die heutige Seelsorge.«
Zur Überraschung aller reagierte die Diözesanleitung blitzschnell. Ziegler wurde noch im Sommer 1997 von seinem Posten abberufen. Doch die Erleichterung in der Pfarre wich alsbald ungläubigem Staunen. Als Nachfolger bestimmte Kurt Krenn nämlich den SJM-Pater Karl Barton, der sein Durchsetzungsvermögen bereits im Bischöflichen Seminar in Zwettl unter Beweis gestellt hatte.

DAS WERK

Die Sektierer des Herrn

Das graue Haus

Es ist ein verschwiegener Ort am Stadtrand von Bregenz. Der Regen hat nachgelassen, langsam paßt sich die vorabendliche Dämmerung dem grauen Barockhaus an. Die Pforte ist verschlossen, über dem Knauf droht ein schwarzer Adler auf rotem Grund: »Bewacht! – Der österreichische Wachdienst.« Einige Meter weiter findet der Besucher dann doch noch Einlaß. Die dem grauen Kloster angeschlossene Kirche ist täglich von 9 bis 17.30 Uhr geöffnet. Während dieser Zeit ist das Allerheiligste »zur Anbetung ausgesetzt«. Im schmucklosen Inneren der Kirche riecht es nach Weihrauch. Drei Priester knien vor der Monstranz. Hinter ihnen sind knapp zwanzig Frauen in tiefe Andacht versunken. Ihr Gebet bleibt lange lautlos. Erst nach einer halben Stunde brechen sie das Schweigen. Dann aber umso nachdrücklicher: In völliger Einmütigkeit schmettern sie lateinische Verse in den Saal. Während die Priester das Allerheiligste wieder in den mit einer goldenen Dornenkrone bekränzten Tabernakel sperren, senken die Frauen ihre Häupter. »Herr, ich bin dein Knecht, du hast mir meine Fesseln gelöst«, sagt eine. Eine andere: »Ich tue alles um der frohen Botschaft willen, diese Verheißung wurde mir geschenkt.« Dann herrscht wieder Stille. – Szenen aus dem Kloster Thalbach in Bregenz.

Dort beten die Mitglieder der katholischen Gemeinschaft »Das Werk« – allesamt fromme und gottesfürchtige Menschen – für das Seelenheil ihrer »Mutter« Julia Verhaeghe. Sie ist vor wenigen Monaten, am 29. August 1997, im Alter von 86 Jahren für immer von ihrer treu ergebenen Schar gegangen. In deren Geiste lebt sie freilich noch lange weiter. »Für immer«, wenn es nach den einzelnen Mitgliedern geht. Zum Zeichen ihrer dauernden Anwesenheit, auch nach ihrem physischen Tod, haben die Schwestern und Brüder des »Werkes« in der Kirche zu Thalbach, auf der rechten Seite in Höhe des Chors, das Grab für »Mutter« errichtet. Dort ruht sie nun unter einer schlichten Marmorplatte, die immer reich mit Blumen geschmückt ist.

Auch im grauen Haus ist Verhaeghe immer und überall präsent: Großformatige Fotos von »Mutter« hängen an den Wänden, die Ratschläge, die sie ihren Söhnen und Töchtern mit auf den Weg gegeben hat, sind längst zu unumstößlichen Glaubenssätzen geworden. Schon zu Lebzeiten wurde die Belgierin als Heilige verehrt, seit ihrem Tod ist der Kult um Verhaeghe perfekt. Wenn Mitglieder des »Werkes« ihre Gründerin zitieren, liest sich das meist wie eine Schrift aus der Bibel. »Im Anfang war nichts als die Gnade Gottes mit uns. So erblickte die Berufung das Tageslicht«,[92] sagte sie etwa über die Gründung der Gemeinschaft.

Geplant hatte Verhaeghe die Schaffung einer Gemeinschaft nie, sie wurde ihr plötzlich befohlen. 1938 hatte sie eine Vision. Von Gott persönlich erhielt sie den Auftrag, »die Kirche vor dem Untergang zu retten«. Die aus ärmlichen Verhältnissen stammende Verhaeghe nahm sich die Worte zu Herzen und gründete mit Hilfe des belgischen Priesters Arthur Hillewaere das »Paulusheem«, aus dem 1954 das »Opus Christi Regis« (Christkönigswerk) und noch später »Das Werk« entstand. Philip Boyce, Bischof von Raphoe in Irland und geistlicher Assistent des »Werkes«, schrieb über die »Sendung« Verhaeghes: »Als Mutter Gründerin das Elternhaus am 16. Juli 1941 verließ, tat sie damit etwas, das an Abraham erinnert, als er das Vaterhaus verließ, um sich im Glauben auf den Weg zu machen. Sie gab alle menschlichen Sicherheiten dieser Welt auf, allein, ohne Bildung, bei schlechter Gesundheit, ohne Arbeit und Geld und ohne das Ziel ihres Weges zu kennen. Das einzige, was sie hatte, war ihr Gottesglaube und das Vertrauen in die Vorsehung. Sie glaubte fest, daß ›Er treu zu seinem Bund stehen würde‹.«[93] In Wallonien und Flandern, der Wiege des »Werkes«, zeitigte die Arbeit Verhaeghes schon bald Erfolge: »Das Werk« faßte in einigen Klöstern Fuß und richtete 1954 sogar eine eigene Haushaltungsschule ein, in der Julia Verhaeghe 13- und 14jährige Mädchen nach ihren Vorstellungen formen konnte.

Nach und nach breitete sich das »Werk« in Europa und der ganzen Welt aus. Als Verhaeghe vergangenes Jahr starb, hinterließ sie ihrer Nachfolgerin, der Vorarlbergerin Maria Katharina (genannt »Mikle«) Strolz, Niederlassungen des »Werkes« in insgesamt 20 Ländern. In- und außerhalb der zahlreichen Häuser der Gemeinschaft schaffen insgesamt rund 250 Schwestern, etwa 100 Priester, elf Bischöfe und eine unbekannte Anzahl an Laien für das »Werk«. Zu den wichtigsten Stützpunkten zählen dabei Rom, Jerusalem und Oxford. Sitz der deutschen Gemeinde ist München. Bedeutendster Knotenpunkt der internationalen Gemeinschaft ist allerdings Österreich, wo das »Werk« 1963 in Innsbruck die erste Niederlassung gründete: Heute gibt es neben der weltweiten Zentrale im Kloster Thalbach zu Bregenz weitere Häuser des »Werkes« in Vorarlberg, Innsbruck und Wien.

Dort leben die Jünger Verhaeghes weitgehend abgeschottet von der Außenwelt nach Grundsätzen aus grauer religiöser Vorzeit. Den liberalen Strömungen der Gegenwart zum Trotz betonen sie »urchristliche Werte« und bedienen sich alter liturgischer Zeremonielle, um ihrer besonderen Frömmigkeit Ausdruck zu verleihen. Den Vorgaben Verhaeghes folgend, haben sie den Weg zurück zur »wahren Kirche«, zurück zur »jungfräulichen Liebe« zu Jesus Christus angetreten. Um das höchste Ziel, die Aufnahme in das Reich Gottes, zu erreichen, üben sich die Schwestern und Brüder in Entbehrung und Entsagung – durch »Selbstverleugnung« stellen sie ihre »liebende Hingabe zu Gott« unter Beweis.

Dieses Credo erinnert stark an das Grundprinzip des Opus Dei, die »Heiligung des Alltags«. Tatsächlich gibt es einige Parallelen zwischen dem »Werk Gottes« und dem »Werk«: Auch die Jünger Julia Verhaeghes verzichten bei ihrem Eintritt in die Gemeinschaft, im »Werk« das »Heilige Bündnis« genannt, auf jeglichen persönlichen Besitz. Auch sie wohnen meist in den Zentren der Gemeinschaft und bleiben dennoch ihrem eigentlichen Brotberuf erhalten. Gibt es beim Opus Dei allerdings eine prominente Mischung aus Ärzten und Wirtschaftsleuten, so sind die Mitglieder des »Werkes« in weit weniger einflußreichen Positionen zu finden. Während die männlichen Mitglieder zumeist als Priester für die Organisation tätig sind, findet man die zahlreicheren Schwestern vor allem in traditionellen

Frauenberufen wie Haushälterin oder Krankenpflegerin. In Vorarlberg bestreiten die Schwestern des »Werkes« einen wesentlichen Teil der Kranken- und Altenpflege des Bregenzerwaldes: In Au betreuen sie das Kleinkrankenhaus »St. Josef«, in Hittisau das ansässige Seniorenheim. In der Gemeinde Lauterach und im Sozialsprengel Vorderwald kümmern sie sich um pflegebedürftige Menschen.

Als im Oktober 1996 in der »Neuen Vorarlberger Tageszeitung« Vorwürfe gegen interne Praktiken des »Werkes« vorgebracht wurden[94] und bald darauf auch das »profil« gegen die »innerkirchliche Sekte« anschrieb,[95] war es deshalb nicht verwunderlich, daß zahlreiche Bürgermeister und Gemeindeärzte des Bregenzerwaldes die Verteidigung der religiösen Gemeinschaft übernahmen. Von einer Sekte, wie die Medien behauptet hatten, könne im Fall des »Werkes« keine Rede sein, waren sich die Gemeindevertreter einig. Ein solcher Vorwurf könnte nur »einem krankhaften Gehirn entspringen«, diagnostizierte Franz Josef Ganthaler, Gemeindearzt von Au. Der Schlußsatz einer gemeinsamen Erklärung mit dem Titel »Die Gemeinschaft ›Das Werk‹: Eine segensreiche Einrichtung« brachte die Stimmung des offiziellen Bregenzerwaldes auf den Punkt: »Wir sind glücklich, mit dieser Gemeinschaft, die in unseren Gemeinden voll integriert ist, zusammenarbeiten zu können, und hoffen, daß die Gemeinschaft auch in der Öffentlichkeit die ihr gebührende Wertschätzung erfährt.« Unterzeichnet war das Papier von acht amtierenden und zwei Alt-Bürgermeistern aus dem Bregenzerwald, zwei Ärzten und dem Verantwortlichen für den Sozialsprengel Vorderwald.

Wurde das »Werk« also Opfer einer sensationslüsternen Presse, die nicht einmal mehr soziales Engagement entsprechend zu würdigen weiß? Ist das »Werk« trotz seiner rein an der Vergangenheit orientierten Frömmigkeit eine »zeitgemäße Form einer katholischen Ordensgemeinschaft«, wie Gemeindearzt Ganthaler betonte? Kann von einer innerkirchlichen Sekte wieder einmal wahrhaft keine Rede sein? Wer sich an den verschiedenen Wirkungsstätten des »Werkes« umhört und nicht nur auf Erklärungen offizieller Stellen vertraut, wird bald auf die dunklere Seite der Gemeinschaft stoßen. Abseits der unbestreitbaren Leistungen in der Alten- und Krankenpflege existiert noch ein anderes »Werk«. Nicht das »Werk« der einfachen Schwestern, sondern das »Werk« der Führungsspitze, die über das Leben der Mitglieder bestimmt und ihren Alltag bis ins letzte Detail organisiert, um so den größtmöglichen Ertrag aus der Arbeit des einzelnen zu erwirtschaften.

Das ist auch vielen Außenstehenden bewußt. Ungeachtet der Erklärungen der Bürgermeister und Gemeindeärzte gärt es deshalb in Vorarlberg. Die reformkatholische Plattform »Kirche sind wir alle« nahm an den Praktiken der Gemeinschaft ebenso Anstoß wie der Sektenbeauftragte der katholischen Kirche Vorarlberg, Franz Schönberger, der in der »Neuen Vorarlberger Tageszeitung« einige (vorsichtig formulierte) kritische Fragen an die Leitung des »Werkes« richtete.[96] Sogar ein freches »Kirchenfrauenkabarett« nahm sich der Sache an und sorgte im katholischen Vorarlberg mit beißenden Persiflagen auf das »Werk« für Aufregung. Die satirischen Kleinkunstattacken der acht Proponentinnen des Kabaretts lösten in den beiden großen Vorarlberger Tageszeitungen, den »Vorarlberger Nachrichten« und der »Neuen Vorarlberger Tageszeitung«, wochenlange Verbalgefechte unter Leserbriefschreibern aus.

Meist wird der schwelende Unmut aber nur hinter vorgehaltener Hand geäußert. Denn klare Opposition zum »Werk« ist im Ländle nur sehr schwer möglich, die Kontakte des »Werkes« reichen dafür zu weit. Neben den Lokalpolitikern hält nämlich auch Ortsbischof Klaus Küng, ehemals Regionalvikar des Opus Dei in Österreich, seine Hand schützend über »Das Werk«. Auch österreichische Ex-Mitglieder, die oft genug unter dem strengen Regime von »Mutter« Verhaeghe oder ihrer Nachfolgerin »Mikle« Strolz zu leiden hatten, wollen sich mit ihren Geschichten oft nicht in die Öffentlichkeit wagen. Zu groß ist die Angst vor Repressalien des »Werkes«.

Massenhaft scharfe Kritik gibt es dagegen in den Beneluxstaaten, vor allem in den Niederlanden und dem Gründungsland Belgien. »›Das Werk‹ weist alle Merkmale einer klassischen Sekte auf«, meint Rik Devillé, belgischer Autor eines »Werk«-kritischen Buches,[97] »der einzige Unterschied zu anderen Sekten besteht darin, daß diese Gemeinschaft innerhalb der Kirche existiert und hier auch bleiben will. Sie führt dort praktisch ein Parasitendasein.« Auf knapp 200 Seiten zeichnet Devillé ein wenig freundliches Bild von einer Gemeinschaft, die der Welt, inklusive der angeblich vom Modernismus zerfressenen Kirche, feindlich gegenübersteht. Von der Gründerin Vehaeghe überliefert er folgendes Zitat: »Die Kirche ist vom Kommunismus bedroht. Die Kirche wird zusammenbrechen. Wir, die kleine Truppe des ›Werks‹, sind die einzigen, die in den Katakomben das Ende der katholischen Kirche überleben werden. Denn wir sind von Christus, dem König, erwählt, und wir sind es, weil wir ›rein‹ sind.«
Tatsächlich schottet sich die Gemeinschaft nach außen hin völlig

ab. Die Tendenz zur Elitenbildung durch eine eigene Liturgie, eigene Riten und teilweise sogar eine eigene Geheimsprache macht »Das Werk« für Außenstehende völlig undurchschaubar. Mit dem guten Geist der charismatischen Julia Verhaeghe im Bewußtsein bildet die kleine Gemeinschaft quasi eine Kirche für sich. Die Mitglieder aber werden mit der Aufnahme, dem Eingehen des »Heiligen Bündnisses«, in hierarchische Strukturen gepreßt und verlernen, selbständig zu denken. Für so manches Mitglied wird das graue Kloster Thalbach so zum Bregenzer Pendant des echten »Grauen Hauses«, dem Landesgericht für Strafsachen in Wien, das gleichzeitig eines der größten Gefängnisse Österreichs ist. Das graue Haus von Bregenz ist zwar kein offizielles Gefängnis, doch glaubt man den zahlreichen Zeugen, die teilweise mehrere Jahre in ihm zubrachten, kann es für manchen durchaus zu einem solchen werden. Denn wer sich im »Werk« nicht dem strikten Regelwerk unterwirft, hat strengste Repressalien zu gewärtigen.

»Sie haben mir meine Jugend gestohlen«, sagt das 23jährige Ex-Mitglied Patrick Groothues über die Leiter des »Werkes«: »Was hinter den Mauern des Klosters Thalbach vor sich geht, ist geistiger Terror, Manipulation und Mißbrauch.« Der Holländer war vier Jahre im Kloster Thalbach und kennt die Methoden des »Werkes« genau: »Ich hatte keine Privatsphäre. Jeder Brief und jede Postkarte, die ich bekam, wurden kontrolliert. Selbst Briefe schreiben oder mich bei meinen Eltern telefonisch melden durfte ich nicht. Außerdem mußte ich täglich Berichte über meine Aktivitäten und Gedanken verfassen.« Der Ausstieg fiel dem jungen Mann nicht leicht: »Ich hatte nicht einmal das Geld für eine Fahrkarte nach Hause. Schließlich retteten mich meine Eltern.« Wie schwierig sich manchmal der Ausstieg aus der Gemeinschaft gestaltet, zeigt auch das Beispiel einer Belgierin, die 14 Jahre lang Mitglied im »Werk« war:[98] »Damit niemand meine Flucht bemerken konnte, habe ich den Nachtzug genommen. Als ich bereits weit weg war, habe ich die Schlüssel von der Niederlassung in Innsbruck aus dem Fenster geworfen. Ich wagte es allerdings nicht, einen direkten Zug von Innsbruck nach Brüssel zu nehmen. Sie hätten meine Flucht ja bald entdeckt und mich in der einen oder anderen Bahnstation auf dem Weg schon erwarten können. So habe ich einen großen Umweg über Deutschland und die Niederlande genommen, um endlich nach Belgien zurückzukehren. Das war meine Erlösung.«

Lambert Creemers, 41, Dorfpfarrer bei Roermond im Süden der Niederlande, war 16 Jahre lang Mitglied des »Werkes«. Als auch er sich anschickte, die Vereinigung zu verlassen, setzte »Mutter« Verhaeghe alles daran, ihn irgendwie zu halten: »Meinen frommen Eltern, die damals ebenfalls bei der Gemeinschaft waren, erzählte sie, daß mein Wunsch so schlimm sei wie Ehebruch. Meine Eltern waren schockiert und wollten mich natürlich zum Bleiben überreden«, sagt Creemers, der auch von anderen Pressionen zu berichten weiß: »Sogar die Beichte wird dazu benutzt, die einzelnen Mitglieder auszuhorchen. Später werden dann die Geheimnisse als Druckmittel gegen Abtrünnige verwendet.«

Doch auch den Mitgliedern, die treu zum »Werk« stehen, geht es nicht viel besser. Der Alltag ist klar vorgezeichnet, potentielle Vergnügungen wie Kino, Fernsehen und sogar Zeitungen sind laut übereinstimmenden Zeugenaussagen von Ex-Mitgliedern verboten, engere Freundschaften mit anderen Mitgliedern werden nicht geduldet. Selbst die Gesprächsthemen sind vorgegeben, gesprochen werden soll vor allem über das Evangelium, das Gedeihen des »Werkes« und die Richtlinien der Gründerin Verhaeghe. Zweifel an den vorgefertigten Erklärungsmustern sind nicht angebracht. Lambert Creemers: »Die drei goldenen Grundsätze lauten: Nicht fragen, nicht kritisieren, nicht diskutieren.«

Die Fixierung auf wenige Leitfiguren wie Julia Verhaeghe oder auch Mikle Strolz schafft eine besondere Abhängigkeit von diesen geistlichen Führerinnen. Ex-Mitglied Annie Cochet hat die kranke Julia Verhaeghe über einen Zeitraum von zehn Jahren gepflegt. Während dieser ganzen Zeit durfte sie nie nach Hause, nicht einmal zur Beerdigung ihrer leiblichen Mutter. »Ich hörte Julia Verhaeghe sagen: ›Sie haben doch nie viel an Ihrer Mutter gehabt, sie hat Sie nie unterstützt. Aber Sie können selbst wählen, ob Sie zum Begräbnis gehen wollen. Ich kann zwar nicht ohne Ihre Hilfe, aber Sie müssen Ihrem Gewissen folgen‹«, sagt Cochet. Sie blieb natürlich bei Verhaeghe, zu schwer hätte die Schuld auf ihr gelastet, hätte sie die »Mutter Gründerin« mit ihrer Krankheit für ein paar Tage anderen Schwestern überlassen. Als es Cochet nach einigen Jahren dann doch zu bunt wurde und sie sich über das strenge Regime von Verhaeghe und Strolz beschwerte, wurde sie kurzerhand in eine Außenstelle nach Afrika verbannt. Auch das ist eine bewährte Taktik des »Werkes«: Man schickt aufmüpfige Mitglieder in kurzen Abständen von Niederlassung zu Niederlassung, sodaß sie nirgendwo engere soziale Kontakte knüpfen können. Nicht zu den Mitschwestern und schon

gar nicht zur Außenwelt. Selbst Hausbesuche bei Pflegebedürftigen dürfen sie nur in Begleitung einer anderen Schwester absolvieren. Innerhalb der Klostermauern finden aber nicht nur Gehirnwäsche und psychische Ausbeutung statt. Die Leitung des »Werkes« schlägt vor allem aus der Arbeitsleistung der Mitglieder Kapital. Nicht genug, daß die Schwestern und Brüder beim Eintritt in das »Werk« gleich ihr gesamtes Hab und Gut an der Klosterpforte abzugeben haben, ist auch noch der physische Tribut außergewöhnlich hoch. Nach jahrelanger Schwerarbeit im Kloster und den Pflegeheimen des »Werkes« sind es vor allem die Frauen, die körperliche Schäden davontragen. Werden einzelne Mitglieder krank, ist jedoch kein Geld für adäquate medizinische Behandlung vorhanden.
»Ich wurde in die Abtei Farfa nahe Rom versetzt und mußte dort als Köchin arbeiten«, erzählt Rita Eben, 46, und 13 Jahre lang beim »Werk«.[99] »Mein Arbeitstag begann mit Sonnenaufgang und dauerte bis 22 Uhr. Wir waren nicht krankenversichert. Als ich einmal eine Verantwortliche darauf aufmerksam machte, daß ich möglicherweise eine Zyste in der Brust habe, sagte sie nur: ›Wenn du das denkst, dann deshalb, weil du deine Brüste berührt hast. Das ist gegen das Keuschheitsgelübde.‹ Eine chronische Bronchitis behandelte man mit Eierlikör, Honig und Rum. Medizin sahen wir praktisch nie. Ich schlief nicht viel, ich aß nicht viel. Ich zeigte auch zunehmend weniger Appetit, in der Hoffnung, daß, wenn ich nicht mehr ›dienen‹ konnte, ich woanders hingeschickt würde. Ich war physisch und psychisch total kaputt. Damals, glaube ich, wollte ich wirklich sterben.« Glaubt man den Aussagen des Ex-Mitglieds Georgette de Kock, kommt dem »Werk« der frühe Tod eines Mitglieds sogar gelegen: »Verhaeghe sagte oft zu uns, daß wer im ›Werk‹ älter als 50 Jahre würde, nicht genug gearbeitet hätte.« Die Mitglieder, so berichten einige Aussteiger, die dennoch das Pensionsalter erreichen, sollten sich am besten wieder in staatliche Obhut begeben und Sozialhilfe beantragen. Dem »Werk« jedenfalls sollen sie nicht zur Last fallen.
In Belgien lösten die massiven Anschuldigungen der Ex-Mitglieder landesweite Empörung aus, eine Flut von Artikeln in verschiedensten Medien war die Folge. Inzwischen haben sich einige »Werk«-Geschädigte zu einer Selbsthilfegruppe zusammengeschlossen, die »Das Werk« verklagen will. Nach Erscheinen des Buches von Rik Devillé beschäftigte sich sogar das belgische Parlament mit der umstrittenen katholischen Gemeinschaft. Ein Ausschuß legte einen insge-

samt 700 Seiten starken Sektenbericht* vor. Was in Österreich undenkbar ist, war für das belgische Parlament kein Problem: In einer Reihe mit Scientology, Hare Krishna, den Zeugen Jehovas und der Mun-Sekte nannte der penibel recherchierte Untersuchungsbericht auch katholische Sekten. Zu dieser zweifelhaften Ehre gelangte neben dem Opus Dei eben auch »Das Werk«. Auf fast 30 Seiten wurden die Zeugenaussagen von fünf Ex-Mitgliedern dokumentiert, die praktisch alle vorhin genannten Vorwürfe vor der Parlamentarischen Kommission bekräftigten. Der Untersuchungsausschuß kam zum Schluß, daß »›Das Werk‹ aufgrund der Zeugenaussagen ohne jeden Zweifel eine Sekte ist, und zwar wegen folgender Kriterien:
- Zerstörung der Persönlichkeit
- Verbot des Kontakts zu Eltern und Familie
- Aneignung von Erbschaften und Gütern
- die Gewohnheit, Briefe vorzuformulieren oder zu diktieren
- manichäisches Weltbild (›Das Werk‹ ist gut, der Rest ist schlecht)
- Verwendung von Techniken wie Gehirnwäsche
- das ›Verschwinden‹ von Mitgliedern, die grundsätzlich in sehr jungem Alter rekrutiert werden (die Familie weiß nicht, wo sie sich aufhalten)
- keine soziale Absicherung
- die abwegige Vorstellung, ›Das Werk‹ habe die geheime Mission, die katholische Kirche zu reformieren.«[100]

Untermauert wurde der Befund des Untersuchungsausschusses noch durch die Aussage einer belgischen Sektenexpertin, Marijke Degrieck vom Sekteninformationszentrum VVPG (Vereniging ter verdediging van persoon en gezin). Im Vergleich mit anderen sektiererischen Gruppen stellte Degrieck eindeutig fest: »›Das Werk‹ ist eine Sekte, ohne Zweifel. Die Mitglieder werden dort jahrelang mißbraucht und manipuliert.« Zwei zu den Anschuldigungen der Ex-Mitglieder befragte Vertreter des »Werkes« dementierten zwar alles, konnten den konkreten Vorwürfen aber inhaltlich kaum etwas entgegensetzen. Auf seine Weise reagierte »Das Werk« dennoch konsequent: Aus Belgien und Holland zieht sich die Gemeinschaft nun Schritt für Schritt zurück.

---

* Abzurufen unter der Internetadresse http://www.dekamer.be/ (der Bericht liegt in flämischer und französischer Sprache vor). Eine deutsche Übersetzung ist seit kurzem bei der Plattform »Kirche sind wir alle«, Pf. 107, A-6800 Feldkirch erhältlich.

Schweigen ist Gold

Barbara Fink, Leiterin der Schwesterngemeinschaft des »Werkes« im Kloster Thalbach, hat es nicht immer leicht. An der Pforte des grauen Hauses zu Bregenz hat sie oft unbequeme Besucher zu empfangen und gegebenenfalls abzuwimmeln. Besonders hart wird es für Schwester Barbara dann, wenn sich Journalisten bis zum Tor des Kloster verirren und Auskunft über »Das Werk« begehren. Fragen, die Vorwürfe gegen ihre Gemeinschaft betreffen, erwidert Schwester Barbara mit einem Lächeln. Das weicht auch dann nicht von ihren Mundwinkeln, wenn das Nachbohren des bösen Fragers quälend wird. Schwester Barbara nimmt sich Zeit, man könnte sie stundenlang zum »Werk« befragen. Antwort wird sie allerdings auch dann noch keine geben. Das höchste der Gefühle ist ein freundliches »das ist doch alles gelogen«, gefolgt von einem Lächeln. Die Schwester ist eine Meisterin des Zuhörens, das hat sie beim »Werk« gelernt, und des Mitleids, das sie sogar noch für die Nöte einer Recherche aufbringt. Erlösen kann und will sie den Leidenden aber doch nicht.
An der Pforte des Klosters Thalbach, wieder und wieder zurückgeworfen von einer Gummiwand des Lächelns, werden die Erlebnisse des Herrn K. aus Franz Kafkas »Schloß« Realität. Kein Weg führt in das graue Haus von Bregenz. An der Pforte, spätestens aber im Besucherzimmer ist Endstation. Einen Gesprächstermin mit Mikle Strolz, der 61jährigen Nachfolgerin von »Mutter« Verhaeghe, zu vereinbaren wird zum sinnlosen Unterfangen. »Sie hat heute keine Zeit«, sagt Schwester Barbara, und es ist klar, daß sie auch morgen keine haben wird. Die Methode des »Werkes« ist einfach: Welche Vorwürfe auch immer kommen mögen, öffentlich wird keine Stellungnahme abgegeben. Die Strategie des »Werkes« erinnert an Kardinal Hans Hermann Groër. Konsequent verweigerte der Wiener Kirchenfürst im Frühjahr 1995 und wieder Anfang 1998 jede Stellungnahme zu Anschuldigungen, er hätte sich an jungen Burschen und Mitbrüdern vergangen. Er zog es vor, abzuwarten und zu schweigen. Auch »Das Werk« will heikle Situationen lieber aussitzen und darauf vertrauen, daß sich die Lage bald wieder beruhigt. »Das hat man uns von höchster kirchlicher Stelle geraten«, sagt Schwester Barbara. Wenn man reagiert, dann über Dritte, wie die Bürgermeister und Ärzte des Bregenzerwaldes, die sich schützend vor die Gemeinschaft stellen, obwohl auch sie zu den konkreten Vorwürfen nichts sagen (können).
Erkundungen über die katholische Gemeinschaft »Das Werk« sind

also nicht einfach. Selbst über ihre eigenen Grundsätze wollen die Schwestern und Brüder nichts sagen. Statuten und Ziele bleiben meist unklar. Sie sind kaum einmal schriftlich festgelegt, da »Das Werk« bisher lediglich in knapp 20 Bistümern anerkannt ist und die Approbation durch den Vatikan noch aussteht. Offizielle Dekrete, die auch die Ziele der Gemeinschaft beinhalten würden, existieren daher nicht.

Einzige Quellen der Selbstdarstellung sind einige Faltzettel, die »Das Werk« 1983 anläßlich der Übernahme des Klosters Thalbach an die Anrainer des Klosters austeilte. Die Mitglieder der Gemeinschaft »wollen in allen Lebensbereichen wie Sauerteig im Mehl wirksam sein, die Gnade ihrer Taufe und Firmung in Fülle leben und so im Dienste Christi, des dornengekrönten Königs, stehen«, heißt es an einer Stelle, und an einer anderen: »Durch ein Leben, das von einem lebendigen Glauben, von froher Hoffnung und aufrichtiger Liebe durchdrungen ist, wollen sie den Weg der Bekehrung gehen und so als eine geistliche Familie die Schönheit und Harmonie des Mystischen Leibes Christi, der Kirche, ausstrahlen und auf die Nöte dieser Zeit eine Antwort geben.«

Bis auf diese schwammigen Erklärungen wurden die Anrainer des Klosters stets im unklaren darüber gelassen, was eigentlich zwischen den Mauern des grauen Hauses vor sich geht. Gab es in den ersten Jahren nach dem Einzug der Gemeinschaft noch Führungen durch die ausgedehnte Klosteranlage, so hat Mikle Strolz nach den medialen Angriffen auf die Gemeinschaft auch diese eingestellt. Ins Kloster kommt nun nur mehr, wer auch der christlichen Ausrichtung des »Werkes« entspricht.

Das Motto der Geheimhaltung wird auch nach innen hin sichtbar. Im »Werk« weiß kein Mitglied mehr, als ihm von seinem Stand her zusteht. Die Gemeinschaft ist streng hierarchisch organisiert. Buchautor Rik Devillé beschreibt die innere Struktur als ein System von Kreisen – oder »Teufelskreisen«, wie er sie nennt. Den innersten Zirkel bildet die absolute Führungsspitze: Das »geheime Duo« nannte Devillé Julia Verhaeghe und ihre erste Jüngerin Mikle Strolz. Nach dem Tod Verhaeghes ist dieser innerste Kreis freilich auf eine Person geschrumpft. Alle Macht liegt nunmehr bei der gebürtigen Vorarlbergerin Strolz. Sie ist es auch, die als einzige den vollen Überblick über die gesamte Weltgemeinschaft hat. Ihr direkt untergeordnet sind laut Devillé einige enge Vertraute, die untereinander sogar eine eigene Geheimsprache entwickelt haben. Zu ihnen gehören meist

163

die »werks«eigenen Priester, die innerhalb der Organisation standesgemäß besonderes Ansehen und daher auch großen Einfluß genießen. Im nächsten Kreis des »Werkes« finden sich dann die Mitglieder, die in den Häusern der Gemeinschaft leben und für die Führungsspitze schuften dürfen. Weiters gibt es noch einen Kreis von außerhalb der Zentren lebenden Mitarbeitern und sogenannte Katakombenfamilien. Ihre genaue Anzahl ist unbekannt, sicher ist allerdings, daß sie vor allem den Zweck haben, für den Nachwuchs des »Werkes« zu sorgen. Manchmal rücken einige Katakombenfamilien auch aus, um eine große gemeinsame Anstrengung für ihr »Werk« zu vollbringen. So geschehen bei der aufwendigen Renovierung des Klosters Thalbach Mitte der achtziger Jahre, als Dutzende freiwillige Helfer das Gebäude in Rekordzeit auf Vordermann brachten. Zwischen dem Kloster und dem nahen, auf einer Anhöhe gelegenen Priesterhaus des »Werkes« errichteten sie sogar eine langgezogene und überaus schmucke Stiegenanlage. Den letzten Kreis bilden verschiedene Diözesanpriester und auch Bischöfe, die dem »Werk« positiv gegenüberstehen. Sie helfen der Gemeinschaft in allen kirchlichen Belangen und werden von der Führung des »Werkes« meist sorgfältig ausgesucht.

Das System funktioniert perfekt, wahrscheinlich auch deshalb, weil die Gemeinschaft noch relativ klein und überschaubar ist. Mikle Strolz achtet überdies peinlich genau darauf, daß alle Schlüsselpositionen mit ihren engsten Vertrauten besetzt sind. Nur so kann sie sich ihrer uneingeschränkten Macht sicher sein. Über die Jahre hinweg hat sich so ein blühender Nepotismus etabliert. Die internationale Priestergemeinschaft des »Werkes« mit Sitz in Rom wird beispielsweise vom Tiroler Peter Willi, einem entfernten Verwandten von Strolz, geleitet. Ihm zur Seite steht Alois Felder, ein Neffe von Mikle Strolz. Sein Bruder Thomas wiederum leitet das Priesterhaus in Bregenz und seine Schwester Christine, ebenfalls in Rom tätig, sitzt im »Schwesternrat« des »Werkes«. Die Machtbasis des Clans scheint also gesichert.

Geheimhaltung ist für Mikle Strolz und ihre engsten Vertrauten oberstes Prinzip. So wird sogar jeder von ihnen mit einem oder gleich mehreren Geheimnamen versehen. Mikle Strolz selbst heißt so auch noch Frau Bergmann, Frau Bach oder Frau Reiser, Schwester Barbara Fink hört auch auf den Namen Vogel, und Alois Felder wird ab und an Herr Flatz genannt. Die einfachen Mitglieder wissen von diesen Praktiken oft nichts, sie werden viel eher Opfer der internen

Willkür. Dem belgischen Untersuchungsbericht über das »Werk« zufolge muß jedes Mitglied gleich mit der Unterschrift unter das »Heilige Bündnis«, die Beitrittserklärung zur Gemeinschaft, auch einige Blankopapiere mit unterschreiben. »Die Leiter verwenden solche Papiere dann gegen einen, wenn man die Gemeinschaft wieder verlassen will«, sagt ein Ex-Mitglied. »Im nachhinein können sie ja alles auf die Zettel schreiben.« Die vom belgischen Untersuchungsausschuß befragten Vertreter des »Werkes« bestreiten eine solche Vorgangsweise naturgemäß. »Die Mitglieder sind nicht verpflichtet, solche Papiere zu unterfertigen«, gab Schwester Lieve Bommerez zu Protokoll, schränkte aber gleich wieder ein: »Wenn man länger auf Reisen ist, dann kommt es schon vor, daß man für gewisse Fälle einige unterschriebene Papiere zurückläßt.«

So absolutistisch der Aufbau des »Werkes« ist, so festgefahren sind auch die Regeln des inneren Zusammenlebens. Neben der Arbeit gibt es nur noch das Gebet, Freizeit haben die Mitglieder praktisch keine. Dennoch ist es vor allem der geregelte Tagesablauf, der die potentiellen Schwestern und Brüder zu Beginn in ihren Bann zieht. Judith E. aus Wien wurde zwar nie Mitglied des »Werkes«, lebte aber doch zwei Monate auf Probe im Kloster Thalbach: »Ich bin schlußendlich nicht eingetreten, weil ich langsam die totalitäre Struktur hinter der freundlichen Fassade des ›Werkes‹ erkannt habe. Aber am Anfang war es einfach überwältigend, welch mystische Liturgie dort gefeiert wird. Von den Liedern über den reichen Blumenschmuck bis hin zu den meditativen Gebeten hat einfach alles gepaßt«, sagt E.

Nach außen hin wirken die Schwestern und Brüder des »Werkes« tatsächlich wie eine eingeschworene Gemeinschaft. Sie versammeln sich nicht einfach zum Gebet, sondern marschieren in einer festlichen Prozession in die Klosterkirche, natürlich fein säuberlich nach Geschlechtern getrennt. Die Schwestern tragen glänzend weiße Chormäntel inklusive Schleier. Ihre gesenkten Köpfe zieren, als Zeichen der Identifikation mit dem Leiden Christi, weiße Dornenkronen. Jede religiöse Feier, gleichgültig ob Laudes am Morgen oder Vesper am Abend, wird im »Werk« mit dem gebührenden Respekt begangen. Auch die Priester der Gemeinschaft heben sich von ihren übrigen Amtskollegen deutlich ab. »Werk«-interne Gottesdienste zelebrieren sie natürlich ohne Volksaltar, ganz dem Hochaltar zugewandt. In der Öffentlichkeit treten sie, ganz im Gegensatz zum großteils weltoffenen Vorarlberger Klerus, ausschließlich mit traditionellem Kollar auf.

Den konservativen Kirchenoberen scheint's zu gefallen. Das Kloster Thalbach wurde in den vergangenen Jahren des öfteren von ranghohen Kirchenmännern aufgesucht. So sollen unter anderen der Erzbischof von Laibach, Alois Sustar, und auch Klaus Küng, sogar schon vor seiner Ernennung zum Bischof von Feldkirch, den Hauptsitz des »Werkes« besucht haben. Auf Einladung von Mikle Strolz, versteht sich. Die neue Chefin der Gemeinschaft legt größten Wert darauf, den Bischöfen ein entsprechendes Ambiente zu bieten und sie so nebenbei auch für die Ziele des »Werkes« zu begeistern. Längerfristiges Ziel ist es, eine ganze Reihe von hohen kirchlichen Würdenträgern in die Gemeinschaft mit einzubinden und so auch die Position des »Werkes« innerhalb der katholischen Kirche zu stärken.

Frühstück beim Papst

Wenn die Mitglieder des »Werkes« von ihrer Gemeinschaft reden, dann verwenden sie den Begriff der »geistlichen Familie«. Sich selbst bezeichnen sie als »Brüder und Schwestern«, so wie das auch die Mitglieder der alteingesessenen Orden wie die Dominikaner oder die Franziskaner tun. Thomas Felder setzt vor seine Namenszeile das Kürzel »P.« für Pater, Barbara Fink »Sr.« für Schwester. Genaugenommen dürften sie das nicht, denn »Das Werk« ist kein von der katholischen Kirche anerkannter Orden. Die Gemeinschaft besitzt lediglich den kirchenrechtlich niedrigen Status einer »pia unio«, einer »frommen Gemeinschaft«. Als solche hat sie, im Gegensatz zur unabhängigen Personalprälatur Opus Dei, in jeder Diözese um die Erlaubnis des Bischofs anzusuchen, auf seinem Territorium tätig zu werden. Die Priester des »Werkes« werden nicht, wie es in Orden üblich ist, auf die Gemeinschaft geweiht, sondern sind in den jeweiligen Diözesen inkardiniert. Laut »Werk« ist die Gemeinschaft derzeit in insgesamt 17 Diözesen anerkannt, darunter auch in Rom, dessen Bischof Papst Johannes Paul II. ist.
Mitunter führt der Umstand, daß »Das Werk« unter diözesanes Recht fällt, zu einigen Mißliebigkeiten. Als die zweifelhaften Methoden der Führung des »Werkes« in Belgien ruchbar wurden, kriselte es auch in so mancher Diözese. Der Generalvikar der Diözese Gent, Willem de Smet, war über die Vorgänge innerhalb der Gemeinschaft schockiert: »Ich höre diese Anklagen nicht zum ersten Mal, man muß sie auf alle Fälle ernst nehmen.« Smet ging sogar soweit, eine

kirchliche Untersuchung der Vorfälle zu verlangen. »Wenn beim ›Werk‹ alles in Ordnung ist, hat es ja nichts zu befürchten«, merkte er nicht ohne Zynismus an. Die Reaktion des »Werkes« ließ nicht lange auf sich warten: Kommentarlos schloß man seine Pforten in der Diözese Gent, wie übrigens auch in Remouchamps, Diözese Lüttich.
Kritische Stimmen aus Kirchenkreisen sind freilich die Ausnahme. Auch in Österreich gibt es, wenn überhaupt, nur leise Zweifel an den Praktiken des »Werkes«. Herbert Spieler, Dekan von Feldkirch: »Ich wünsche mir, daß die Führung der Gemeinschaft ihre gesamten Aktivitäten endlich offenlegt. Vor allem aber sollte ›Das Werk‹ seine Arbeit mehr nach dem Evangelium ausrichten. Alles andere schadet nur der gesamten Kirche.«
Ein großer Teil der Amtskirche scheint diese Ansicht nicht zu teilen. Die zuständigen Bischöfe schirmen »Das Werk« eher noch zusätzlich ab. Franz Wiertz, Bischof im niederländischen Roermond, verweigerte eine öffentlich geforderte Untersuchung des »Werkes« in seinem Bistum. Das »Limburger Tagblatt«, das sich kritisch über die Gemeinschaft geäußert hatte, nannte der Bischof abwertend »Inquisitor«. Er habe, so Wiertz, niemals solche Anschuldigungen gehört, »im Gegenteil: Zahlreiche Personen haben dort Inspiration und Begeisterung erlebt«. In dieselbe Kerbe schlug auch Klaus Küng, Bischof in Feldkirch. Nachdem die »Neue Vorarlberger Tageszeitung« eine Artikelserie zum »Werk« veröffentlicht hatte, sah sich der Bischof dazu veranlaßt, für die angegriffene Gemeinschaft das Schwert zu ergreifen. In einer Presseaussendung lobte er einerseits das soziale Engagement des »Werkes«, andererseits aber auch die Gründerin Julia Verhaeghe und Mikle Strolz, zum Zeitpunkt der Erklärung im Oktober 1996 noch die Nummer 2 hinter der Belgierin. Bezeichnend auch die Schlußsätze des Opus-Dei-Mannes Küng: »›Das Werk‹ hat sicher nichts zu verschweigen. Es wäre zu wünschen, daß der gesunde Geist dieser Gemeinschaft durch eine aktive Öffentlichkeitsarbeit besser bekannt wird.«
Der gesunde Geist der Gemeinschaft ist vor allem auf die Vergangenheit gerichtet. Wie die meisten anderen fundamentalistischen Gruppen in der katholischen Kirche zeichnet sich auch »Das Werk« durch vorkonziliares Gedankengut aus. Nicht umsonst hängt im Besucherzimmer des Klosters Thalbach ein Foto von Papst Pius XII., dem autoritären Vorgänger des Konzilspapstes Johannes XXIII. In der Obersakristei wird in einer Vitrine eine ganz besondere Reliquie

aufbewahrt: Ein roter Rauchmantel von Papst Pius XII., der von den Priestern des »Werkes« nur zu ganz besonderen Anlässen getragen wird.

In einer Zeit der zunehmenden Säkularisierung erscheinen den Bischöfen das Kloster Thalbach und die zahlreichen anderen Niederlassungen des »Werkes« als Horte des wahren Glaubens, der wahren Frömmigkeit. Hier wird den Oberhirten noch die gewohnte Ehrfurcht und Unterwürfigkeit entgegengebracht. Kein Wunder also, wenn sich die kleine Gemeinschaft in hohen Kirchenkreisen höchster Wertschätzung erfreut. Doch die offen zur Schau gestellte Frömmigkeit ist nicht der einzige Faktor, mit dem »Das Werk« punktet. Mikle Strolz hat schon zu Lebzeiten der »Mutter« immer mehr die Leitungsaufgaben der Gemeinschaft übernommen und über Jahre eine ausgeklügelte Strategie entworfen, wie »Das Werk« in der Kirche zu Macht und Ansehen gelangen könnte. Dazu gehören nicht nur Einladungen an wichtige Bischöfe und Kardinäle, die Zentren des »Werkes« zu besuchen, sondern auch die geschickte Instrumentalisierung längst verstorbener und in der Kirche hoch angesehener Persönlichkeiten.

So schleppen die Schwestern des »Werkes« bei vielen feierlichen Prozession ein überlebensgroßes Porträt der Theresia vom Kinde Jesu, auch Thérèse von Lisieux genannt, mit sich. Die Karmelitin war Ende des vergangenen Jahrhunderts im Alter von 24 Jahren gestorben und 1927 zur Hauptpatronin aller Missionen aufgestiegen. In der Kirche gilt sie noch heute als eher fortschrittlich. Ebenso wie John Henry Newman (1801–1890), der als anglikanischer Theologe 1845 zum Katholizismus konvertierte und in der katholischen Kirche sogar zum Kardinal aufstieg. Seine Theologie, die er unter anderem in seinem Hauptwerk »Essay in Aid of a Grammar of Assent« (1870) darlegte, wirkte sich auch maßgeblich auf das Zweite Vatikanische Konzil aus. Bekannt wurde Kardinal Newman vor allem durch seine Ablehnung des Dogmas der Unfehlbarkeit des Papstes. Mit seinem 1859 publizierten Aufsatz »Über die Befragung der Gläubigen in Sachen der Lehre« geriet er sogar in Häresieverdacht. Newman hatte zeitlebens immer wieder die Bedeutung der Gewissensfreiheit des einzelnen Gläubigen betont.

Im »Werk« wird auch Newman für die eigenen Zwecke verwendet, »systematisch umgelogen und mißbraucht«, meinen viele Kritiker. Die Gemeinschaft kaufte jedenfalls den gesamten Nachlaß des Kardinals und gründete das »Internationale Zentrum der Newman-

Freunde«. In der Via Aurelia 257 in Rom, 15 Gehminuten vom Vatikan entfernt, hat »Das Werk« sogar ein eigenes Institut, im »Werk« auch »piccola casa« genannt, gegründet, das eine eigene kleine Newman-Bibliothek beheimatet. In einem 20 Quadratmeter großen Raum findet der Interessierte dort alle Werke des großen Kardinals und die passende Sekundärliteratur dazu. Ableger der großen Bibliothek finden sich auch in den »Werk«-Niederlassungen in Jerusalem und im Kloster Thalbach zu Bregenz. In Littlemore bei Oxford übertrug man der Gemeinschaft sogar die Verantwortung für das berühmte Newman-College. Andere Hochschulen arbeiten mit dem »Werk« zusammen: So auch die Opus-Dei-Universität im spanischen Navarra, die in einem Sammelband auch einen Beitrag des »Werk«-Bischofs Philip Boyce druckte.
Die treibende Kraft hinter der intensiven Newman-Forschung ist die Vorarlbergerin Mikle Strolz. Mit Vehemenz kurbelt sie auch das Seligsprechungsverfahren für den Kardinal an. Strolz kam mit dem Werk Kardinal Newmans als Sekretärin ihres Onkels Franz Michel Willam in Kontakt. Willam war in Vorarlberg ein sehr bekannter Autor, der in den sechziger Jahren über den Reformpapst Johannes XXIII. und eben auch über die Theologie und Erkenntnislehre Newmans schrieb. Heute gibt Mikle Strolz Sammelwerke und Bibliographien über Kardinal Newman heraus. 1975 veranstaltete »Das Werk« in Rom sogar ein eigenes Newman-Symposium. Innerhalb der kirchlichen Hierarchie hat dem »Werk« die Beschäftigung mit dem bis dahin vernachlässigten Kardinal Newman enorm genutzt. Für eine 1985 erschienene Aufsatzsammlung über Newman spendete Papst Johannes Paul II. seinen apostolischen Segen.[101] Der Präfekt der römischen Glaubenskongregation, der einflußreiche Kardinal Joseph Ratzinger, schrieb gar das Vorwort, in dem er die »hingebungsvolle Arbeit« der Newman-Freunde pries. Die Verfasser der Aufsätze sind durchwegs Anhänger des »Werkes«: Neben Bischof Philip Boyce auch noch der bekannte Münchner Dogmatikprofessor Leo Scheffczyk, der ebenfalls im Priesterrat des »Werkes« sitzt und gute Kontakte zum Opus-Dei-nahen »Internationalen Priesterkreis« unterhält. Die Verbindungen des »Werkes« in höchste Kirchenkreise sind ausgezeichnet: Das beste Beispiel dafür ist der oberste Glaubenshüter Kardinal Ratzinger. Er gilt als prominentester Verfechter der Anliegen des »Werkes« im Vatikan. Vom Kloster Thalbach aus soll sogar eine telefonische Direktleitung in die Räumlichkeiten des Kardinals nach Rom führen. Sicher ist, daß sich in seiner näheren Umgebung

zwei österreichische Mitglieder der Gemeinschaft finden. Christine Felder, eine Nichte von Mikle Strolz, ist halbtags mit dem Haushalt des Kardinals beschäftigt. Ihre restliche Tagesfreizeit verwendet sie, wie übrigens auch der Leiter der Priestergemeinschaft des »Werkes«, Peter Willi, für Führungen am Grab des heiligen Petrus in der Peterskirche. Erstaunlich ist vor allem die Karriere des »Werk«-Priesters Hermann Geißler: Nach nur zweijähriger Tätigkeit als Kaplan in Bregenz wurde der gebürtige Tiroler aus Wattenberg im Alter von 28 Jahren an die oberste Glaubensbehörde nach Rom geholt. Er ist damit einer der wenigen Österreicher, die den Sprung direkt in den Vatikan geschafft haben.

Auch außerhalb der Glaubenskongregation schätzt man »Das Werk«. In Budapest sind Schwestern der Gemeinschaft in der Nuntiatur tätig. Auch Erzbischof Donato Squicciarini, päpstlicher Nuntius in Österreich, kann dem »Werk«, dessen Wiener Niederlassung sich im Nebengebäude der Nuntiatur befindet, einiges abgewinnen. Über seine Nachbarn sagt Squicciarini: »›Das Werk‹ gehört sicher zu den Gemeinschaften, die die Kirche in unserer Zeit bereichern.« Peter Willi, Chef der Priestergemeinschaft des »Werkes«, ist seit kurzem auch Leiter des ersten Priesterseminars des »Werkes«, dem Collegium Paulinum in Rom. Willi wurde sogar lange Zeit als heißer Kandidat für die Nachfolge Reinhold Stechers als Bischof von Innsbruck genannt. Anschaulichstes Beispiel für die hervorragenden Beziehungen des »Werkes« ist aber Mikle Strolz selbst: Sie frühstückt des öfteren mit dem Papst. »Strolz ist im Vatikan besser bekannt als so mancher österreichische Bischof«, sagt ein Vorarlberger Geistlicher.

Kein Wunder also, daß in den vergangenen Jahren die Gerüchte immer lauter werden, daß »Das Werk« einen kirchenrechtlich ähnlich bevorzugten Status wie das Opus Dei anstrebt. Die Verhandlungen der »frommen Gemeinschaft«, endlich in den Stand einer »Personalprälatur« gehoben zu werden, laufen auf Hochtouren. Das bestätigte Bischof Klaus Küng einigen seiner engsten Mitarbeiter sogar in einem internen Gespräch. Auch ein Seligsprechungsverfahren für die kürzlich verstorbene »Mutter Gründerin« Julia Verhaeghe soll man im »Werk« bereits ins Auge fassen. Vorbild ist auch hier das Opus Dei, dessen Gründer Josemaría Escrivá 1992 in einem der schnellsten Seligsprechungsverfahren der Geschichte zur Ehre der Altäre erhoben wurde. Innerhalb des »Werkes« werden jedenfalls schon fleißig Zeugenaussagen über die Heiligkeit von »Mutter« gesammelt. Angesichts der Kontakte der Führungsspitze des »Werkes« darf man gespannt sein, ob die zuständige »Kongregation für die Selig- und Heiligsprechungsprozesse« unter den Berichten auch das zur Seligsprechung nötige Wunder findet und ob, wie es auch schon bei Escrivá der Fall war, die Kritiker in einem möglichen Verfahren nicht gehört werden.

Der wahre Siegeslauf des »Werkes« findet aber an der klerikalen Basis statt. Immer mehr junge Priester begeistern sich für die verstaubten Ideale der Gemeinschaft und schließen das »Heilige Bündnis« mit dem »Werk«. Von den zehn Priestern, die in den vergangenen fünf Jahren in der gesamten Diözese Feldkirch geweiht wurden, sind sechs Mitglied im »Werk«. »Die größte Gefahr solcher radikalen Verbindungen besteht darin, daß sie den Jungen das Gefühl geben, mehr für sie zu leisten als die Amtskirche«, analysiert der Wiener Kirchenrechtsprofessor Bruno Primetshofer die Situation: »Die Sehnsucht nach Geheimnisvollem und mehr Spiritualität treibt sie dann in die Arme der Sektierer. Schuld sind die Angst vor zu großer Selbständigkeit und die Orientierungslosigkeit vieler, die mit der Öffnung der Kirche nichts anzufangen wissen.«

Die zahlreichen Priester des »Werkes« wohnen in eigenen Häusern, streng getrennt von den Schwestern. Eingesetzt werden sie aber nicht nur für die Zwecke des »Werkes«, sondern auch in der diözesanen Arbeit. In Vorarlberg besteht zwischen dem Bischof und der Gemeinschaft »Das Werk« eine eigene diözesane Abmachung. Sie regelt, daß die Priester des »Werkes«, die auf den Titel der Diözese Feldkirch geweiht werden, dem Bischof mindestens drei Jahre zu Verfügung stehen müssen. Erst dann dürfen sie sich unumschränkt den Zielen ihrer Gemeinschaft widmen.

Der pastorale Einsatz der »Werk«-Priester als Kapläne in den Pfarren und als Religionslehrer an verschiedenen Schulen sorgt in Vorarlberg immer wieder für Aufregung. »Werk«-Kaplan Josef Gruber löste in der Pfarre Dornbirn-Rohrbach eine regelrechte Protestflut aus, als er im Pfarrblatt einen Ausflug mit Kindern zu einem Gebeinhaus einer Klosterkirche beschrieb: »Die Gebeine lagen geordnet beisammen, und die leeren Augen der Totenköpfe starrten uns an. Um den Toten gleichsam eine Stimme zu geben, las ich langsam ihre Botschaft vor, die auf der Tafel in der Mitte stand: ›Wir waren einst, was ihr jetzt seid. Ihr werdet bald, was wir jetzt sind.‹« In seinen Ausführungen kommt Kaplan Gruber immer wieder drohend auf das Böse zu sprechen: »Wer aber selbst im Sterben die letzte Gnade der Liebe abweist, reuelos und in Todsünde aus dieser Welt geht, der ist auf ewig verloren, er gelangt in die Hölle.« Christus, so Gruber zu den Kindern, werde dann über sie sein Urteil sprechen: »Weg von mir, ihr Verfluchten, in das ewige Feuer, das für den Teufel und seine Engel bestimmt ist.«

Auch Grubers Unterricht an einer Dornbirner Volksschule und seine Vorbereitung der Kinder auf die Erstkommunion sorgten für Unmut. Einige Eltern von Erstkommunikanten beschwerten sich in einem Brief an das Schulamt über das Gottesbild, das der »Werk«-Kaplan im Unterricht vermittelte: »Unseren Kindern wird ein schlechtes Gewissen eingeredet und Angst vor einem ›strafenden Gott‹ gemacht.« Anlaß war ein Beichtzettel, den Gruber an die sieben- bis achtjährigen Erstkommunikanten ausgeteilt hatte. Darin wurden den Kindern insgesamt 62 mögliche Sünden genannt, die sie in einer gründlichen Gewissenserforschung an sich suchen sollten (siehe folgende Seite). Die klare Unterscheidung zwischen Gut und Böse war dem Kaplan besonders wichtig. Wer von seinen Schülern sündhaft lebte, würde der Hölle kaum entrinnen. Die Aufklärungsarbeit des christlichen Pädagogen zeitigte bald erste Erfolge. »Mein Sohn ist plötzlich weinend nach Hause gekommen und hat gesagt, er sei von Gott verlassen«, berichtet eine aufgebrachte Mutter: »Erst auf mehrmaliges Nachfragen hin hat er dann den Grund für seine Verdammnis erzählt: Er hatte im Religionsunterricht bei Kaplan Gruber geschwätzt.« Gespräche mit dem Kaplan brachten keine Lösung des Problems: »Er ist stur bei seiner Auffassung geblieben«, sagt die Mutter: »Das war ein Schaden für die ganze Familie, denn mein Mann und ich mußten dem Jungen das Bild des strafenden Gottes erst mühsam wieder ausreden.«

Eine Reaktion der Diözese zu den Vorwürfen der Eltern gab es nicht. Die Kapläne des »Werkes« dürfen in den Schulen weiterhin ihre religiösen Vorstellungen und Ziele verfolgen. Die Erklärung von Bischof Küng, in der er die Gemeinschaft von jeglicher öffentlicher Diskussion abschirmt, gibt ihnen den nötigen Rückhalt. Der von Küng angesprochene »gesunde Geist der Gemeinschaft« wird im »Werk« allerdings nicht nur in religiösen, sondern ebensosehr in weltlichen Wirtschaftsbelangen bemerkbar.

Gewissenserforschung nach Lebensgebieten

Suche in dieser folgenden Aufzählung, was auf dich zutrifft.
Merke es dir und sage es so, wie es da steht, im Beichtstuhl.

1. Mein Leben mit Gott

- Ich habe die täglichen Gebete unterlassen (morgens, mittags, abends).
- Ich habe unandächtig gebetet.
- Ich bin am Sonntag (oder Feiertag) aus eigener Schuld zu spät in die heilige Messe gekommen.
- Ich bin am Sonntag (oder Feiertag) aus eigener Schuld nicht in der heiligen Messe gewesen, weil ... (frage dich: warum?).
- Ich bin werktags nicht in der Schulmesse gewesen
- Ich habe beim Gottesdienst geschwätzt, gelacht, gestört.
- Ich habe über Gott und heilige Dinge ohne Ehrfurcht geredet.
- Ich habe mich meines Glaubens geschämt.
- Ich war im Religionsunterricht unaufmerksam, habe manchmal (oft) nicht gelernt.
- Ich habe am Freitag in der Bußzeit aus Liebe zu Jesus kein Opfer gebracht.
- Ich habe tagsüber zu wenig an Gott gedacht.
- Ich habe selten ein religiöses Buch oder eine religiöse Zeitschrift gelesen.

2. Mein Leben zu Hause

- Ich habe meine Eltern enttäuscht, weil ich nicht freiwillig geholfen habe.
- Ich bin meinen Eltern gegenüber frech, unfreundlich, trotzig gewesen.
- Ich habe meine Eltern geärgert, sie traurig gemacht.
- Ich bin ungehorsam gewesen.
- Ich habe meine Eltern angelogen.
- Ich habe mich nicht bemüht, meinen Eltern Freude zu machen.
- Ich habe schlecht über meine Eltern gesprochen.
- Ich habe meiner Mutter, meinem Vater Böses gewünscht.
- Ich habe meinen Eltern Geld weggenommen. (wieviel?)
- Ich habe meine Geschwister geärgert, geschlagen.
- Ich habe mich zu wenig um meine Geschwister gekümmert, nicht mit ihnen gespielt.

- Ich habe meine Geschwister selten gelobt.
- Ich wollte immer Recht haben.
- Ich habe meine Eltern (meine Geschwister) nicht um Verzeihung gebeten, wenn ich etwas falsch gemacht habe.
- Ich wollte oft (manchmal) alles für mich behalten und nicht mit anderen teilen.
- Ich habe zu viel Geld für Süßigkeiten und Getränke ausgegeben.

3. Mein Leben in der Schule

- Ich habe meine Schulaufgaben schlecht gemacht; manchmal (öfter) nicht gemacht.
- Ich habe bei der Arbeit gemogelt.
- Ich bin beim Lernen faul gewesen.
- Ich habe den Unterricht gestört.
- Ich habe die Schule geschwänzt.
- Ich habe einen Lehrer absichtlich geärgert; mitgeholfen, ihm das Leben schwer zu machen.
- Ich habe meinen Lehrer belogen, ihn betrogen.
- Ich bin auf bessere (stärkere, hübschere) Mitschüler eifersüchtig, neidisch gewesen.
- Ich habe mich manchmal (oft) in den Mittelpunkt zu stellen versucht.
- Ich habe anderen etwas weggenommen, gestohlen.
- Ich habe andere verpetzt, damit ich selber gut dastand.
- Ich habe anderen durch Lügen geschadet.
- Ich habe anderen weh getan, weil ich nicht nachgeben wollte.
- Ich habe andere ausgelacht, beschimpft.

4. Mein Leben in der Freizeit

- Ich war beim Spiel ein schlechter Verlierer, ein Spielverderber.
- Ich war manchmal (oft) schnell beleidigt, eigensinnig, zornig.
- Ich habe andere nicht mitspielen lassen.
- Ich habe Zeit vertrödelt, statt meine Hausaufgaben zu machen.
- Ich bin unfair, unkameradschaftlich gewesen.
- Ich habe Streit angefangen.
- Ich habe Sachen beschädigt, ohne es zu sagen.
- Ich habe Sachen entwendet (z. B. im Kaufhaus).
- Ich habe gefundene Sachen behalten.
- Ich habe Versprochenes nicht gehalten.
- Ich habe andere angelogen.

- Ich habe mitgemacht, ältere Leute zu ärgern.
- Ich bin auf der Straße unvorsichtig gewesen.
- Ich habe andere verleitet, Böses zu tun.
- Ich habe mit meinem Taschengeld nichts Gutes getan (kaum etwas Gutes getan) für Arme, für die Mission, für die Diaspora.
- Ich habe Tiere vernachlässigt, gequält.
- Ich habe mir keine Zeit genommen, etwas Vernünftiges zu lesen.
- Ich habe häßliche und schmutzige Worte gesagt.
- Ich habe in schlechter Absicht Unschamhaftes getan, angeschaut (allein, mit anderen).
- Ich bin zu faul gewesen, meinen Körper richtig sauber zu halten.

Schwesterliebe

Unter all den Geheimnissen, die »Das Werk« in sich birgt und die es auf keinen Fall preisgeben will, ragt jenes heraus, das die Leiterin Mikle Strolz umgibt. Wer sich näher mit dem »Werk« und seinen Methoden beschäftigt, stößt unweigerlich auf die 61jährige Vorarlbergerin aus Schoppernau im Bregenzerwald. Ohne sie läuft nichts im »Werk«, stehen alle Räder still. Dennoch hat sie es geschafft, viel eher noch als die Gründerin Julia Verhaeghe, diskret im Hintergrund zu bleiben. Auf den wenigen Fotos, die von Veranstaltungen des »Werkes« existieren, ist Mikle Strolz kaum zu finden. Und wenn, dann steht sie irgendwo im Abseits, im Schatten von »Mutter« Verhaeghe, und beobachtet still.

»Ohne ihr Zutun wäre die Macht des ›Werkes‹ in der Kirche wohl nicht einmal halb so groß«, sagt ein hoher Vorarlberger Geistlicher. Wer Mikle Strolz wohlgesonnen ist, charakterisiert sie als »zielstrebig, pflichtbewußt und prinzipientreu«. Meist gleiten die Attribute allerdings ins Negative ab. Als »machtgierig und berechnend« wird sie dann beschrieben, als »rücksichtslos und kalt«. Eines kommt bei allen Beschreibungen aber immer klar durch: Mikles Weg führt geradewegs zum Erfolg.

An der Kirche war Mikle Strolz schon immer interessiert. Dekanatsführerin in der Katholischen Jugend war sie, und Sekretärin ihres kirchlich engagierten Onkels Franz Michel Willam. Nur ihre Dissertation schrieb sie nicht über ein Kirchenthema, sondern über die »Umwelt und Persönlichkeit« ihres berühmten Urgroßvaters Franz Michael Felder. »Ein Beitrag zur Sozialgeschichte des Hinterbregenzerwaldes« lautet der Untertitel ihrer Abschlußarbeit, die sie an der

Universität Wien einreichte. Da war sie knapp 40 Jahre alt und schon für das »Werk« im Dienste von »Mutter« Verhaeghe unterwegs.
Ihr Aufstieg innerhalb der Gemeinschaft ging rasch und war unaufhaltsam. Zuerst half sie in der seit 1963 bestehenden ersten »Werk«-Niederlassung Österreichs in Innsbruck, 1977 war sie maßgeblich an der Gründung der »Werk«-Stützpunkte in Vorarlberg beteiligt. 1978 kamen sie und einige andere Schwestern dann zur ersten Niederlassung in Bregenz. Der Besitzer der kleinen Wohnung war Gottfried Feurstein, Nationalratsabgeordneter und zugleich Sozialsprecher der ÖVP. »Aus Dankbarkeit« habe er den Schwestern die Wohnung überlassen, »weil sie eine wertvolle Stütze in der Krankenpflege waren«. Und Mikle Strolz? »Sie war immer freundlich, aber distanziert«, sagt Feuerstein: »Und sehr entschlossen hat sie gewirkt«, das hätte er bald vergessen.
Entschlossenheit bewies Mikle Strolz tatsächlich fünf Jahre später. Als sie 1983 erfährt, daß die Gemeinschaft der Dominikanerinnen im Kloster Thalbach nur noch aus elf Schwestern besteht – die meisten zwischen 70 und 90 Jahre alt –, beschließt sie, den damaligen Bischof Bruno Wechner dazu zu überreden, das Kloster dem »Werk« anzuvertrauen. Zusammen mit ihren Schwestern macht sie sich auf den Weg nach Deutschland zum Starnberger See, wo Wechner schwerkrank in einem Rehabilitationszentrum liegt. Daß sie dabei gegen die diözesane Vereinbarung verstößt, den Bischof während seiner Rekonvaleszenz nicht mit Amtsgeschäften zu belasten, stört Strolz nicht weiter. Die Schwestern kümmern sich rührend um Wechner, besorgen ihm während seiner Abwesenheit den Haushalt, und Mikle Strolz bekommt schließlich auch noch, was sie will: Wechners Zustimmung zur Übernahme. Die gibt der Bischof, obwohl er weiß, daß in Marienberg, nur wenige Kilometer von Thalbach entfernt, ein weiterer Dominikanerinnenkonvent mit genügend Schwestern besteht.
Die Marienberger Ordensschwestern haben das Nachsehen. Denn Mikle Strolz hat die Übernahme des Klosters in Geheimverhandlungen mit der Oberin der Thalbacher Dominikanerinnen längst ausverhandelt. Und das mit einigem Geschick, denn das Kloster und sein weitläufiger Besitz, darunter sogar der nahegelegene Hirschberg inklusive Jausenstation, gehen per Schenkungsvertrag an »Das Werk«. Der Gesamtwert der großzügigen Schenkung beträgt geschätzte 350 Millionen Schilling. Die einzige Gegenleistung des

»Werkes« besteht darin, die elf Dominikanerinnen auf Leibrente im Kloster wohnen zu lassen und für sie zu sorgen. Anno 1997 sind von den elf Schwestern gerade noch drei, alle in ihren Achtzigern und Neunzigern, übrig.
Die Übernahme funktioniert aber nur fast perfekt, denn eine der Dominikanerinnen spielt nicht mit. Schwester Bernarda Ammann, ehemals Verwalterin des Klosters, die insgesamt 30 Jahre lang für die Finanzen, Steuern und Bilanzen des Hauses zuständig war, wehrt sich vehement gegen die Schenkung. Als einzige unterzeichnet Schwester Bernarda den Vertrag nicht. Was freilich nichts hilft: »Das Werk« übernimmt das Kloster, entläßt die langjährigen und knapp vor der Pensionierung stehenden Mitarbeiter des dazugehörigen Gutshofes und schickt Bernarda und ihre leibliche Schwester Raimunda, ebenfalls Dominikanerin und sogar Mitunterzeichnerin des Schenkungsvertrages, auf einen 14tägigen Heimaturlaub nach Deutschland. Vor ihrer Rückkehr schreibt ihnen die Oberin, daß sie nicht mehr ins Kloster zurückkehren dürften. Auch Arbeit gebe es keine mehr für sie. Als Bernarda und Raimunda nach Thalbach kommen, finden sie die Pforte verschlossen, das Schloß wurde ausgetauscht. Nicht einmal ihre persönlichen Sachen bekommen die Schwestern ausgehändigt. Heute leben sie getrennt in zwei verschiedenen Klöstern, Bernarda im steirischen Gleisdorf und Raimunda in Friesach in Kärnten.
In Vorarlberg dehnt sich »Das Werk« indessen munter weiter aus. Jüngstes Objekt der Begierde war die Bregenzer Kapuzinerkirche. 1995 bekundeten die Priester des »Werkes« Interesse an einer Übernahme. Doch die zuständige Dekanatskonferenz war mehrheitlich gegen die Übergabe an das »Werk«. Lediglich Prälat Albert Holenstein, Leiter des päpstlichen Missionswerkes für die Glaubensverbreitung in der Diözese Feldkirch und mutmaßlicher Sympathisant des Opus Dei, stimmte dafür. Der zuständige Bregenzer Dekan Anton Bereuter zur ablehnenden Haltung der Dekanatskonferenz: »Auf alle Fragen an diese Gemeinschaft haben wir bisher ausweichende Fragen bekommen. Sicher ist für mich nur, daß diese Leute ein völlig anderes Kirchenbild vertreten.« Bischof Küng war der Entscheid der Dekanatskonferenz aber ohnehin egal. Für die Übergabe der Kapuzinerkirche brauchte er keinerlei Zustimmung. Neuer Rektor der Kirche wurde deshalb ein alter Bekannter: der »Werk«-Priester und ehemalige Kaplan von Dornbirn-Rohrbach Josef Gruber.
Mikle Strolz sieht all diese Querelen rund um ihre Gemeinschaft ge-

lassen. Sie bleibt im Hintergrund und zieht vom Schnürboden des Klosters Thalbach aus die Fäden. Sie weiß, solange Klaus Küng Bischof von Feldkirch ist, kann ihrer Gemeinschaft in Vorarlberg nichts passieren. Das graue Haus in Thalbach und das Anwesen drumherum kann ihr ohnehin niemand mehr nehmen. Die Verwaltung des riesigen Grundbesitzes scheint ihr sogar zuviel geworden zu sein. Im Dezember 1994 verkaufte sie ein größeres Stück unbebautes Land an die Gemeinde Schwarzach. Erzielter Verkaufserlös: 30,3 Millionen Schilling.

DAS NEOKATECHUMENAT

Missionare auf Abwegen

Komm und höre!

Im Saal werden langsam die Lichter ausgemacht. Die Frau am Pult spricht die einführenden Worte für die nächsten Minuten: »In Kürze werden wir das Licht vollständig löschen und einige Zeit im Dunkel bleiben. Die Finsternis ist das Symbol unserer Blindheit, der Sünde, in der wir uns alle befinden. Meint nicht, daß wir Theater spielen. Die Finsternis bringt eine Wirklichkeit, die in unserem Inneren ist, zum Ausdruck. Es ist wahr, daß Neid, Haß, Ehebruch, Egoismus und Tod existieren.« Ein Mann neben ihr kippt den letzten Lichtschalter. Nun ist es stockdunkel, die 15 Menschen im Saal sehen einander nicht mehr. Alles ist ruhig.
Nach einigen Minuten Ewigkeit faucht ein Zündholz in der Tiefe des Raumes, der Pfarrer entzündet eine dicke Taufkerze und trägt sie bedächtig in die Mitte der Gläubigen. Dabei singt er dreimal: »Christus unser Licht und unser Heil.« Die Gemeinde antwortet dreimal: »Halleluja.« Der Pfarrer steckt die Kerze auf einen goldenen Leuchter und schreitet am Pult vorbei zu seinem Stuhl, der etwas erhöht an der Wand steht. Der Mann an den Schaltern macht das Licht wieder an, der Raum ist hell erleuchtet. Mit kleinen Augen intoniert die Ver-

sammlung nun einen wahren Liederkanon. Den Anfang macht das »Halleluja« in allen nur erdenklichen Variationen, es folgen »Der Herr ist auferstanden« und zum Schluß ein inbrünstig gedehntes »Sende deinen Geist«.
Der Wechsel von Licht und Dunkel, die flehentlichen Lieder und Jubelchöre sind der Auftakt zur feierlichen »Lichtliturgie«. Schauplatz des mystischen Spektakels ist der Saal eines Gasthauses auf der Sofienalpe am Stadtrand von Wien. Veranstaltet wird der etwas andere Gottesdienst von der »Katholischen Volksmission«, die zum Abschlußwochenende ihrer Bekehrungsversuche im sechzehnten Wiener Gemeindebezirk geladen hat. Die vier Missionare begrüßen zehn Gäste aus der Pfarre »Zur Heiligen Familie« (Neu-Ottakring). »Morgen kommen noch vier oder fünf dazu«, freut sich eine 60jährige Missionarin.
Begonnen hatte die Mission im September 1997. Aber anstatt in fremde Gefilde aufzubrechen und Naturvölker zu Christus zu bekehren, haben sich die wackeren katholischen Missionare mit Handzetteln, Gitarren und rhythmischen Liedern auf die Straßen Ottakrings gestellt und versucht, so viele Passanten wie möglich zur katholischen Kirche zu bekehren. Auf ihre Zettel hatten sie eine einfache Botschaft gedruckt: »Gott liebt dich. Jesus Christus ist auferstanden und kommt, um dir ein neues Leben zu schenken. Komm und höre!« Die Teilnehmer des »Gemeinschaftstages« auf der Sofienalpe haben gehört. Sie stehen am Ende einer intensiven zweimonatigen Katechese*. Jeden Dienstag und Donnerstag sind sie ins Ottakringer Pfarrheim gepilgert, um dort der Verkündigung zu lauschen. Dutzende Stellen aus der Bibel haben sie gelesen und Lieder unermüdlich geprobt, die sie schließlich bei der Lichtliturgie perfekt zur Aufführung brachten.
Im Saal ist dennoch eine gewisse Nervosität spürbar. Denn an diesem feierlichen Wochenende entscheidet sich der weitere Lebensweg der Gläubigen. Die Missionare werden sie fragen, ob sie den eingeschlagenen katholischen Kurs auch beibehalten möchten. Nicht nur als aktive Mitglieder einer herkömmlichen Pfarre, sondern als echte Jünger Jesu Christi, die ihr Leben wahrhaft in den Dienst Gottes stellen. Die »Katholische Volksmission« und die allwöchentlichen Katechesen seien doch nur der Beginn gewesen, geben die

---

* Vermittlung der christlichen Botschaft

Missionare zu verstehen. Wer wirklich zum ewigen Heil finden möchte, müsse schon der Gemeinschaft beitreten.
Die Gemeinschaft, die sie meinen, nennt sich der »Neokatechumenale Weg«. Mit Werbemethoden à la Zeugen Jehovas und seiner mystischen Liturgie ist er in den vergangenen Jahren zu einem breiten erzkonservativen Trampelpfad in der Kirche geworden. Weltweit finden sich in über 90 Ländern und mehr als 800 Diözesen inzwischen fast eine Million »Neokatechumenen«, wie die Mitglieder des Weges heißen.
Geboren wurde der Neokatechumenale Weg, oder auch nur das »Neokatechumenat«, anno 1964 in den Baracken von Palomeras Altas an der Peripherie von Madrid. Sein Schöpfer ist der als Maler nur mäßig erfolgreiche Francisco Arguello, heute 58, der von seinen Anhängern nur liebevoll »Kiko« genannt wird. Vom »Atheismus existentialistischer Prägung«[102] bekehrte er sich zum Christentum und begab sich mit einer Bibel, einem Kreuz und einer Gitarre zu den Armen an den Stadtrand von Madrid. Ausgelöst hatte den plötzlichen Sinneswandel eine Frau, die ihm zu Weihnachten unter Tränen ihre Lebensgeschichte anvertraut hatte. Tief betroffen von der Geschichte, verließ Kiko sein Elternhaus und lebte im Stile eines Charles de Foucauld als »Armer unter Armen«.[103] In den Baracken begann er langsam mit seiner strengen Glaubensverkündigung, und bald gesellte sich auch noch Carmen Hernandez, eine Theologiestudentin, die sich als Nonne für die Mission in Indien vorbereitete, zu ihm. Der damalige Erzbischof von Madrid, Monsignore Casimiro Morcillo, wurde auf die unorthodoxe Liturgie der beiden aufmerksam. Weil Kiko und Carmen damit Erfolg hatten, lud sie der Erzbischof ein, auch in anderen Stadtteilen und Pfarrgemeinden Katechesen zu halten.
Von Madrid aus begann dann der Siegeszug des Neokatechumenates durch alle fünf Kontinente der Erde. Schon 1968 eroberte man Rom, das noch heute der Hauptsitz der Organisation ist. Fast die Hälfte aller römischen Pfarrgemeinden sammelte in den vergangenen 30 Jahren Erfahrungen mit Kikos und Carmens Glaubensverkündigung. Organisiert sind die Anhänger der beiden charismatischen Führer in kleinen Gemeinschaften zu je 15 bis 40 Mitgliedern. Allein in Italien, wo der »Weg« am stärksten vertreten ist, gibt es an die 3000 Gemeinschaften, zu den Hochburgen zählt neben Rom vor allem Florenz.
Im deutschsprachigen Raum wurden Österreich und Deutschland

zum Missionsgebiet erklärt, die Knotenpunkte sind hier Wien und München. In Österreich, wo das Neokatechumenat seit 1974 tätig ist, gibt es mehr als 30 Gemeinschaften. Die Wiener Pfarren St. Paul in Döbling und St. Brigitta in Brigittenau sind mit mehreren Gemeinschaften die stärksten neokatechumenalen Pfarren Österreichs, die »Heilige Familie« in Ottakring und die Pfarre Blut Christi in Floridsdorf beherbergen nur wenige Gruppen. Graz-St. Peter ist mit drei Gemeinschaften der zweitgrößte Stützpunkt, Salzburg, Linz, Wiener Neustadt und Klagenfurt folgen mit ein bis zwei Gruppen. In kleineren Städten etabliert sich das Neokatechumenat nur selten: So erweisen sich Gemeinschaften wie die im steirischen Kapfenberg als relativ unbeständig. Eine Gruppe aus Dornbirn hat sich wieder aufgelöst, einige Mitglieder wechselten mit fliegenden Fahnen ins Lager des Opus Dei.

Wie die große Personalprälatur Opus Dei gibt auch der ständig breiter werdende Neokatechumenale Weg seit einigen Jahren Anlaß zu kircheninternen Diskussionen. Kritiker werfen ihm Fanatismus und religiösen Wahn vor, die Befürworter preisen ihn als wirksame Möglichkeit, den katholischen Glaubensverfall zu stoppen. Papst Johannes Paul II. hält große Stücke auf die auch ihm treu ergebenen Anhänger Kikos. Für ihn ist der Neokatechumenale Weg neben der Fokolarbewegung und Communione e liberazione eine jener Organisationen, die seinen Traum von der Neuevangelisierung Europas verwirklichen könnten.

Das Neokatechumenat selbst sieht sich ebenfalls als Erneuerungsbewegung. Schon der Name der Organisation ist Programm: Er steht für eine Neubelebung der Taufe und der Taufvorbereitung. Nach dem Neuen wird wie bei so vielen anderen konservativen Kadern der Kirche in der Vergangenheit gegraben. Aber die Jünger Kikos suchen ihr Heil nicht etwa in der starren tridentinischen Messe oder in mittelalterlichen Idealen. Die Wanderer auf dem Neokatechumenalen Weg sind unterwegs zur christlichen Urkirche, sie fühlen sich in den ersten drei Jahrhunderten nach Christus heimisch. In den Katakomben Roms, so sind sie überzeugt, pulsierte das einzige, das wahre Christentum.

Da verwundert es auch nicht, daß sich die Neokatechumenen als die legitimen Nachfolger des Urchristentums verstehen. »Die neokatechumenale Gemeinschaft ist die Kirche Jesu Christi, die sich an einem bestimmten Ort verwirklicht«, schreibt etwa Ricardo Blásquez, Bischof von Santiago de Compostela und heißer Verehrer des »Weges«, im einzigen programmatischen Buch, das bisher von einem Anhänger des Neokatechumenates herausgegeben wurde: »Die neokatechumenalen Gemeinschaften. Ein Weg der Einführung in den christlichen Glauben«. Blasquez bezeichnet das Neokatechumenat gar als »ursprüngliche Zusammenfassung des gesamten Christentums«, er ist überzeugt davon, daß Kiko und Carmen in der Geburtsstunde des Weges »von Gott ein Charisma für die nachkonziliare Kirche erhalten haben«.[104]

Im Gegensatz zu Traditionalisten wie den Piusbrüdern ist das Zweite Vatikanische Konzil für die Neokatechumenen kein Stein des Anstoßes. Im Gegenteil: Im Konzil glauben sie jene liturgischen Freiheiten zu finden, die sie für die Ausübung ihres Glaubens brauchen. Durch das Zweite Vatikanum, so sagen sie, sei die Kirche Gottes erst wieder zum Leben erwacht. Während der Einführungskatechesen, die im klassischen Frontalunterricht wie in der Volksschule gehalten werden, zeichnet das Leitungsteam immer wieder ein »Panorama der Heilsgeschichte« an die Tafel. In regelmäßigen Abständen geht es da von Abraham über Mose und David bis hin zu Jesus und der Urkirche. Anno 313 gibt es mit der Bekehrung Kaiser Konstantins allerdings eine Zäsur. Damals, so die Erklärung, hat sich die Kirche für die Massen geöffnet, die Glaubenspraxis wurde verwässert. Der Zustand der Verwässerung hielt dann ganze 1600 Jahre an – die Katechisten malen für diese Zeit demonstrativ eine Klammer an die Tafel – und wurde erst 1962 mit dem Konzil beendet. Heute, da ein Auszug der Massen aus der Kirche stattfindet, ist laut Katechisten wieder die Chance gegeben, zu alten Werten zurückzufinden.

Diese Werte repräsentiert natürlich das Neokatechumenat. Vor allem auf die Tauferneuerung ist man stolz, sie ist der Endpunkt des Weges. Die derzeitige katholische Praxis ist für die Neokatechumenen zuwenig, sie wollen sich von den Hunderttausenden Taufscheinkatholiken bewußt abheben. Vorbild ist die dreijährige Taufvorbereitung der frühen Christen. Bei den Anhängern Kikos dauert das um einiges länger, bis man zum heiligen Sakrament zugelassen wird. Mindestens 15 Jahre, meistens jedoch länger, müssen die einzelnen Katechumenen heute auf ihre zweite Taufe warten, die sie etwas näher an Gott bringen soll.

Die neuen Kandidaten aus Ottakring sind sich dessen bewußt. Nach der Lichtliturgie gehen sie schweigend zu Bett. Das Leitungsteam hat sie darum gebeten. Nicht einmal den ansonsten ausgiebig zelebrierten Friedensgruß, der im Neokatechumenat zum Friedenskuß mutiert, hat man an diesem Abend erhalten. Die Stille sollen sie nützen, um in sich zu gehen und sich ernsthaft zu fragen, was Gott von ihnen will. Es könne ja kein Zufall sein, daß er gerade *sie* hierhergeführt hat. Zufall, so sagt die Dame aus dem Leitungsteam, sei bloß ein anderes Wort für Gott. Auch am nächsten Morgen beim Frühstück wird geschwiegen, erst danach, bei der Laudes, erheben die Anwärter wieder ihre Stimmen.

Vor der abschließenden Bergpredigt am Sonntag gibt es noch einmal mahnende Worte des Leitungsteams: »Verteidigt euch nicht gegen dieses Wort Gottes, es ist die freudenvolle Ankündigung des Reiches Gottes. Es ist der Entwurf des neuen Menschen: des Menschen, den der Heilige Geist kostenlos in euch gestalten wird.« Die meisten nehmen das großzügige Angebot an, das so harmlos mit dem Volksmissions-Motto »Komm und höre!« begann. Nur eine Frau »möchte sich nicht binden«. Sie fährt frühzeitig nach Hause und läßt eine neue Gemeinschaft zurück, die erwartungsvoll am Beginn des Neokatechumenalen Weges steht.

Knecht Jahwes

Den Abend hatte sich Giovanni Guggi wahrlich anders vorgestellt. Gegen Ende seines Vortrages bei der Zweiten Ökumenischen Versammlung im Juni 1997 in Graz kam nämlich Unruhe unter den 200 Zuhörern auf. Plötzlich wurden Fragen gestellt, die nicht nur Demut und Begeisterung im Gepäck trugen, mit einem Mal spürte man eine unangenehme Grundspannung im Publikum. Der sonst so souveräne Guggi geriet gehörig ins Schwimmen.

Dabei hatte alles begonnen wie immer. Guggi hatte von sich erzählt, seiner Frau Nadja und den sechs Kindern, von seiner Sinnkrise als 18jähriger und der anschließenden Bekehrung zum Neokatechumenat. 25 Jahre ist er bereits auf dem Weg, sagt Guggi, seit mehr als 20 Jahren leitet der Italiener die Mission in Österreich. Von dieser wunderbaren Erfahrung wollte er an diesem Abend erzählen und hat es auch getan. In seiner unnachahmlichen Art tanzte er wild gestikulierend vor dem Auditorium, erhob die Stimme, wo nötig, wurde ruhig, wo es die Rhetorik befahl. Der ausgeprägte italienische Akzent verlieh seinen Worten noch an Gewicht, nur manchmal, wenn er nach einem deutschen Vokabel suchte, geriet er etwas außer Tritt.

Gut drei Viertel des Publikums lauschten ergriffen. Sie kennen Guggi seit Jahren, denn auch sie gehen den Neokatechumenalen Weg. Den Inhalt von Guggis Ausführungen haben sie zwar schon intus, trotzdem sind sie, als moralische Stützen sozusagen, aus ganz Österreich angereist, um ihren Chef zu bewundern. Der Vortrag, der eigentlich als Informations- und Diskussionsabend für die Gäste der Ökumene geplant war, hält Guggi ganz im Stile seiner Katechesen; auf das eigentliche Thema, den Beitrag des Neokatechumenates zur Ökumene, geht er gar nicht ein. Am Ende beschwört er alle, umzukehren und den Weg zu Gott einzuschlagen. Gemeint sind damit die knapp 50 Zuhörer, die bisher noch nicht auf den rechten Pfad gefunden haben.

Auf seine Worte reagieren sie allerdings anders, als sich Guggi das vorgestellt hatte. Noch bevor er zum Schlußgebet ansetzt, fallen ihm einige aufgebrachte Zuschauer ins Wort und fordern ihn auf, sich doch auch einer Diskussion über die fragwürdigen Methoden des Neokatechumenates zu stellen. Bisher seien das ja alles leere Phrasen gewesen, monieren einige Kritiker, jetzt wolle man endlich Tacheles reden. Wie das denn mit den aggressiven Bekehrungsstrategien seiner Organisation sei, will einer wissen, ob der elitäre Anspruch der Neokatechumenen nicht eine Gefahr für die Einheit der Kirche darstelle, eine andere. Guggi antwortet lange nicht, er ringt um Fassung und die richtigen Worte. Aber auch nach einigen Minuten hat er die noch nicht gefunden. Wenig überzeugend zitiert er endlich das Gleichnis vom verlorenen Sohn. Die Fragesteller vergleicht er mit dem älteren Sohn: Sie wollten es nur nicht wahrhaben, daß eine kirchliche Erneuerungsbewegung so viel Erfolg hat und sich im Schoß von Mutter Kirche derart wohl fühlt. Als einer aus dem Publikum selbst auf diesen Vergleich hin meint, die Praxis des Neokatechumenates erinnere ihn an eine Sekte, bricht Guggi die Veranstaltung abrupt ab und spricht das Schlußgebet.

Das Verhalten des obersten Neokatechumenen in Österreich verwundert nicht. Widerspruch ist er nicht gewöhnt. Schon bei den Einführungskatechesen wird den angehenden Neokatechumenen eingetrichtert, daß sie das Wort Gottes hören. Und das ist natürlich unangreifbar. Wer sich für den »Weg« entscheidet, begibt sich auf eine klar vorgezeichnete Bahn, die unabänderlich von den Gründern Kiko und Carmen festgelegt ist. Für die einzelnen Teilnehmer der Katechesen ist es eine Gnade, am Weg teilhaben zu dürfen. Da nehmen sie es auch gerne in Kauf, daß ihre Persönlichkeit völlig umgekrempelt wird. Eine stehende Phrase im Neokatechumenat lautet: »Bevor man zu bauen beginnt, muß man abreißen.« Alles Unreine im Katechumenen muß eliminiert werden. Der Schlußpunkt dieser Umkehr vollzieht sich in der Tauferneuerung. Zuerst, so beschreibt es Kiko, steigt jeder »bis zu den Wassern der Taufe hinab«. Dort wird dann der alte Mensch getötet und ein neuer ersteht, ganz nach dem Vorbild Jesu.

Bis es soweit ist, müssen die Neokatechumenen aber erst die einzelnen Stationen des Weges ordnungsgemäß passieren. Insgesamt fünf Stufen haben sie nach der ersten, den Einführungskatechesen, noch zu überwinden, bevor sie tatsächlich in neuem Glanz erstehen. Nach dem Abschlußwochenende der Einführungskatechesen und der Bildung einer Gemeinschaft beginnt das sogenannte *Vorkatechumenat*, das insgesamt zwei Jahre dauert. Auch hier gibt es zwei Treffen pro Woche. Die Gruppe ist von nun an aber weitgehend auf sich allein gestellt. Ziel ist es, die Bibel noch besser als in den einführenden Katechesen kennenzulernen. Kleine Teams von drei bis fünf Katechumenen bereiten jeweils eine Bibelstelle vor und präsentieren sie jeden Mittwoch beim obligatorischen Wortgottesdienst. Am Samstag gibt es eine mehrstündige feierliche Eucharistie. Beim alle sechs Wochen stattfindenden Gemeinschaftstag werden die Themen der vergangenen Wochen nochmals gemeinsam aufgearbeitet. Als Schlußpunkt des Vorkatechumenates ist ebenfalls ein Gemeinschaftstag vorgesehen, an dem das erste Skrutinium, eine Art Prüfung, stattfindet: Dabei wird der eigentliche Beginn des Katechumenates gefeiert. Besiegelt wird der Weg des einzelnen, indem sich jeder in die Bibel der Gemeinschaft einträgt. Aber auch durch diesen Akt gelangt man noch nicht endgültig zum Katechumenat.

Denn zuvor folgt ein zwei bis drei Jahre dauernder *Übergang zum Katechumenat*. Für die einzelnen Mitglieder ist dieser Übergang eine entscheidende Phase, denn spätestens jetzt müssen sie beweisen, daß sie für den Weg reif sind und Gott auch das zu geben bereit sind, was er von ihnen verlangt. Konkret müssen die Katechumenen all ihren Götzen entsagen, die sie von der ungeteilten Liebe zu Gott abhalten. Als Götze Nummer eins gilt im Neokatechumenat der schnöde Mammon, aber auch eine zu intensive Hingabe an den Ehepartner oder die Kinder werden vom Neokatechumenat als verwerflich angesehen. Kiko sagt: »Alles ist eitler Wahn. Die Ehe: ein eitler Wahn. Kinder: ein eitler Wahn. Deine Frau: ein eitler Wahn. Dein Mann: ein eitler Wahn ... Meine Bilder, meine Kunst: ein eitler Wahn.«[105] Was zählt, ist nur die Hingabe an Gott. Abgeschlossen wird der Übergang zum Katechumenat mit dem zweiten Skrutinium. Ist es bis hierher üblich, daß immer ein Pfarrer über die Gläubigen wacht, so nimmt an diesem Fest nicht selten auch der Ortsbischof teil. Das zweite Skrutinium ist eine Prüfung der Katechumenatsanwärter, die in Österreich meist von Giovanni Guggi durchgeführt wird. Vor der gesamten Gruppe müssen die Kandidaten Zeugnis darüber ablegen, wie sehr sie sich von ihren Götzen befreit haben. Von jedem wird erwartet, daß er eindeutige und unübersehbare Zeichen setzt. Beliebte Zeichen sind die Trennung von Immobilien oder Wertpapieren und Spenden. Die Geldbeträge sollen, so sagt die Führung der Organisation, den Armen der Pfarre zugute kommen.

Wer unübersehbare Zeichen gesetzt hat, erreicht die nächste Stufe, das eigentliche *Katechumenat*. Dieses Teilstück des Weges dauert mehrere Jahre. Gleich am Anfang bekommt der frischgebackene Katechumene das »Buch der Psalmen« überreicht. Es soll ihm helfen, klare Beziehungen zu Gott und den anderen zu erlangen, die Dunkelheit soll endgültig dem Licht weichen. »So wird der ganze Mensch durchsichtig und einfach«, heißt es im Neokatechumenat. Keiner soll mehr vor den anderen Geheimnisse haben, egal welcher Art sie auch immer sein mögen. Während des Katechumenates arbeitet man auch verstärkt in der Pfarre mit, übernimmt Aufgaben in der Jugendarbeit oder besucht zu zweit Familien und versucht, ihnen die Botschaft Jesu Christi näherzubringen. Am Ende des Katechumenates erhält jeder in einer feierlichen Zeremonie das Vaterunser überreicht.

Beim Übergang zur nächsten Stufe, der *Erwählung*, trägt jeder seinen Namen in das »Buch des Lebens« ein. Die Katechumenen heißen von nun an »Electi« (Erwählte) oder »Competentes« (Erfahrene), weil sie ihre Treue zum Bund mit Gott bereits unter Beweis gestellt haben. Die Zeit der Erwählung ist vor allem eine Zeit der Danksagungen. Die Electi und Competentes loben Gott dafür, daß sie zur Rettung der Welt berufen wurden. Sie glauben, wie Christus zu einem »Knecht Jahwes« berufen zu sein. Das gesamte Leid der Welt kann ihnen von nun an nichts mehr anhaben. Die Sünden der Welt tragen sie mit Leichtigkeit.

Der letzte Schritt auf dem Neokatechumenalen Weg ist die *Erneuerung des Taufversprechens*. Die Taufe findet in einer mehrstündigen Zeremonie während der Osternacht statt. Auch die bisher ungetauften Kinder aus der Gemeinschaft werden in dieser Nacht getauft. In

den Pfarren, in denen das Neokatechumenat Fuß gefaßt hat, sind die Kirchen meist mit einem prächtigen Taufbecken ausgestattet. Die Taufkandidaten werden nicht bloß mit Wasser besprengt, sondern mit dem Kopf vollständig unter Wasser getaucht.
Jene, die ihr Taufversprechen nach einer Anlaufzeit von 15 oder mehr Jahren erneuert haben, sind nun zwar am Ende des Katechumenates, zur Vollkommenheit sind sie damit aber noch nicht gelangt. Auch weiterhin müssen sie ihr Leben den Geboten der Gemeinschaft unterordnen. Der Gehorsam und die sogenannte Arkandisziplin, die absolute Verschwiegenheit nach außen, gehören weiterhin zu den Kardinaltugenden. Eigenverantwortung bleibt auch nach der Tauferneuerung ein Fremdwort.
Obwohl die einzelnen Gemeinschaften auf ihrem Weg scheinbar auf sich allein gestellt sind, gibt es immer wieder Kontrollmechanismen, die ein Abdriften einzelner Gruppen verhindern. Die erste Kontrollfunktion hat der Pfarrer, der bei allen Messen und Wortgottesdiensten der Gemeinschaft dabei ist. Auch die jeweiligen Führungspersönlichkeiten in den einzelnen Ländern achten peinlich genau darauf, daß kein Fingerbreit vom Trampelpfad des Glaubens abgewichen wird. Dabei wird nichts dem Zufall überlassen.
Vor allem die Einführungskatechesen, die meist von erfahrenen Katechumenen geleitet werden, sind standardisiert. Am Beginn der Volksmission bekommen die Verantwortlichen einen Stoß Unterlagen in die Hand, die sie genauestens darüber instruieren, was zu welchem Zeitpunkt zu geschehen hat. Jede Stunde während der ersten zwei Monate ist bis ins letzte Detail durchgeplant. Die ausführlichen Anleitungen und Musterkatechesen, »Orientierungen« genannt, stammen natürlich von Kiko und Carmen und sind für Außenstehende unzugänglich. Bei den Vorträgen und den einführenden Worten zu jeder Lesung haben sich die Katechisten wortgetreu an das Manuskript zu halten. Für besondere Ereignisse wie die Lichtliturgie beim Abschlußwochenende gibt es sogar eigene Checklisten: Vom Marienbild bis zur Gitarre, vom Kelchtuch bis zu den Reservebibeln ist hier alles verzeichnet.
Wer im Neokatechumenat vom Standardprogramm abweicht oder vor dem Aufstieg in die nächste Stufe keine klar erkennbaren Zeichen seiner Gottesliebe setzt, kann leicht »bestraft« werden – er steigt dann einfach nicht in die nächste Runde auf. Auch Rückstufungen sind jederzeit möglich. In der Praxis kommt das allerdings nur selten vor: Die Kader der Neokatechumenalen strotzen vor Dis-

ziplin und Unterwürfigkeit. Das Ziel, in einigen Jahren zu einem Knecht Jahwes aufzusteigen, wollen sie nicht aus den Augen verlieren.

Im Namen des Papstes

Nach außen hin erreichen die Legionen Kikos größtmögliche Aufmerksamkeit. Werden die einen vom distanzierten und überlegenen Auftreten der Neokatechumenen meist nur abgestoßen, so beeindruckt die anderen vor allem ihre tiefe Frömmigkeit. Mit ihrem unterwürfigen und gottesfürchtigen Gestus haben sie es in den vergangenen zwei Jahrzehnten geschafft, vor allem den Papst auf ihre Seite zu ziehen. Kiko und Carmen sind gerngesehene Frühstücksgäste beim Heiligen Vater.
In »Der Neokatechumenale Weg in den Ansprachen von Papst Paul VI. und Johannes Paul II.«[106] dokumentieren sie ihren Aufstieg in der Gunst des obersten Hirten. Während von Paul VI. nur zwei Reden abgedruckt sind, bringt es sein polnischer Nachfolger auf dem Stuhl Petri in zwölf Jahren auf gezählte 66 Auftritte und Grußbotschaften. Am 30. August 1990 belohnte Johannes Paul II. seine treu ergebenen Missionare mit der offiziellen Anerkennung durch den Vatikan. »Nach mehr als zwanzig Jahren des Lebens der Gemeinschaften ... erkenne ich den Neokatechumenalen Weg an als Itinerarium* katholischer Formation, gültig für die Gesellschaft und für die gegenwärtige Zeit.«[107] Schon zuvor hatte er Paul Josef Cordes, Vizepräsident des Päpstlichen Rates für die Laien und ehemals Bischof im deutschen Paderborn, beauftragt, sich »ad personam« um das »Apostolat der Neokatechumenalen Gemeinschaften« zu kümmern. Neben Cordes ist auch noch der Sondersekretär des Papstes, Monsignore Stanislaw Dziwisz, ein besonderer Förderer des Neokatechumenates im Vatikan.
Auf eine Errungenschaft des Weges sind seine Schutzpatrone besonders stolz: die Missionarsfamilien. Jeden September kommt es in Porto San Giorgio zu einem riesengroßen Treffen von Familien des Neokatechumenates. Dort können sie sich freiwillig zum Missionsdienst melden. Die alljährlich etwa 300 Bewerber werden dann für

---

* Lat. Wegbeschreibung

das Fest der Heiligen Familie am 29. Dezember zu einem weiteren Treffen geladen, bei dem etwa 100 ausgewählt werden. Sie gehen dann in alle Welt und versuchen, neue Rekruten für den Weg zu gewinnen. Nicht jeder zieht dabei ein so günstiges Los wie Giovanni Guggi und seine Familie mit Österreich. Zielgebiete sind nämlich auch wenig christliche Großstadtreviere, wie die südliche Bronx von New York oder die Wellblechsiedlung von Yokohama bei Tokio. Mit Kind und Kegel, meist aber ohne Geld, ziehen die stolzen Missionare dorthin und brauchen meist eine lange Zeit, um sich überhaupt erst an die neue Umgebung zu gewöhnen. Seit 1986 bekommen die auserwählten Familien wenigstens ein Missionarskreuz vom Papst höchstpersönlich überreicht, das ihnen auf ihrem steinigen Weg Mut machen soll. Ein besonders beliebtes Missionsgebiet ist der Osten Europas. Vor allem in Polen trägt die Arbeit der Familien reichlich Früchte. Mit weit über 500 Gemeinschaften ist die Heimat des Papstes eines der massivsten Bollwerke des Weges.

Die immer größere Bedeutung des Ostens für die Mission wurde auch im April 1993 in Wien deutlich. Das Neokatechumenat hatte zu einem viertägigen Symposion geladen, bei dem es Bischöfen aus aller Welt seinen Weg näherbringen wollte. Die Oberhäupter der einzelnen Diözesen haben für Kikos Anhänger eine besondere Bedeutung: Ohne ihre Einwilligung dürfen die Missionare in der betreffenden Diözese nämlich nicht tätig werden. Das Treffen, das im Hotel Intercontinental abgehalten wurde, brachte einen durchschlagenden Erfolg für die Veranstalter. Insgesamt 140 Bischöfe aus aller Herren Länder waren angereist, um der Erneuerungsbewegung ihre Aufwartung zu machen. Allein 57 davon waren aus den Ländern des ehemaligen Ostblocks gekommen.

Sie alle zählen auf die Missionarsfamilien, aber auch auf den zahlreichen Priesternachwuchs des Neokatechumenates. Den rekrutiert die Leitung vornehmlich aus den eigenen Reihen. Junge Männer und Ehepaare mit männlichem Nachwuchs sind in den neokatechumenalen Gemeinschaften deshalb immer gern gesehen. 1993 verfügte die Organisation bereits über 24 eigene Priesterseminare in 20 Ländern, an denen 850 Seminaristen studierten. Zusätzlich besuchten 1 500 Anwärter bereits einschlägige Vorbereitungskurse in den Zentren der Bewegung. Den Dienst in der Pfarre hatten damals erst 37 Priester und 23 Diakone angetreten.[108] Wenn in den kommenden Jahren Hunderte Seminaristen ihr Studium beenden, steht dem Vatikan und den Ortsbischöfen eine ungewohnte Flut an Neupriestern

zur Verfügung. Ende ist keines abzusehen, denn die Zahl der Seminare und Seminaristen steigt stetig.
Seit 1995 hat sogar das kleine Österreich sein eigenes neokatechumenales Priesterseminar. Es ist eines von neun in Europa, die anderen acht befinden sich in Rom und Macerata in Italien, in Madrid und Valencia in Spanien, in Warschau, Haarlem, Pula (Kroatien) und in London. Im deutschsprachigen Raum ist das Wiener Seminar das einzige, denn ein Projekt des Berliner Kardinals Georg Sterzinsky scheiterte. Wie auch alle anderen trägt das Seminar den Namen *Redemptoris Mater**, den »süßen Namen der Jungfrau«, wie Papst Johannes Paul II. in seiner Grußbotschaft an das Wiener Symposion 1993 feststellte. Der damalige Gastgeber, Kardinal Hans Hermann Groër, hatte in seiner Eröffnungsrede noch bedauert, daß es »hier in Wien (noch) kein Diözesanseminar für die künftigen Priestermissionare gibt«. Die zwölf angehenden Priester der Organisation, die damals schon an der Wiener Theologischen Fakultät studierten, wohnten da noch bei Familien des Neokatechumenates. Erst Groërs Nachfolger, Kardinal Christoph Schönborn, faßte die »zwölf Mini-Seminare« (Groër) zum »diözesanen Missionskolleg zur Priesterausbildung für die Neuevangelisierung« zusammen.
Bereits einen Tag nach seinem Amtsantritt als Erzbischof am 14. September 1995 richtete Schönborn gegen den massiven Widerstand des diözesanen Klerus das Missionskolleg ein. Den Rektor des Seminars, Giuseppe Rigossi, berief er, ebenfalls trotz heftiger Proteste, in den Priesterrat. Als erste Heimstätte der konservativen Priesterstudenten diente das Marianneum in der Hetzendorfer Straße im zwölften Wiener Gemeindebezirk. Der Leiter dieses Exerzitien- und Bildungshauses, der Lazaristenpater Dietmar Neumann, hatte von den mittlerweile 19 Seminaristen aber bald die Nase voll und setzte sie nach nur vier Monaten wegen mangelnder Integrationsbereitschaft wieder vor die Tür. Im März 1996 fanden die Studenten dann doch noch ein geeignetes Refugium. Die Familie Liechtenstein überließ ihnen ihr Anwesen im niederösterreichischen Sparbach, wenige Kilometer von Heiligenkreuz entfernt.
Heute wohnen dort 25 Seminaristen aus Brasilien, Kolumbien, den Philippinen, Polen, Spanien, Italien und Österreich. Geld besitzen die Studenten keines, nur wenn es an einem Tag einmal mehrere

---

* Lat. Mutter des Erlösers

Vorlesungen an der Wiener Universität zu besuchen gilt, steckt ihnen Pater Giuseppe ein paar Schilling für das Mittagessen zu. Von den anderen Priesterstudenten sind die Seminaristen des Neokatechumenates leicht zu unterscheiden, denn die Männer von »Redemptoris Mater« treten nur im Rudel auf und vermeiden jeden Kontakt nach außen. »Weil wir einander immer helfen sollen, nicht in Versuchung zu gelangen«, sagt ein Seminarist. Mit den Tagesausflügen in die an Versuchungen reiche Großstadt Wien könnte es aber ohnehin bald vorbei sein. Schon jetzt studieren sechs Studenten an der näheren Hochschule im ruhigen Heiligenkreuz. Die zukünftigen Seminaristen werden wohl alle den Weg an die Lehrstätte der teilweise erzkonservativen Zisterzienserpatres finden und die liberale Fakultät in Wien meiden.

Der erste Absolvent des neokatechumenalen Missionskollegs in Wien, Andreas Schmidt, wurde am 23. November 1997 in der Pfarre St. Paul in Döbling zum Priester geweiht. Er und alle folgenden Kleriker des Neokatechumenates werden in der Erzdiözese Wien inkardiniert, können auf Anfrage eines anderen Bischofs aber auch missionarische Tätigkeiten außerhalb Österreichs ausüben.

Die hohe Zahl an Neupriestern und die tapferen Missionarsfamilien im Neokatechumenat lassen Papst Johannes Paul II. auf eine rasche Umsetzung seines Programms der Neuevangelisierung hoffen. Auch die verloren geglaubten Jugendlichen Europas scheinen durch Organisationen wie das Neokatechumenat oder Communione e liberazione wieder zu Gott zu finden. Zum alle zwei Jahre stattfindenden Weltjugendtag mit dem Papst werden jedesmal Tausende junge Anhänger der Erneuerungsbewegungen herangekarrt. 1991 pilgerten allein aus Italien 50000 neokatechumenale Jugendliche ins polnische Czenstochau, 1993 schafften es 30 000 Anhänger sogar nach Denver (USA). Bei den Abschlußveranstaltungen mit dem Papst halten sie dann Plakate mit Aufschriften wie »Johannes Paul II. – Wir lieben dich« öffentlichkeitswirksam in die Kameras und spielen sich so endgültig in die Herzen vieler katholischer Würdenträger.

Pfarrspaltereien

Die strikte Hierarchie im Neokatechumenat und sein Absolutheitsanspruch stören angesichts solch erfolgreicher Glaubensverkündigung kaum. Die Bewegung stecke noch in den Kinderschuhen, meinte etwa Christoph Schönborn nach Kritik an seiner Entscheidung, der Organisation ein eigenes Priesterseminar zu gewähren. Da sei, so der Kardinal weiter, die Versuchung sicher groß, zu glauben, die einzige Lösung für die Probleme der Kirche gefunden zu haben. Auch sei es sicher eine Übertreibung, wenn einzelne Neokatechumenen meinten, nur ihr Weg könne zum »vollen Christentum« führen. Prinzipiell, so Schönborn, sehe er aber sehr wohl das positive Anliegen der Gemeinschaft und könne es »voll und ganz bejahen«.

Mehrere europäische Bischöfe teilen die Meinung des Wiener Kirchenfürsten keineswegs. Im britischen Bistum Clifton wurde der Neokatechumenale Weg 1995 von Bischof Mervyn Alexander sogar verboten.[109] Sein Generalvikar Joseph Buckley begründete die Entscheidung in der »Sunday Times« damit, daß das Neokatechumenat Züge einer »extremistischen Sekte« angenommen und mehrere Pfarren der Diözese gespalten habe. Buckley verwies auf das Gutachten eines katholischen Psychiaters, der der Bewegung »Techniken der Gehirnwäsche« vorgeworfen hatte. »Es besteht die Gefahr, daß die Mitglieder psychologischen Schaden erleiden«, sagte Buckley.

Bischof Alexander setzte nach seinem Erlaß sogar eine eigene Untersuchungskommission mit drei unabhängigen Personen ein. Ende 1996 lieferte diese einen ersten 150seitigen Bericht ab, der das Auftreten des Neokatechumenalen Weges in der Diözese Clifton minutiös dokumentierte. Das Ergebnis der Untersuchung: Das Wirken der Organsiation habe zwar Menschen, die bisher nichts mit der Pfarre zu tun hatten, zum ersten Mal in die Kirche gebracht, insgesamt hätten die betroffenen Pfarren aber deutlich unter dem Einfluß des Neokatechumenates gelitten. Die Kirchenbesucherzahlen hätten insgesamt mehr abgenommen als in vergleichbaren Pfarren, weil sich der Rest der Pfarrgemeinde ausgeschlossen fühlte. Betroffene, die im Bericht zu Wort kamen, bezeichneten die Neokatechumenen als »geheimnistuerisch« und »spalterisch«, sie würden eine »Parallelstruktur« in den einzelnen Pfarren aufbauen. Abschließend empfahl die Untersuchungskommission die Aufrechterhaltung des Verbotes der Organisation in der Diözese.

Die Vorgänge in der Diözese Clifton alarmierten auch andere Bischöfe. Kardinal Basil Hume, Erzbischof von Westminster, beschloß Ende 1996 nach intensiven Besprechungen mit einigen seiner Diözesanpriester, einer Gruppe von 15 Priesteramtskandidaten der Organisation die Weihe in seiner Diözese zu verweigern. Sie hätten ansonsten zwei Vorgesetzte, nämlich den Erzbischof und den

Leiter des Neokatechumenates, argumentierte Hume. Im selben Jahr reagierte auch die Nordische Bischofskonferenz und sprach sich gegen die Anhänger Kikos aus. Der finnische Bischof Verschuren formulierte die Ablehnung diplomatisch: Bewegungen wie das Opus Dei und das Neokatechumenat »haben eine Spiritualität, die sich in die nordische Denkweise nicht leicht einfügen läßt«.

In die alpine Denkweise läßt sich der Neokatechumenale Weg scheinbar schon einfügen. Die österreichischen Bischöfe haben gegen die Aktivitäten in ihren Diözesen nichts einzuwenden. Auch viele Priester in den Pfarrgemeinden lassen gerne mit sich reden, ohne ihre Zustimmung wäre das Wirken der Neokatechumenen nämlich gar nicht möglich: Die Organisation nutzt weitgehend die pfarrlichen Strukturen, um das »Sperma des Heiligen Geistes« (Giovanni Guggi) in den Gemeindecorpus einfließen zu lassen. Dazu müssen sie freilich zuerst den Priester um Erlaubnis bitten, in seiner Pfarre überhaupt Katechesen halten zu dürfen. Bei den einzelnen Treffen muß in Zukunft ja auch der Pfarrer als geistlicher Beistand anwesend sein.

Bei ihren Anwerbungsversuchen ziehen die Missionare des Neokatechumenates von Pfarrhaus zu Pfarrhaus und versuchen, die Geistlichen dazu zu überreden, es doch einmal mit ihrer Erneuerungsbewegung zu versuchen. Wenn das nicht ganz so klappt, wie sie sich das vorstellen, können sie auch ungemütlich werden, berichtet Stefan Amann, Pfarrer in Lochau. In seiner Zeit als Stadtpfarrer von Feldkirch erhielt Amann dreimal Besuch von einem italienischen Pärchen. »Als sie gemerkt haben, daß mich ihr Weg nicht sonderlich interessiert, wurden sie sehr böse und haben mich beinahe verdammt«, sagt Amann: »Sie erklärten mir, ich würde mich gegen den Willen des Papstes stellen, wenn ich keine ihrer Gruppen bei mir zulasse. Als ich trotzdem hart blieb, haben sie sogar mit einer furchtbaren Strafe Gottes gedroht. Erst dann sind sie wutentbrannt abgezogen.«

Andere Pfarrer ließen sich gerne zum Neokatechumenalen Weg überreden. Josef Eder, Pfarrer von St. Erhard in Nonntal (Stadt Salzburg) hat seit fast fünfzehn Jahren Erfahrung mit der Bewegung und bereut davon keine einzige Minute. »Als Priester habe ich eine Freiheit bekommen, die ich vorher nicht gekannt habe. Die Treffen mit der Gemeinschaft sind für mich jedesmal ein neues Wunder«, sagt Eder. Auf seine Katechumenen ist er besonders stolz: »Die können sich in puncto Bibelkenntnisse jederzeit mit den Zeugen Jehovas messen.« Der Besuch der Messe ist auch in seiner Pfarre stark zurückgegangen, aber woran das liegen könnte, weiß Josef Eder nicht genau. Von einer Spaltung seiner Pfarre will er jedenfalls nichts wissen, er gibt lediglich zu, daß im Pfarrgemeinderat »halt zwei oder drei gegen unseren Kurs opponieren«. Von den Sektenvorwürfen gegen den Weg hat er auch schon gehört, für ihn sind sie aber nicht mehr als Hirngespinste. »Die Medien schenken eben einem grantigen Abtrünnigen mehr Beachtung als achtzehn Treuen«, sagt Josef Eder, der weiß, wovon er spricht. Erstmals geht auch in Österreich ein ehemaliges Mitglied des Neokatechumenates mit schweren Vorwürfen gegen die Organisation an die Öffentlichkeit (siehe Seite 198). Für Eder besonders brisant: Fuchs gehörte über zehn Jahre lang zu seiner Gruppe in Nonntal.

Meist kommt die Kritik allerdings von außerhalb der Gemeinschaft. In den Pfarren, in denen sich das Neokatechumenat einnistet, fühlen sich die anderen Pfarrmitglieder bald ausgeschlossen. Beginnt die Mission der Katechisten und des begeisterten Pfarrers noch ganz harmlos mit höflichen Einladungen zu den Katechesen in der Sonntagsmesse, so wird ihr Engagement bald zu einer großen Belastungsprobe für die Einheit der Pfarre. Sobald sich neokatechumenale Gemeinschaften gebildet haben, nehmen sie durch ihre häufigen und ausgedehnten Messen den Pfarrer ganz für sich in Anspruch. Für die eigentliche Pfarrseelsorge bleibt oft nur mehr wenig Zeit. Auch der Wiener Bischofsvikar Anton Berger fand gegenüber dem Nachrichtenmagazin »profil« kritische Worte für diese Art der Neuevangelisierung: »Mehr oder weniger klug werden die, die nicht diesen Weg gehen wollen, ausgebootet, an den Rand gespielt und auch in ihrer Christlichkeit hinterfragt. Die Spaltung in der Pfarrei ist daher vorprogrammiert.«[110] Der Sektenexperte Friedrich Griess, dessen Frau in der Wiener Pfarre St. Paul selbst negative Erfahrungen mit einer neokatechumenalen Gemeinschaft machte, legte in der Wiener Stadtzeitung »Falter« noch nach: »Leider scheinen Pfarrer, die ihre Begeisterung für diese Gruppierungen entdecken, für andere Formen des Christseins völlig blind zu sein und stehen als Seelsorger dann nur mehr einer kleinen Gruppe, die sie für den ›heiligen Rest‹ halten, zur Verfügung.«[111]

Kein Wunder, daß die Gläubigen in der neuen Gemeinschaft bald nur noch die bevorzugte Elite sehen. Verstärkt wird dieses Gefühl noch durch die eigene Liturgie und die für viele unbekannten Lieder. Eine Teilnahme an einem Gottesdienst der Neokatechumenalen wird so fast unmöglich. Gewünscht wird die Anwesenheit von Fremden aber ohnehin nur dann, wenn sich der Zuhörer für den Weg interessiert. Ansonsten ist man lieber unter sich. In allen neokatechumenalen Pfarren gibt es getrennte Gottesdienste. Einmal predigt der Pfarrer für die Gemeinde, einmal für die Katechumenen. Die Sonntagsmesse feiert die Gemeinschaft ohnehin schon am Abend zuvor, die mehrstündige Messe findet zumeist hinter verschlossenen Türen statt.

Besonders deutlich wird die Spaltung der Pfarren in der Osternachtsliturgie. Auch hier hat jede Gruppe ihre eigene Messe. Die Neokatechumenen feiern die Auferstehung freilich intensiver und wachen die ganze Nacht durch. Zwischen den beiden Messen kommt es oft zu grotesken Szenen. In der Grazer Pfarre St. Peter ereignete es sich, daß nach dem Osternachtsfest der »einfachen« Gläubigen die Neokatechumenen in die Kirche kamen und sich holten, was sie für ihre Feier im Pfarrsaal brauchten. Die Osterkerze bliesen sie einfach aus und nahmen sie mit für die »richtige« Osternachtsliturgie.

Auch die Sprache der Erneuerungsbewegung stiftet oft Verwirrung und läßt die Mitglieder der Gemeinschaften noch abgehobener erscheinen. Die Fachausdrücke, die sie verwenden, sind oft nicht einmal Theologiestudenten geläufig. Neben dem *Katechumenat* (Taufvorbereitung) gibt es auch noch das *Kerygma* (Verkündigung), das *Skrutinium* (Prüfung), die *Koinonia* (Kommunion), das *Shemá* (gelebte Anerkennung der Einzigkeit Gottes), den *Itineranten* (Priester und Familien, die in die Mission gehen), die *Redditio* (im Neokatechumenat die Rückgabe der Sakramente an die Kirche), die *Electi* (Auserwählte) und *Competentes* (Erfahrene) oder die *Kenosis* (»Entleerung«; im Neokatechumenat die Reinigung des Menschen beim Hinabsteigen zu den Wassern der Taufe).

Zu all dem Trennenden kommen auch noch die Herrschaftsansprüche der Neokatechumenen. Mit eigenen Messen geben sie sich noch lange nicht zufrieden, nach einiger Zeit versuchen sie, vor allem die Jugendarbeit der Pfarre unter Kontrolle zu bringen. »Mir hat der Pfarrer gesagt«, berichtet eine Frau, die viele Jahre Kinder auf die Erstkommunion vorbereitete, »entweder ich verwende für den Unterricht die Materialien des Neokatechumenates – oder ich mache den Job nicht mehr.«[112] Geschehen ist das in der Wiener Pfarre St. Brigitta. Mittlerweile gibt es dort in der Jugendarbeit nur mehr die Glaubensunterweisung des Weges. »Von der Erstkommunion über die Jungschar bis zur Firmvorbereitung – alles dürfen nur mehr die

Getreuen des Neokatechumenates machen«, sagt auch ein ehemaliger Gruppenleiter der Jungschar aus St. Brigitta: »Da betreiben sie dann ihre strenge Verkündigung und wundern sich, warum nach der Firmung außer den Kindern der Katechumenen niemand mehr weitermacht.«

Für die Wanderer auf dem Weg ist unerbittliche Glaubensdisziplin selbstverständlich. Sie müssen täglich gegen die Sünde ankämpfen. Das Gebet betrachten sie als »mächtige Waffe gegen die Angriffe des Bösen«.[113] Viele Mitglieder gelangen durch schwere Schicksalsschläge auf den Weg und betrachten die Gemeinschaft als letzten Rettungsanker. Eine 50jährige, die beim Abschlußwochenende auf der Sofienalpe zur Ottakringer Gemeinschaft gefunden hat, erzählt den anderen ganz freimütig ihre Geschichte: »Meine Kinder sind schon aus dem Haus, mein Mann hat mich verlassen, und vergangene Woche habe ich auch noch meinen Job verloren. Ich suche einfach wieder Halt in meinem Leben.«

Ein ähnlicher Anlaß hat auch Marie-Theres Hemberger, Chefredakteurin der »Wiener Kirchenzeitung«, in die Arme der Bewegung getrieben: »Mein Leben ist nicht gerade so geraten, wie ich es mir vorgestellt hatte. Ich hatte viele Beziehungen zu Männern, ohne mit ihnen verheiratet zu sein. Beziehungen, die nur vom Egoismus geprägt waren, Beziehungen, in denen Gott nicht in der Mitte stand. Wenn ich nicht zurück zur Kirche gekommen wäre, hätten meine Kinder sicher noch mehrere Onkels erlebt.«[114] Heute läßt Hemberger, deren Zeitung in den vergangenen Jahren zum Zentralorgan des Neokatechumenates in Wien mutiert ist (drei der fünf Redakteure stehen der Organisation nahe), den Pfarrer der Neokatechumenats-Pfarre St. Paul, Hans Klinger, gegen dieses Laster anschreiben. In seiner Kolumne behandelt Klinger mit Vorliebe die Themen Familie und Sexualität. Seine mittelalterlichen Ansichten sorgen sogar bei Klerikern für Kopfschütteln. So repräsentiert für Klinger allein der Vater das »moralische Ich« der Familie, von der Mutter kann das Kind vor allem »die Ehrfurcht vor dem Vater lernen«. In Sachen Sexualmoral ist Klinger sogar päpstlicher als der Papst: Der neokatechumenale Pfarrer lehnt selbst die natürliche Empfängnisverhütung ab. Hemberger steht hinter diesen Ansichten, sie wurde durch den Weg »ein neuer Mensch«.

Nicht alle Mitglieder des Neokatechumenates macht der Weg allerdings glücklich. Viele leiden unter der Überbetonung der Sünde und zerbrechen an den strikten Vorgaben der Leitung. Eine heute

64jährige Frau,[115] die eine von Angst und Abschreckung dominierte katholische Erziehung genossen hatte, hielt den Arbeitsstil in der Gruppe und die Inhalte der Katechese nicht aus: »Ich bekam richtige Anfälle. Da hat der Pfarrer zu mir gesagt, ich sei vom Teufel besessen. In der Gruppe haben sie dann für mich gebetet und zum Schluß hätte ich bald selbst an meine Besessenheit geglaubt. Irgendwann wäre ich wahrscheinlich ins Irrenhaus gekommen, wenn nicht ein Mann aus der Gruppe gesagt hätte ›das könnt ihr so nicht machen‹ und mit mir die Gemeinschaft verlassen hätte.«

Wer das Neokatechumenat hinter sich lassen will, muß damit rechnen, von den übrigen Neokatechumenen geächtet zu werden. »Zu meiner Frau haben sie gesagt: ›Wenn du die Gemeinschaft verläßt, bist du verloren‹«, sagt Sektenexperte Friedrich Griess. Auch Christine Fuchs hat mit ihrer ehemaligen Salzburger Gruppe ähnliche Erfahrungen gemacht: »Die ehemaligen Brüder und Schwestern aus der Gemeinschaft brachen jeden Kontakt zu mir ab.« Das Verhalten der Neokatechumenen ist eigentlich nur verständlich. Auf ihrem Weg zur Tauferneuerung können sie sich nicht mit etwaigen gefallenen Engeln befassen.

Wer den Weg nicht zu Ende geht, bleibt vom ewigen Heil ausgeschlossen. In den Köpfen vieler Neokatechumenen wird die Organisation zur einzigen Heimat Jesu Christi. In der Realität des katholischen Pfarrlebens entsteht durch diese Geisteshaltung eine Kirche in der Kirche, auch wenn die Verantwortlichen der Bewegung das bestreiten und ihre absolute Loyalität gegenüber Rom betonen. Wer die geheimen »Orientierungen« des Gründers Kiko Arguello liest, wird schnell die eigentliche Bestimmung der Bewegung verstehen. »Die Gemeinschaft des katechumenalen Wegs ist keine Kirchengemeinschaft«, schreibt Kiko über die Mission seiner Organisation. Gleich danach schränkt er aber ein: »Sie ist noch keine Kirche.«

»Das ist eine Sekte«

Das ehemalige Mitglied Christine Fuchs über ihre schwere Zeit im Neokatechumenat.[116]

Zur Person: Christine Fuchs, 47, gehörte dem Neokatechumenat von 1985 bis 1996 an. Viele Jahre war sie sogar Verantwortliche für eine

Gruppe der Organisation in der Nonntaler Pfarre St. Erhard (Stadt Salzburg). Die Hausfrau ist seit 29 Jahren verheiratet und Mutter von drei Kindern. In diesem Exklusiv-Interview geht sie erstmals an die Öffentlichkeit.

Frau Fuchs, Sie waren mehr als zehn Jahre beim Neokatechumenat. Warum haben Sie Ihre Gruppe nach so langer Zeit wieder verlassen?
Weil das Neokatechumenat für mich ganz klar eine Sekte ist. Um das zu kapieren, habe ich allerdings Jahre gebraucht. Heute weiß ich, daß diese Organisation darauf ausgerichtet ist, die eigenen Leute zu kontrollieren und auszunutzen. Von Anfang an läuft dort alles nach einem ausgeklügelten Schema ab.
Könnten Sie das näher erklären?
Es beginnt mit der Anwerbung. Neue Mitglieder werden vor allem in Krisensituationen angesprochen. Das kann der Tod eines geliebten Menschen sein, oder Schwierigkeiten mit den Kindern oder dem Partner. Man versucht dieser Person über die schwere Zeit hinwegzuhelfen. Auch bei mir war das so: Mein Mann und ich befanden uns gerade in einer Ehekrise. Wir dachten, daß vielleicht dieser neue Weg des Neokatechumenates unsere Probleme beseitigen könnte.
In der Gruppe haben sie uns dann eingetrichtert: »Ihr müßt nur den neokatechumenalen Weg gehen, dann wird alles wieder gut.« Von einer sinnvollen Aufarbeitung der Probleme war nie die Rede. Es hieß nur: »Geht den Weg, und so Gott will, werden sich alle Probleme in Wohlgefallen auflösen.« Die reinste Bauernfängerei. Aber es hat gewirkt, nicht nur bei mir und meinem Mann.
Später, als ich Einblick in interne Angelegenheiten bekam, merkte ich, daß die Auswahl der Opfer kein Zufall war. Unser Pfarrer, der natürlich auch Feuer und Flamme für das Neokatechumenat war, wußte ja ganz genau, wo und wann es zum Beispiel einen Todesfall in der Pfarre gab. Um die oft verzweifelten Hinterbliebenen kümmerten wir uns dann ganz gezielt, weil unter ihnen am ehesten neue Mitglieder zu finden waren.
Aber das Neokatechumenat zwingt niemanden zu bleiben. An den Einführungskatechesen nimmt jeder freiwillig teil.
Das schon. Aber am Beginn wird man von jedem umschwänzelt und umsorgt. Man taucht in eine scheinbar paradiesische Welt. Da ist zum Beispiel die wunderschöne Liturgie. Als ich 1985 zur Gruppe stieß, feierten wir auch mit Wein und Brot, das war etwas

Außergewöhnliches. Eine Messe dauerte zwei Stunden, und die ganze Zeit war eine spirituelle Faszination spürbar, es blieb immer geheimnisvoll. Zusammen entdeckten wir die Heilige Schrift, sie wurde praktisch ein Teil von uns. Später wurde aber genau das ausgenutzt: Das Wort Gottes wurde bei Schwierigkeiten plötzlich immer gegen uns ausgelegt. Durch bewußt gewählte Stellen, wie zum Beispiel die Bergpredigt, wurde uns klargemacht, daß wir ohne den Neokatechumenalen Weg verloren wären.

Zu Beginn merkt natürlich niemand, daß das alles zur Taktik gehört, die meisten stecken ja in einer persönlichen Krise. Da ist man froh, daß man jemanden hat. Wenn die Anfangseuphorie dann verfliegt, ist es oft zu spät, um auszusteigen. Schon nach wenigen Jahren stellt sich eine totale Abhängigkeit von der Gruppe ein, sie wird zum alleinigen Lebensinhalt. Außerhalb der Organisation hat man keine Freunde mehr. Mit dem bisherigen Leben muß man gleich zu Beginn brechen, da steht alles im Zeichen der Umkehr und der Hinwendung zum Weg.

Was haben Sie denn zu Beginn von den Leitern über den »Weg« erfahren?

Nur, daß er vom Heiligen Geist inspiriert ist. Wir wurden alle uninformiert gehalten. Das Motto der Katechesen lautete schlicht: »Komm und höre«. Fragen durften wir keine stellen, auch später nicht. Als mein Mann und ich mit den Jahren aufwachten und Giovanni [Guggi, Leiter des Neokatechumenates in Österreich] manchmal sogar widersprachen, hat er meinem Mann einfach befohlen, den Mund zu halten.

Befohlen?

Ja. »Schweig« hat er geschrien. Mehrmals sogar.

Und Ihr Mann hat gehorcht?

Natürlich. Die Hierarchie im Neokatechumenat ist absolut. Giovanni hat von sich immer gesagt: »Ich bin ein Prophet« oder »Ich komme im Namen Christi«. Über ihm standen nur Gott, der Gründer Kiko und der Papst. Wir, die Gruppe, waren eindeutig unter ihm, und nach unten hat er getreten. Eigenständigkeit war im Neokatechumenat nie gefragt. Selbst als ich nach zwei Jahren Einführungskatechesen gehalten habe, hat sich das nicht geändert. Ich mußte die Katechesen wortgetreu aus den Unterlagen von Kiko und Carmen vortragen, eigene Gedanken waren verpönt.

Je länger ich im Neokatechumenat blieb, desto geringer wurde mein Selbstvertrauen. Das war auch kein Wunder, denn in der Gruppe haben wir immer nur gehört, daß wir unwürdig sind. »Du bist nichts plus die Sünde«, haben sie mir in Anlehnung an die heilige Katharina gesagt. Wir wurden nicht als vollständige Christen gesehen. Dazu sollten wir erst durch den Weg werden. Die herkömmliche Taufe war im Neokatechumenat noch kein Anlaß, sich einen Christen nennen zu können.

Die anderen Katholiken in der Pfarre zählten also auch nicht?

Ganz und gar nicht. Die waren noch weniger wert. Und das bescherte uns in der Gruppe erst das Wir-Gefühl. Wir konnten uns wenigstens daran klammern, daß wir im Gegensatz zu den anderen auf dem rechten Weg zu Gott waren. Das hat die Einheit innerhalb der Gruppe erzwungen.

Warum denn erzwungen? Die Gruppen des Neokatechumenates wirken in den Pfarren nach außen hin doch sehr geschlossen und einig.

Wir wurden in der Pfarre als Elite gesehen, weil der Priester hinter uns gestanden ist. Durch die getrennten Messen, die Bibelrunden, die vom Geist des Neokatechumenates inspirierten Predigten und die eigene Liturgie fühlten sich die anderen als Außenseiter. Im Pfarrleben dominierte nur mehr unsere Gemeinschaft. Sogar der Firmunterricht wurde nach den Grundlagen des Neokatechumenates gestaltet, um auch die Jugendlichen auf unseren Weg zu führen.

Innerhalb der Gemeinschaft gab es aber fast nur Zwietracht. Die wurde von den Leitern auch ganz bewußt gesät, damit es zu keiner Verselbständigung der Gruppe kommt. Beim monatlichen Gemeinschaftstag gibt es zum Beispiel die sogenannte »Kelchreinigung«. Dabei wirft jeder dem anderen an den Kopf, was ihm am Gegenüber nicht paßt. Schlimm dabei ist nur, daß sich der Angegriffene nicht wehren darf. Wenn sich jemand über die Art der »Kelchreinigung« beschwerte, hieß es nur: »Jesus hat sich auch nicht verteidigt. Seid doch dankbar, wenn ihr abgelehnt werdet. So erlebt ihr die Wirklichkeit des anderen, und niemand kann stolz werden.«

Andererseits mußte man selbst die intimsten Geheimnisse preisgeben. Es gab so etwas wie eine öffentliche Beichte. Am Ende des zweiten Skrutiniums wurde jeder von Giovanni vor allen anderen ausgefragt. »Was kannst du in deinem Leben nicht annehmen?« wollte er wissen und: »Hast du dich wegen des Geldes geprüft?« Zwischen erstem und zweitem Skrutinium mußten wir uns ja von persönlichem Besitz trennen und unser Geld hergeben. Neben Giovanni stand dann ein goldenes Kreuz, und in dieser Atmosphäre hat sich natürlich keiner getraut, nichts zu sagen. »Du gibst die Antwort Jesus Christus«, sagte Giovanni und notierte sich alle Aussagen ganz genau. Auch die anderen haben so über jede Schwäche Bescheid gewußt, für das Klima in der Gruppe war das nicht unbedingt förderlich.

Wie sieht es denn mit dem Verhältnis zu anderen neokatechumenalen Gemeinschaften aus?

Da wird jeder Kontakt vermieden. Wenn es zwei- oder dreimal im Jahr zu einem Treffen mehrerer österreichischer Gruppen kommt, dann sitzen trotzdem immer nur die Leute derselben Gemeinschaft beieinander und lauschen gebannt Giovannis Vorträgen. Ich habe während der zehn Jahre im Neokatechumenat praktisch niemanden aus Wien oder Graz kennengelernt. Anreisen mußte man trotzdem immer, denn eine Veranstaltung zu schwänzen war nicht im Sinne Jesu Christi. Der Herr persönlich lädt zu all unseren Treffen, hieß es immer. Das galt auch für die Salzburger Gruppe.

Heißt das, Sie haben während der mehr als zehn Jahre kein Treffen versäumt?

Ich habe praktisch nie gefehlt. Von Anfang an war klar, daß das nicht geduldet würde. Weder mein Mann noch ich durften abends bei unserer kleinsten Tochter zu Hause bleiben. Sie war Mitte der achtziger Jahre zwar erst zehn Jahre alt, aber mein Mann und ich mußten unbedingt zusammen die Einführungskatechesen halten. Dazu kamen noch die Vorbereitungen für die »Paschafeier« (mehrstündige Messe an jedem Samstagabend) mit unserer ständigen Gruppe.

Während der ganzen Zeit war Ihre Tochter allein zu Hause?

An den meisten Abenden der Woche schon. Wenn es in der Gruppe sehr stressig war, kam es sogar vor, daß wir zwei oder drei Monate lang keinen einzigen Abend daheim verbrachten. Es war einfach nicht erlaubt, nicht zur »Paschafeier« oder zur Katechese zu erscheinen. Wenn ich mir einmal Zeit für meine Tochter nehmen wollte, waren gleich alle empört: »Was, dir ist dein Kind wichtiger als Gott?« sagten sie dann, oder: »Du traust Gott wohl nicht zu, daß er für dein Kind sorgt?« Es hieß, wenn man nicht die Eltern, den Ehepartner oder die eigenen Kinder hasse, könne man kein Jünger sein. Das war ein unglaublicher Druck. Nein, das war Psychoterror. Und leider war er erfolgreich, denn ich bin natürlich nicht bei meiner Tochter geblieben, wo ich eigentlich hingehört hätte. Heute bereue ich das zutiefst. Das ist die Hypothek meines Lebens, denn meine Tochter leidet noch heute unter dieser eklatanten Vernachlässigung.

Es ist furchtbar, das zu sagen, aber die Leitung des Neokatechumenates hat mir eingeredet, daß meine kleine Tochter ein Götze ist, von dem ich mich lösen müsse. Es war in der Gruppe sehr häufig der Fall, daß die Familie eines Mitglieds plötzlich zum angeblichen Götzen gestempelt wurde. Wir mußten uns von allem befreien, was uns an der Liebe zu Gott hinderte. Egal ob dieses Hindernis nun der Ehemann war oder die kleine Tochter, wir mußten uns von ihnen distanzieren und all unsere Energie in die Gruppe stecken.

Familie und Kinder sind im Neokatechumenat also unerwünscht?

Nein, das nicht. Sie dürfen nur nicht zum Zentrum des Interesses werden. Bei mir war es so, daß ich als Leiterin von Katechesen keine Zeit für mein Kind haben durfte. Andere wieder sollten am besten jedes Jahr ein Kind bekommen, um den Fortbestand der Gemeinschaft zu sichern. Verhütungsmittel sind selbstverständlich tabu. Gott schenkt einem so viele Kinder, wie man aushält, heißt es. Das alles ist nur ein scheinbarer Widerspruch. Das Prinzip ist klar: Jeder tut in der Gruppe das, was er tun muß. Meine Aufgabe war es nicht, anständig für mein Kind zu sorgen.

Vor welchen Götzen wird im Neokatechumenat denn noch gewarnt?

Als Götze Nummer eins gilt das Geld. Obwohl es am Anfang kaum zur Sprache kommt, wird bald klar, daß sich jeder von seinem Besitz trennen muß. »Mach dich frei«, lautet die Devise: »Du kannst nicht Gott dienen und dem schnöden Mammon.« Spätestens beim zweiten Skrutinium muß man den ersten Schritt wagen und große Summen für die Armen in der Gemeinde spenden, wie es heißt. Die meisten geben das Geld gerne und merken gar nicht, daß zum Beispiel der Gründer Kiko immer mit einem riesengroßen BMW durch die Gegend fährt. Auch die Leute, die praktisch nur für das Neokatechumenat arbeiten, wie zum Beispiel Giovanni Guggi, müssen von den Mitgliedern bezahlt werden. Von der Summe, die während des zweiten Skrutiniums gespendet wird, bekommt auch der jeweilige Bischof ein Drittel für seine Diözese. Das macht sich natürlich gut. Für die Leitung der

Organisation ist aber auch nachher noch genug übrig. Die Mitglieder liefern auch noch nachher jeden Monat ihren Zehent ab.
Um welche Summen handelt es sich denn bei den Spenden?
Das ist nicht so einfach zu sagen. Jeder gibt, was er kann. Als Ansporn dienen leuchtende Beispiele. Wenn Giovanni von einem Arzt erzählt hat, der seine Villa verkauft hat, dann hat das bei einigen schon gewirkt. Einmal habe ich erlebt, wie Giovanni eine Frau fragte, ob sie sich schon von ihrem Haus befreit hätte. »Ja«, hat sie gesagt: »Ich habe es meinem Sohn überschrieben.« Über die Antwort war Giovanni überhaupt nicht glücklich: »So geht das nicht. Du mußt das Haus verkaufen. So bist du nicht richtig frei, denn dein Sohn ist dir dankbar.«
Wie haben Sie sich denn vom Neokatechumenat befreit?
Das war ein äußerst schmerzvoller Prozeß. Als ich mich innerlich schon von der Gruppe entfernt hatte, wurde ich immer mehr zum schwarzen Schaf der Gemeinschaft. Es gab dauernde Sticheleien und böse Vorwürfe gegen mich. Wenn Giovanni zu mir sagte, ich sei stolz und erfülle den Willen Gottes nicht mehr, dann nahm ich mir das zu Herzen. Einmal bezeichnete er mich vor einer Gruppe in Linz, die ich kaum kannte, als »wollüstig«, nur weil ich ihm widersprochen hatte. Am Telefon sagte er mir, ich sei kein Ebenbild Gottes, ich hätte den Geist Jesu Christi verloren. In dieser Zeit litt ich unter starken Depressionen und war in höchstem Maße selbstmordgefährdet. Ich lebte in einem religiösen Wahn. Erst als mir eine Bekannte eine Psychologin empfahl, besserte sich mein Zustand allmählich, und ich hatte die Kraft, die Gruppe zu verlassen. Nach einigen Sitzungen war sogar mein Selbstwertgefühl wieder aufgerichtet.
Ganz überwunden habe ich die Sache bis heute noch nicht. Vor allem die ersten Monate nach meinem Weggang waren schlimm. Die ehemaligen Brüder und Schwestern aus der Gemeinschaft brachen jeden Kontakt zu mir ab. Ich hatte das Gefühl, in ein Vakuum zu gehen. An den Abenden bin ich zu Hause gesessen und habe nicht gewußt, was man da so tun kann.
Haben Sie eigentlich jemals versucht, gegen diese »Sekte«, wie Sie zu Beginn sagten, vorzugehen?
Ich habe es in der Erzdiözese versucht. Da war aber nur zu erfahren, daß der Papst große Stücke auf das Neokatechumenat hält. Ich denke mir, daß der Papst oder auch Erzbischof Schönborn in Österreich nichts von den Vorgängen in dieser Gemeinschaft wis-

sen können, denn sonst würden sie sie ja verbieten. Ich bin schockiert, daß es so etwas wie eine innerkatholische Sekte gibt. Ich wäre ja nie zu den Zeugen Jehovas oder einer anderen Sekte gegangen. Aber weil ich dachte, daß es was Katholisches ist, bin ich direkt in die »Falle Neokatechumenat« getappt.*

---

* Ich als Autor habe wiederholt versucht, eine Stellungnahme des Österreich-Verantwortlichen des Neokatechumenates, Giovanni Guggi, zur Kritik an seiner Organisation zu erhalten. Eine solche hat er leider immer verweigert. Er könne, so Guggi, nicht Stellung nehmen, wenn er nicht vorher genau weiß, wie der endgültige Text über das Neokatechumenat im Wortlaut aussehen wird. Eine Konfrontation mit den einzelnen Vorwürfen in Form eines Interviews, das ich ihm, wie übrigens auch allen anderen Interviewpartnern dieses Buches, natürlich zur nochmaligen Autorenkorrektur überlassen hätte, lehnte er ab. Ich meinerseits bin nicht bereit, den vollständigen Text des gesamten Kapitels im nachhinein quasi zur »Zensur« vorzulegen. Trotz der Weigerung Guggis habe ich versucht, auch die Sichtweise der Neokatechumenen kennenzulernen. Einerseits habe ich alle verfügbaren schriftlichen Unterlagen vom und über das Neokatechumenat gelesen und versucht einzuarbeiten (die geheimen »Orientierungen« der Gründer Kiko und Carmen wurden mir vertraulich zugespielt). Andererseits habe ich auch Informationsveranstaltungen des Neokatechumenates besucht (z. B. bei der Ökumenischen Versammlung in Graz) und mit Mitgliedern gesprochen. Im Herbst 1997 wurde ich (als einer von vielen Bewohnern Ottakrings) von der »Katholischen Volksmission« eingeladen, ihre Einführungskatechesen zu besuchen. Diese Einladung der Neokatechumenen habe ich als Privatmann angenommen. Die Eindrücke, die ich während der Katechesen und beim Abschlußwochenende sammelte, habe ich, wo es mir für die Information der Leser wünschenswert erschien, für das Buch verwertet. Natürlich habe ich dabei auf eine Namensnennung der Handelnden verzichtet.
Bezeichnend für die Denkweise vieler im Neokatechumenat erscheint mir eine Reaktion Giovanni Guggis: Während unserer Gespräche betonte er immer wieder, wie sehr ein kritischer Beitrag zum Neokatechumenat viele Menschen verletzen würde, die Leiden einiger Ex-Mitglieder zählten für ihn aber offensichtlich nicht. »Enttäuschte Menschen gibt es überall«, sagte Guggi: »Das einzige Kriterium sind für mich die Bischöfe. Sie müssen entscheiden, ob unser Weg vom Heiligen Geist inspiriert ist.«

LIBERALE THEOLOGIE

Katholische Fakultäten am Ende?

Ein Stinktier beim Gartenfest

»Mit dieser massiven Ablehnung habe ich nicht gerechnet. Ich fühle mich ein bisserl wie ein Stinktier, das zufällig in ein Gartenfest hineingewandert ist.« Michael Waldstein, 43, hatte sich seine Rückkehr nach Österreich anders vorgestellt. Nach der Matura am akademischen Gymnasium in Salzburg war der Sohn des erzkonservativen Rechtsprofessors Wolfgang Waldstein ausgezogen, die katholische Welt zu erobern. Er studierte an amerikanischen Eliteuniversitäten, unter anderen in Harvard, und, wie es sich für einen gestandenen Theologen gehört, auch in Rom. Auf die höchste Auszeichnung, das »summa cum laude« des päpstlichen Bibelinstituts, ist er noch heute ganz besonders stolz. Seit Jahren ist Waldstein auch als Universitätslehrer anerkannt. Seine Professur für das Neue Testament an der University of Notre Dame (Indiana, USA) gab er allerdings für den nächsten vermeintlichen Karrieresprung auf.
Als im Oktober 1996 der Ruf der Heimat ertönte, zögerte Michael Waldstein nicht lange und ließ sich zum Präsidenten des *Internationalen Theologischen Instituts für Ehe und Familie (ITI)* in Gaming, Niederösterreich, küren. Voller Selbstbewußtsein und Energie startete der Ehemann und Vater von sechs Kindern das neue Hochschul-

projekt im Ötscherland. Als der einsemestrige Probebetrieb zufriedenstellend verlief, folgte im Januar 1997 die offizielle Einweihung des neuen katholischen Instituts. Und dabei gab es dann für Waldstein auch die erste Ernüchterung: Die österreichischen Medien konnten seinem Institut für Ehe und Familie rein gar nichts abgewinnen. Wochenlang geisterten für Waldstein unverständliche Schlagzeilen durch den Blätterwald. Von einseitiger Theologie in Gaming wurde da geschrieben und von einer konservativen Kaderschmiede. Die Nachrichtenillustrierte »News« unterstellte Waldstein sogar, nur durch die Protektion seines in rechten Kirchenkreisen äußerst einflußreichen Vaters an den Posten gelangt zu sein.

Kein Wunder also, daß sich Waldstein wie ein ungebetenes Stinktier vorkam. Er hatte, nach 25 Jahren in der Fremde und einem Professor- und zwei Doktortiteln im Gepäck, auch in Österreich nichts als Anerkennung und Hochachtung erwartet. Die »Schmutzkampagne« der Medien kam überraschend. Und zumindest in einem Punkt hatte man ihm Unrecht getan: Sein Vater hatte mit seiner Bestellung zum Präsidenten des ITI wirklich nichts zu tun. Die verdankte er vielmehr seinem alten Freund Christoph Schönborn. Der Wiener Erzbischof hatte sich im Frühjahr 1996 seines ehemaligen Studienkollegen in Rom erinnert und ihn gebeten, das neue Institut in Gaming zu übernehmen. Waldstein sagte natürlich nicht nein.

Heute, gibt er zu, würde er sich die Sache wohl zweimal überlegen. Denn die lautesten und wohl schmerzlichsten Buhrufe kamen von Kollegen. Die Elite der österreichischen Theologen war von einer neuen katholischen Hochschule neben den alteingesessenen Fakultäten wenig begeistert. Wolfgang Beilner, wortgewaltiger Universitätsprofessor in Salzburg und Heiligenkreuz, kritisierte das Institut für Ehe und Familie als »einseitig und unausgegoren«, außerdem vermutete er die Hintermänner der Neugründung in reaktionären Opus-Dei- oder Engelwerkskreisen. Der Dekan der Wiener Theologischen Fakultät, Johann Figl, hielt das Institut schlichtweg für »überflüssig«, und Anton Kolb, Universitätsprofessor in Graz und stellvertretender Vorsitzender der Österreichischen Theologenkommission, verfaßte gleich ein ganzes Dossier, das die unzulängliche theologische Ausbildung in Gaming bis ins Detail dokumentierte. Kolbs Fazit: »Hinter der Causa Gaming steht ein zentralistisches, konservatives und kurzsichtiges Konzept.«

Michael Waldstein stand der Kritik ungläubig gegenüber: »In Amerika wäre mir das nicht passiert. Dort kann man ohne Probleme Institute auch zu den ausgefallensten Themen gründen.« Sein bitterer Nachsatz: »Den österreichischen Mikrokosmos habe ich wohl falsch eingeschätzt.« Waldstein ließ den Eindruck entstehen, als sei er von einem Land der freien Lehre in die tiefste wissenschaftliche Einöde gekommen. Doch ist die »Causa Gaming« wirklich nichts weiter als eine Provinzposse, in der einige honorige Theologen den jungen Störenfried aus Amerika aus dem Weg räumen wollen?

Die Geschichte des umstrittenen Instituts ist vielschichtiger, als Waldstein glauben machen will, und nicht nur auf den österreichischen Mikrokosmos beschränkt. Angefangen hatte alles 1982 mit dem päpstlichen Schreiben *Familiaris Consortio*. Johannes Paul II. hob darin die besondere Stellung von Ehe und Familie für die katholische Kirche hervor und rief die Theologen zur intensiveren Beschäftigung mit dem Thema auf. Einige gehorchten: 1982 wurde an der päpstlichen Lateranuniversität das Institut »Johannes Paul II.« für Studien zur Ehe und Familie eingerichtet, seit ein paar Jahren gibt es auch in Washington, Mexiko-City und Valencia Zweigniederlassungen.

In Holland folgte Johannes B. Gijsen, Bischof der Diözese Roermond, der Aufforderung des heiligen Vaters. Der streng traditionalistische Bischof gründete 1990 in Rolduc das »Internationale Akademische Institut für Ehe und Familie«, auch »Mater Ecclesiae Domesticae (MEDO)« genannt. Es wurde bald zu einem Hort für einige weltabgewandte Studenten, die sich dort auf die stramm papsttreue Linie Gijsens in Sachen Sexualmoral einschworen. Der Traum der konservativen Kaderschmiede währte allerdings nur wenige Jahre, denn 1994 schied Gijsen nach einigen Finanzdebakeln unfreiwillig aus seinem Amt. Sein Nachfolger schloß kurzerhand das Institut in Rolduc.

Dem Wunsch Papst Johannes Pauls II. entsprach das freilich nicht, und so begab man sich auf die Suche nach einem geeigneten Standort für ein Nachfolgeinstitut. In Holland wurden die päpstlichen Gesandten nicht mehr fündig. Die Bischöfe hatten genug von der reaktionären Ehe- und Familienforschung. Auch bei den deutschen Kirchenfürsten blitzte Rom ab, sogar der konservative Kölner Kardinal Joachim Meisner verweigerte seinen Sanctus. Positives Echo gab es erst in Österreich. Hier taten sich im Februar 1996 gleich sieben Bischöfe zur »Arbeitsgemeinschaft der Bischöfe für das Internationale Theologische Institut« zusammen: Neben dem tatkräftigsten Befürworter Christoph Schönborn auch noch Georg Eder und Andreas

Laun aus Salzburg, Kurt Krenn aus St. Pölten, Egon Kapellari aus Gurk, Klaus Küng aus Feldkirch und Militärbischof Christian Werner.
Schon ein halbes Jahr nach Einrichtung der Arbeitsgemeinschaft öffnete das Gaminger Institut seine Pforten. Inoffiziell und unter strengster Geheimhaltung, versteht sich. Nicht die Bischofskonferenz und schon gar nicht die Theologen an den katholischen Fakultäten wurden über den Probebetrieb informiert. Erst im Januar 1997 trat man mit der offiziellen Errichtung des Internationalen Theologischen Instituts für Ehe und Familie an die Öffentlichkeit und stellte alle potentiellen Kritiker vor vollendete Tatsachen. Die Eröffnung wurde zu einer Machtdemonstration der rechten katholischen Reichshälfte Österreichs. In Gaming versammelten sich die meisten Mitglieder der bischöflichen Arbeitsgemeinschaft, der päpstliche Nuntius Donato Squicciarini verlas die feierliche Grußbotschaft Johannes Pauls II. und Erzbischof Schönborn wurde zum »Großkanzler« des Instituts ernannt.
Insgesamt 48 Studenten des ITI, die Hälfte davon Frauen, stehen seither unter dem Patronat des Wiener Kardinals. Die meisten kommen aus Osteuropa und den USA. Gemeinsam mit den etwa 100 amerikanischen Studenten der erzkatholischen Franziskaneruniversität von Steubenville (Ohio, USA), die schon 1991 in der Gaminger Kartause ihren Europa-Campus einrichtete, bilden sie ein intellektuelles Bollwerk des konservativen Katholizismus. Die Symbiose der beiden Studentengruppen ist nahezu perfekt. Die Studenten des Instituts für Ehe und Familie nutzen nicht nur die von der Universität von Steubenville bereitgestellte Infrastruktur, sondern auch deren Lehrpersonal: Drei der insgesamt fünf Gastdozenten des ITI kommen direkt von den Nachbarn. Auch die Franziskaner schätzen ihr Gegenüber. Großkanzler Christoph Schönborn durfte schon als Wiener Weihbischof am Europa-Campus lehren und bekam im April 1997 für seine Tätigkeit als Redakteur des neuen katholischen Weltkatechismus sogar das Ehrendoktorat der Universität von Steubenville verliehen.
Entsprechend selbstbewußt gaben sich die Initiatoren des Ehe-und-Familie-Instituts auch nach außen. In einer Informationsbroschüre prahlte Michael Waldstein damit, daß am ITI insgesamt drei staatlich anerkannte Titel vergeben würden, darunter auch das Doktorat in Theologie. Mit der gewaltigen Protestflut der heimischen Theologen hatte er freilich nicht gerechnet. Professor Anton Kolb aus Graz

zerpflückte das Lehrangebot von Waldsteins Institut und kam zu dem Ergebnis, daß weder das Lehrangebot noch die Qualifikation des Lehrpersonals die Mindeststandards einer theologischen Fakultät auch nur annähernd erreichen.
Zusammen mit seinem Grazer Kollegen Maximilian Liebmann schaltete Kolb das Wissenschaftsministerium ein, das die Vergabe der Titel prüfen sollte. Prompt verweigerte die Behörde den Gaminger Initiatoren die Anerkennung. Michael Waldstein ging danach selbst in die Offensive und behauptete, das Wissenschaftsministerium sei für sein Institut und die dort vergebenen Titel gar nicht zuständig. Als Einrichtung päpstlichen Rechts, so Waldstein, sei das Außenministerium mit der Angelegenheit zu befassen. Das Außenamt war anderer Meinung: Das Wissenschaftsministerium sei völlig im Recht, hieß es dort. Wenn die Initiatoren unbedingt eine Anerkennung wollten, dann müßten sie schon Nuntius und Außenminister dazu bringen, den Völkerrechtsvertrag zwischen dem Vatikan und Österreich, das Konkordat, neu zu verhandeln. So weit konnte selbst Waldstein nicht gehen.
An den staatlichen Fakultäten gab man sich zufrieden. Zumindest die Konkurrenz durch ein billiges Gaminger Doktorat hatte man erfolgreich verhindert. Die streng konservative Ausrichtung des Instituts liegt den meisten aber weiterhin im Magen. Viele Professoren bemängeln, daß in Gaming hauptsächlich Texte aus dem Mittelalter gelesen werden und die historisch-kritische Methode fast völlig fehlt. Selbst wenn die Absolventen von Gaming ohne gültigen Titel nicht Priester oder Religionslehrer werden können, befürchten die Professoren doch, daß sie an anderer Stelle in den konservativ dominierten Diözesen eingesetzt werden. Daß diese Schreckensvision nicht bloß Fiktion ist, zeigt das Beispiel Salzburg. Unter dem Leiter Andreas Laun werkt im dortigen Familienreferat Maria Prügl, eine Absolventin des Gaminger Vorläuferinstituts im holländischen Rolduc. Die bemühe sich dort zwar nach Kräften, sagen einige Beobachter des Familienreferats übereinstimmend, mit modernen Ehe- und Familienproblemen sei sie aber völlig überfordert. So manchem zerstrittenen Ehepaar soll sie schon den einzigen Rat gegeben haben: »Betet mehr füreinander.«
Die fragwürdige theologische Ausrichtung ist nicht der Kritikpunkt der Theologen am Gaminger ITI. Letztendlich geht es auch um ihre eigene Existenz. Die Studentenzahlen an den vier staatlich-katholischen Fakultäten in Wien, Innsbruck, Graz und Salzburg sind in den

vergangenen Jahren stetig gesunken: Begannen 1985 noch 281 Studenten das Studium der katholischen Fachtheologie, so waren es 1996 nur mehr 149. Ein Theologiestudent kostet den Staat mittlerweile dreimal so viel wie der Durchschnittsstudent. Im Zuge des allgemeinen universitären Sparpaketes denkt man im Wissenschaftsministerium bereits laut über eine Reduktion der katholischen Fakultäten nach. Der Theologe Wolfgang Beilner erwartet in absehbarer Zeit sogar die Schließung der Salzburger Fakultät. Im Ministerium weist man diese Befürchtungen (noch) zurück.»Es bestehen keine konkreten Pläne zur Schließung«, sagt Friedrich Faulhammer, zuständiger Beamter im Wissenschaftsministerium: »Aber eines ist klar: Die Theologie ist eine dieser Studienrichtungen, bei denen wir uns fragen müssen, ob wir diese hohe Anzahl an Standorten für so wenige Studierende noch benötigen.« Zusätzliche Abwerbungsversuche aus Gaming können die Fakultäten also wahrlich nicht gebrauchen.

Während der Druck von staatlicher Seite kontinuierlich wächst, werden die Theologen an den Universitäten auch von der Kirche immer öfter im Stich gelassen. Kirchenkritische Professoren und damit auch kirchenkritische Priesterstudenten sind zu Zeiten konservativer Bischöfe nicht gefragt.»In der katholischen Kirche werden praktisch nur noch konservative Minderheiten gefördert. Während bei uns immer öfter der Sparstift angesetzt wird, bekommen Institutionen wie das ITI in Gaming reichlich Förderungen«, sagt Johann Figl, Dekan an der Wiener Theologischen Fakultät. Die Aufregung Figls ist verständlich: Neben der Ostpriesterhilfe »Kirche in Not« tragen auch die österreichischen Bischöfe einiges zur Finanzierung des Gaminger Instituts für Ehe und Familie bei. Bis auf Graz-Seckau und Innsbruck entrichtet jede Diözese ihren Obulus. Insgesamt gewähren Österreichs Bischöfe zwölf Gaminger Studenten Stipendien: Pro Jahr kostet das die stolze Summe von rund zwei Millionen Schilling.

Showdown beim Kirchenwirt

Wäre es nicht das Briefpapier der Diözese St. Pölten gewesen und hätte unter den wenigen Zeilen nicht die eigenhändige Unterschrift des Bischofs geprangt, Ambrosius Straka hätte das Schreiben wohl für einen verspäteten Faschingsscherz gehalten. Denn was dem Pfarrer von Hain in Niederösterreich da Ende Februar 1993 auf den

Tisch flatterte, war in der Tat kabarettreif. Bischof Kurt Krenn, der sich schon zuvor mit einigen seiner Diözesanpriester angelegt hatte, forderte Straka in seinem Brief zu einigen Bußübungen während der Fastenzeit auf: Einmal täglich sollte der Pfarrer den Bußpsalm 51 und dazu den »Schmerzvollen Rosenkranz« beten. Überdies verdonnerte der gestrenge Herr Bischof seinen Untertan auch noch zu einer Wallfahrt ins niederösterreichische Maria Taferl. Der Grund für den bischöflichen Ordnungsruf: Straka habe »Haß und Streit bei den Gläubigen verursacht«.

Der Pfarrer war einer von 500 erbosten Gläubigen gewesen, die an einer Demonstration gegen Krenns Amtsführung teilgenommen hatten. Strakas Pech war zudem, daß er als Hauptredner des Abends auftrat. Den Protestzug hatte er kurzfristig organisiert, weil sein Bischof beschlossen hatte, in der Diözese ein zweites Heim für Priesterstudenten einzurichten. Die Demonstranten empfanden die Schaffung eines zweiten Standortes, an dem wohl vorwiegend konservative Studenten zum Zug kommen sollten, eindeutig als Unterwanderung der bisherigen Priesterausbildung in St. Pölten. Bischof Krenn hatte sich ja schon seit seinem Amtsantritt im Jahre 1992 immer wieder über die untragbaren liberalen Zustände am bestehenden Priesterseminar ausgelassen.

Für Ambrosius Straka war die Situation doppelt unerfreulich. Die neue Heimstätte der Priesterkandidaten von Krenns Gnaden sollte ausgerechnet in seinem Pfarrgebiet, in Klein Hain am Nordrand von St. Pölten, liegen. Zusammen mit dem Probst des nahen Augustiner-Chorherren-Stiftes Herzogenburg, Prälat Maximilian Fürnsinn, zog er deshalb in einer Lichterkette auf den St. Pöltner Domplatz, um gegen die geplante »kirchliche Fremdenlegion« (Fürnsinn) zu protestieren.

Genützt hat das freilich nichts. Das »Werk Mariens« unter dem erzkonservativen Pater Werner Schmid, der sich um die Krenn-treuen Priesteranwärter kümmern sollte, hatte sich in Klein Hain schon breit gemacht. 6,5 Millionen Schilling legte der Pater auf den Tisch, um den »Kirchenwirt Steiner« aufzukaufen und in eine durch und durch fromme Herberge zu verwandeln. Selbst der Einspruch des Bürgermeisters, der die Zerstörung der Dorfstruktur und den Verlust des einzigen Gasthauses als Kommunikationszentrum des Ortes beklagte, verhallte ungehört: Der Gasthof wurde geschlossen, eine illustre Schar von zehn Priesterstudenten kehrte im ehemaligen Wirtshaus ein. Woher das Geld für den Kauf des Anwesens und seine

großzügige Renovierung gekommen war, wurde nie offengelegt. Diözesane Mittel, so wurde Bischof Krenn nicht müde zu erklären, seien es jedenfalls nicht gewesen.
Für katholische Insider waren zumindest Pater Schmid und sein »Werk Mariens« keine Unbekannten. Schmid fiel nämlich schon 1989 auf, als er die Funktion des Spirituals im umstrittenen Studienhaus im niederösterreichischen Mayerling übernahm. Fünf Mayerlinger Studenten, die an der kirchlichen Hochschule »Rudolphinum« in Heiligenkreuz studiert hatten, unterhielten beste Kontakte zum Engelwerk. Nachdem 1987 das Projekt einer Engelwerks-Hochschule in der Kartause Gaming gescheitert war, suchten sie wieder um Aufnahme in Heiligenkreuz an, was ihnen vom Direktor aber verweigert wurde. Erst nach Interventionen des damaligen Wiener Kardinals Hans Hermann Groër und seines Auxiliarbischofs Kurt Krenn durften sie, wenn schon nicht mehr im Seminar wohnen, so doch ihr Studium in Heiligenkreuz fortsetzen. Anno 1988 entstand auf diesem Wege das Studienhaus in Mayerling.
Das Klima an der Hochschule in Heiligenkreuz war für die fünf Priesterkandidaten trotz ihres Abstechers zum Opus Angelorum nicht schlecht. Unter der Professorenschaft und den Zisterzienserpatres, die die Hochschule leiten, finden sich nämlich noch heute deklarierte Mitglieder des dubiosen Engelwerkes. An deren Spitze steht Robert Prantner, Professor für Sozialethik.
Als die Mayerlinger Gruppe Ende 1992 dennoch zerfiel, gründete Pater Schmid das »Werk Mariens« und wechselte ein paar Monate später mit einigen Studenten nach Klein Hain. Die Einladung des neuen St. Pöltner Bischofs Krenn kam da gerade recht. Beide Seiten hatten gefunden, was sie suchten. Pater Schmid und seine vorwiegend aus Deutschland stammenden Studenten hatten eine neue Bleibe, Kurt Krenn bekam Priesterkandidaten, die er unabhängig vom aufmüpfigen Priesterseminar in St. Pölten ganz nach seinen Vorstellungen formen konnte.
Im März 1995 ereignete sich für Pater Schmid der nächste Glücksfall. Krenn errichtete in Klein Hain die »Gemeinschaft vom Heiligen Josef«. Damit sind Schmid und seine konservativen Nachwuchskleriker endlich offiziell als kirchlicher Verein anerkannt, der erste Schritt auf dem Weg zur erhofften Ordensgründung ist getan. Bei seinen ursprünglichen Brüdern, den Missionaren vom Kostbaren Blut in Salzburg, fühlte sich Schmid schon lange nicht mehr wohl. Die 60 Missionare, zu denen auch der in Brasilien tätige Bischof Er-

win Kräutler zählt, waren ihm zu liberal. Als die Missionare 1993 von Schmids Umtrieben in der Diözese St. Pölten erfuhren, distanzierten sie sich öffentlich von ihrem Mitbruder und leiteten seine Entlassung in die Wege. Seit 1996 gehört Schmid nun einem Orden an, der seinen Vorstellungen eher entsprechen dürfte. Er trat dem ebenfalls von Bischof Krenn geförderten, reaktionären Priesterzirkel der Servi Jesu et Mariae bei.
Schmids ungeteilte Aufmerksamkeit gehört aber weiterhin der Gemeinschaft vom heiligen Josef. Den ehemaligen Kirchenwirt bevölkern mittlerweile 19 junge Männer. Manche von ihnen haben ihr Studium abgeschlossen und verdingen sich bereits als Kapläne und Religionslehrer in den umliegenden Pfarreien. Die meisten müssen noch zum Studium an die Hochschule nach St. Pölten. Der Mittelpunkt ihres spirituellen Lebens ist aber das Klein Hainer Refugium. Dort schwört sie Schmid auf Pro-Krenn-Kurs ein. Der Bischof bedankte sich auf seine Weise und ernannte mit Prälat Alois Hörmer einen eigenen Bischofsvikar für die Josefs-Gemeinschaft. Der neue Schutzpatron schirmt seine Schäfchen seither systematisch von der kritischen Außenwelt ab.
Da fällt es auch nicht weiter auf, daß viele Klein Hainer Priesterstudenten gar nicht zum Studium an der Hochschule in St. Pölten berechtigt sind. Sie haben weder Matura noch eine Studienberechtigungsprüfung vorzuweisen. Für Krenn stellen solche Formalitäten allerdings kein wirkliches Hindernis dar. Er löste das Problem prompt und unbürokratisch: Für seine Klein Hainer Schützlinge setzte er Teile der geltenden Hochschulstatuten einfach außer Kraft. In einem Brief an die Hochschule St. Pölten »befahl« Krenn, was zu tun sei: »Die von mir benannten Bewerber sind darüber zu informieren, daß sie ab sofort ihr Studium an der Hochschule der Diözese St. Pölten aufnehmen können.« Außerdem kündigte er auch gleich eine »notwendige Neufassung« des Statuts an.
Nur einmal biß Krenn, ehemals selbst Universitätsprofessor in Regensburg, auf Hochschulgranit. 1996 scheiterte er bei dem Versuch, seinen Theologischen Referenten Reinhard Knittel an der Hochschule in St. Pölten zu etablieren. Der treue Krenn-Adlatus, dem in Vorarlberg die Priesterweihe verweigert worden war und der sich daraufhin vom Engelwerk konsekrieren ließ, fand zwar als Dozent Aufnahme in den St. Pöltner Theologenkreis. Die Prüfungen, die er abnimmt, werden aber nicht anerkannt und sind so bestenfalls von symbolischem Wert für die Studenten. Schuld daran ist die Katholische Fa-

kultät in Wien, die den St. Pöltner Dozenten erst die Prüfungsvollmacht erteilen muß. Im Fall Knittel verweigert sie das. Dekan Johann Figl liefert die Begründung: »Knittel ist fachlich und methodisch einfach nicht auf der Höhe der Zeit.«

Das Verhalten der Wiener Theologen bestärkte Bischof Krenn in seiner Meinung über die freigeistigen Staatstheologen. Beim Theologiestudium und bei der Priesterausbildung, so Krenn, liege einiges »im Argen«. Schon 1989 holte er in seinem Haus- und Hofmagazin, der reaktionären Monatsschrift »Der 13.«, zu einem Rundumschlag gegen die liberale Theologie aus. Laut Krenn würde in den diözesanen Priesterseminaren »die kommende Priestergeneration systematisch krank gemacht«.[117] Das Gegenrezept präsentierte »Der 13.«: In einem Kasten neben dem flammenden Krenn-Plädoyer wurden die Adressen jener Seminare genannt, die für eine papsttreue und glaubensechte Ausbildung garantierten. Neben dem Opus Dei, der Petrusbruderschaft und dem Engelwerk führte die Liste auch die Servi Jesu et Mariae und das damalige Studienhaus in Mayerling.

Die harte Linie in Sachen Priesternachwuchs bleibt in Österreich allerdings nicht nur auf St. Pölten beschränkt. Auch andere Bischöfe greifen immer öfter auf eine erzkonservative Priesterelite zurück und wollen so zumindest für die Zukunft ausschließen, daß die klerikale Basis allzusehr aufbegehrt. Bei Klaus Küng in Vorarlberg stehen vor allem Priester des Werkes und des Opus Dei hoch im Kurs. Christoph Schönborn setzt in Wien eher auf umstrittene nachkonziliare Erneuerungsbewegungen. Nachdem er im niederösterreichischen Sparbach ein Priesterseminar des Neokatechumenats etabliert hatte, holte er auch noch drei Priester der umstrittenen italienischen Bewegung Communione e liberazione in die Wiener Pfarre Dornbach. Die Pfarre Marchegg übernahmen auf seinen Wunsch hin zwei Patres der streng monastischen französischen St.-Johannes-Gemeinschaft.

Die Bischöfe wissen, was sie am treuen Priesternachwuchs haben. Sooft Erzbischof Schönborn das Neokatechumenalen-Seminar besucht, wird er mit besonderer Herzlichkeit und Demut empfangen. Im Kreise der 25 gottergebenen Kandidaten vergißt er so manchen Zwist mit ungehorsamen Pfarrern. Schönborn und Krenn nutzen die Vorteile ihrer persönlichen Kaderschmieden weidlich aus. Die Gemeinschaft vom heiligen Josef huldigt Krenn nicht nur in ihrem Hochglanz-Informationsheft, sondern verlegt auch seine Bücher. Zuletzt geschah das 1997 zum zehnten Jahr seiner Bischofsweihe mit dem Werk »Worte auf dem Weg. Gedanken eines Hirten der Kirche«.

Die Gemeinschaft aus Klein Hain begleitet ihren Mentor sogar auf dem heiligen Pfad des Internet: http://stjosef.at/bischof.k.krenn/ – hier findet man eine von der Gemeinschaft professionell gestaltete Homepage. Zu sehen ist ein wunderschönes Farbbild des Bischofs, das ihn mit Bischofsmütze und Wappen vor dem St. Pöltner Dom zeigt.

KATHOLISCHE »LEBENS-SCHÜTZER«

Reaktionärer Mainstream

Sodom und Gomorrha

Einmal im Monat zieht es ihn an den Ort der Finsternis und des Blutvergießens, nach Golgota, der biblischen Schädelhöhe und Kreuzigungsstätte Christi. Für den 41jährigen Konstantin Spiegelfeld, seit Herbst 1996 Studentenseelsorger der Katholischen Hochschulgemeinde (KHG) in Wien, liegt Golgota aber nicht im Heiligen Land, sondern mitten in Wien, am Fleischmarkt. Dort werden im Ambulatorium für Schwangerenhilfe neben Beratungen auch Schwangerschaftsabbrüche durchgeführt. Oder, in Spiegelfelds Diktion: das unschuldige Blut ungeborener Kinder vergossen. Vor den Toren der Klinik kniet er deshalb seit Sommer 1997 Monat für Monat nieder und betet gemeinsam mit 90 anderen glaubensfesten Katholiken, ein großer Teil davon Studenten seiner Hochschulgemeinde, für ein Ende der Abtreibung in Österreich. Die 1975 von einer SPÖ-Alleinregierung beschlossene Fristenlösung ist für Spiegelfeld ein »unglaubliches Verbrechen der heutigen Zeit«; er will für die »Bewußtmachung dieses Unrechts in der Gesellschaft« kämpfen.

Bewaffnet mit Rosenkränzen und Marienbildern versuchen der Hochschulseelsorger und seine Kreuzritter wider die Moderne, Schwangere von ihrem ohnehin schweren Gang in die Klinik abzuhalten. »Gebetsvigilien« nennt Spiegelfeld diese angeblich friedlichen Demonstrationen. Der Zweck heiligt dabei allerdings jedes Mittel: Einige Aktivisten drücken den verschreckten Frauen Plastikföten und Bilder von zerstückelten Embryos in die Hände. Der Weg zur Eingangstür der Klinik wird für die Schwangeren zu einem psychischen Spießrutenlauf. Die Abtreibungsgegner blockieren den Weg und fordern: »Bring dein Baby nicht um! Bekehre dich zu Jesus Christus!« Via Lautsprecher betet der Rest der selbsternannten Lebensschützer »für den Sieg der Liebe über den Tod am Fleischmarkt«.

Spiegelfeld findet diese Art des Protestes durchaus in Ordnung. Gründe für einen Schwangerschaftsabbruch gibt es für ihn nicht: »Den Frauen wird es zu einfach gemacht: ein kleiner chirurgischer Eingriff genügt, und sie haben sich ihrer Verantwortung entledigt. Dabei wollen sie ihr Kind oft nur deshalb nicht, weil sie den Beruf nicht aufgeben oder auf Urlaub fahren wollen.« Aggressivität läßt sich Spiegelfeld nicht vorwerfen: »Wir sind nicht militant. Wir beten lediglich für die Frauen, und ein Gebet ist niemals schlecht.« Die Wiener Polizeidirektion war da anderer Auffassung: Wegen der Aktionen der Abtreibungsgegner zog sie eine Bannmeile rund um das Ambulatorium. Seither ist für die Betenden in einer Seitengasse des Fleischmarktes Endstation. Die Schwangeren hören nur mehr das entfernte Raunen des Gebetes.

Die Gegner der Fristenlösung stört das nicht weiter. Jeden Monat marschieren sie aufs neue los, und jedesmal sind sie ein paar mehr. »Wir werden es schaffen«, sagt eine 21jährige Demonstrantin, »in ein paar Monaten wird diese Tötungsanstalt geschlossen werden.« Warum? »Weil die linken Betreiber dieser Klinik nicht mit unserer Ausdauer und der Kraft des Gebetes rechnen«, sagt die junge Frau. Zuversicht und Siegessicherheit schöpft sie aus den Erfahrungen amerikanischer Abtreibungsgegner: »Dort hat Gott allein in der Diözese Brooklyn in sieben Jahren 22 Abtreibungskliniken geschlossen.« Die amerikanische »Pro-Life-Bewegung«, die dieses Kunststück mit Hilfe des Herrn zuwege brachte, ist das Vorbild für die österreichischen Aktionen. Ihre wichtigsten Proponenten sind Monsignore Philip Reilly, Pater Paul Marx und Bernard Nathanson, ein ehemaliger Abtreibungsarzt jüdischer Abstammung. Nach 5 000 eigenhändig

durchgeführten Abtreibungen gab letzterer seinen Job auf und bekehrte sich 1996 zum Katholizismus. Sein umstrittener Antiabtreibungsfilm »Der stumme Schrei« ging um die Welt.
Im Sommer 1997 tourten Nathanson und die beiden anderen radikalen Prediger durch Österreich, um ihren Sympathisanten Nachhilfeunterricht in Sachen »Lebensschutz« zu erteilen. Seither verstehen sich auch die ansässigen »Pro-Lifer« besser in Szene zu setzen. »Nathanson und Reilly haben uns gezeigt, daß Widerstand gegen die gottlose Abtreibung nicht nur Worte, sondern auch Taten erfordert«, sagt ein Demonstrant.
Die Fleischmarkt-Aktionen haben viele überrascht. Frauenministerin Barbara Prammer konnte die Vehemenz der katholischen Fundamentalisten nicht begreifen: »Ich hätte das nicht für möglich gehalten. Wir müssen nun wohl wieder von vorne über Frauenrechte diskutieren.« In katholischen Kreisen erstaunte vor allem das Engagement der Katholischen Hochschulgemeinde Wiens. Die KHG hatte lange Zeit als liberale katholische Einrichtung gegolten, nun positionierte sie sich eindeutig im rechten Eck. Studentenseelsorger Konstantin Spiegelfeld will von einem Rechtsruck in der Hochschulgemeinde jedoch nichts wissen: »Wir stellen die Autorität der Kirche und des Heiligen Vaters nicht in Frage, sondern treten gemeinsam gegen gesellschaftliche Fehlentwicklungen auf. Die ›liberale Hochschulgemeinde‹ war ohnehin bloß Etikette.«
Der »Etikettenschwindel« begann 1945, als die KHG zusammen mit der Katholischen Hochschuljugend (KHJ) von Monsignore Karl Strobl aus der Taufe gehoben wurde. In den folgenden Jahren entwickelte sich in den Universitätsstädten Österreichs eine lebhafte katholische Szene, die auch Diskussionen über Marxismus und Ökologie erlebte. Schon vor dem Zweiten Vatikanischen Konzil wurde in den Hochschulgemeinden die Öffnung der Kirche zur Welt und vor allem zu den Wissenschaften gelebt. Selbst politisch ließ man aufhorchen: Als es noch einen kritischen Flügel innerhalb der ÖVP gab, konstituierte der sich vornehmlich aus den Reihen von KHG und KHJ. Ehemalige Quälgeister in der Volkspartei wie Wolfgang Schüssel, Franz Fischler oder auch Erhard Busek entstammen allesamt der liberalen Ära Strobl.
1987 folgte allerdings in Wien die große Zäsur. Der neue Weihbischof Kurt Krenn fand wenig Gefallen an den kritischen Diskussionen der KHG. Während der Sommerferien spaltete er die bestehende Hochschulgemeinde einfach in zwei Teile. Neben der Ebendorfer-

straße, weiterhin für die Hauptuniversität verantwortlich, etablierte er ein neues Zentrum in der Karlskirche, das er den erzkonservativen Hardlinern vom Opus Dei übergab. Die betreuen seither die katholischen Studenten von Technischer Universität, Wirtschaftsuniversität und der Universität für Bodenkultur. Gleich zu Anfang nahmen sie sich auch das Veranstaltungsprogramm der Hochschulgemeinde vor und ersetzten Diskussionen mit liberalen Theologen durch besinnliche Einkehrstunden.

Zehn Jahre danach hat sich Krenns Gegenreformation endgültig durchgesetzt. Während in der Karlskirche unter der Leitung von Universitätsseelsorger und Opus-Dei-Mann Paul Blecha gewohnt solide Glaubensverkündigung betrieben wird, schwenkt auch das Zentrum in der Ebendorferstraße unter Konstantin Spiegelfeld langsam, aber sicher auf den stramm rechten Kirchenkurs ein. Interne Kritik daran wird kaum laut. Die Katholische Hochschuljugend, in den Bundesländern meist tragendes Element der Hochschulgemeinden und Garant für offene Diskussionen, geht in Wien längst eigene Wege. Von den Fleischmarkt-Demos der KHG distanzierte sich die KHJ in aller Form. »Diese Vorgangsweise lehnen wir ab. Durch solche Demonstrationen kann das Problem wohl kaum gelöst werden«, hieß es in einer Presseerklärung. Die meisten anderen in der KHG schweigen und gehen: In den vergangenen Jahren ist die Hochschulgemeinde auf einige Dutzend Aktive geschrumpft. Allein die sechs Studentenheime der KHG mit insgesamt 400 Heimplätzen und die Mensa in der Ebendorferstraße mit über 500 Besuchern pro Tag sorgen noch für Frequenz in den katholischen Studentenkreisen Wiens.

Auch das Semesterangebot der Hochschulgemeinde ist zum Minderheitenprogramm verkommen: Kritische Diskussionen sind im Veranstaltungsheft dünn gesät. Findet man sie doch, so zeichnet meist die liberale KHJ dafür verantwortlich. An Bibelgesprächen und Wallfahrten gibt es dagegen keinen Mangel. Die Lektüre der veranstaltenden Gruppen liest sich wie ein Who's who des konservativen Katholizismus: Zwei Work-Camps finden in den Opus-Dei-Hochburgen Guatemala und Peru statt, ein weiteres bei den nicht minder reaktionären Miles Jesu* in der Ukraine; die Legio Mariae dagegen bie-

---

* Lat. Soldat Jesu

tet Gesprächsrunden zu vielversprechenden Themen wie »Maria, Kelch der Hingabe«.

Mit einigen Jahren Verspätung hat die gesamte Katholische Hochschulgemeinde die konservative Kirchenwende der späten achtziger Jahre in Österreich vollzogen. Doch nicht nur das: Mit den Antiabtreibungsdemos will man sogar schon die konservative Themenführerschaft. Dabei gerät die KHG immer mehr in Geiselhaft der extremen Rechten in der Kirche. In der ersten Reihe des betenden Bataillons steht Studentenseelsorger Spiegelfeld gemeinsam mit Albert Pethö, dem Herausgeber des katholischen Monarchistenblattes »Die Weiße Rose«, oder Dietmar Fischer aus Rankweil in Vorarlberg. Im Ländle ist der Mitorganisator der Fleischmarkt-Demos kein Unbekannter. Der Chef der Organisation »Ja zum Leben« tritt dort auch politisch in Erscheinung: als Spitzenkandidat der nationalistischen »Christlichen Wählergemeinschaft« etwa. Oder anläßlich des Ausländer-Volksbegehrens von Jörg Haider als Sprecher der »Christlichen Allianz«. In einem Flugblatt Fischers hieß es damals: »Jeder, der das Ausländer-Volksbegehren unterstützt, setzt ein Zeichen gegen die Politik der SPÖ, zum Schutz von Ehe und Familie, zum Schutz aller Menschen in Österreich, einschließlich der ungeborenen Kinder, und gegen Sodom und Gomorrha.«

Pornojäger und Davidsschleuder

»Ich bin der erste Lebensschützer, der in Österreich vom Staat bezahlt wird«, sagt Dietmar Fischer nicht ohne Stolz. Im Februar 1996 ging der 46jährige ehemalige Mittelschullehrer für Geografie und Sport in Frühpension. Unfreiwillig, wie er beteuert. Das Ministerium hatte ihn ins frühzeitige Ausgedinge geschickt, als seine dauernden Konflikte mit der Vorarlberger Schulbehörde eskalierten. Fischer bedauert den Rauswurf nicht. Denn nun kann er seine politischen und religiösen Überzeugungen ungestört und vor allem ganztags ausleben. Fad wird dem Chef von »Ja zum Leben« dabei nie. Neben den Antiabtreibungsdemonstrationen am Fleischmarkt organisiert Fischer auch noch Gebetsvigilien in Linz, Graz und Bregenz, jeweils vor Kliniken oder Arztpraxen, die Schwangerschaftsabbrüche durchführen. Mit dabei hat er jedesmal sein »Informationsmaterial«: Plastikföten, Bilder von zerfetzten Embryonen und Bücher über die Leiden von Frauen nach einer Abtreibung. Im

Knopfloch seines Sakkos steckt das Abzeichen aller Pro-Lifer, zwei Babyfüße aus Plastik.

Der Hauptsitz von Fischers »Ja zum Leben«, Österreich-Filiale von »Human Life International« (weltweit in 60 Ländern vertreten), ist Wien. Seit Dezember 1997 gibt es dort auch ein eigenes »Lebenszentrum«. In der an den Fleischmarkt angrenzenden Postgasse hat Fischer eine eigene Beratungsstelle für Schwangere eingerichtet. Geboten werden dort christliche Aufklärung über das Leben, aber auch Babykleidung. Damit, glaubt Fischer, gräbt man dem nahen Ambulatorium bald das Wasser ab. »Amerikanische Erfahrungen zeigen, daß von einem Hilfszentrum jährlich bis zu 5000 Abtreibungen verhindert werden können«, sagt Fischer: »In Amerika sitzen oft bis zu zehn Frauen gleichzeitig im Warteraum.« So viele sind es in der Postgasse noch nicht, aber Fischer rechnet damit, daß sein Zentrum nach einer Anlaufzeit von einem halben Jahr reiche Früchte tragen wird. »Früher oder später müssen die am Fleischmarkt zusperren. Jede Frau, die nicht abtreibt, kostet sie 6000 Schilling – das können sie sich auf Dauer nicht leisten«, sagt Fischer.

Für die Zeit nach der erzwungenen Schließung des Ambulatoriums hat Fischer auch schon Pläne: Ein Museum des Lebens soll am Fleischmarkt entstehen, ein Mahnmal à la Auschwitz oder Dachau. Die Linken, vor allem aber »Emanzen« und Homosexuelle, vergleicht er mit den Nationalsozialisten. Fischer: »Diese Ewiggestrigen verteidigen eine unglaubliche Tötungsmaschinerie. Ich hingegen will nicht erst wieder in 30 Jahren die Vergangenheitsbewältigung für Verbrechen, die heute geschehen.«

Mit seinen radikalen Ansichten steht der katholische Rechtsaußen bei weitem nicht allein. In den vergangenen Jahren hat sich in Österreich eine ganze Reihe von Antiabtreibungsgruppen etabliert. Fischer freut sich über die zunehmende Vernetzung der Aktionisten: »Ich betreibe mit 20 Gruppen in Österreich regen Erfahrungsaustausch.« Seine Beziehungen reichen von der Gruppe »Geborene für Ungeborene« bis zu »Pro Vita«, von der Osttiroler Gruppe »Evangelium Vitae« bis zur Kärntner »Bewegung für das Leben«. Neben skurrilen Erscheinungen wie Pornojäger Martin Humer, der sich ebenfalls den Lebensschutz auf die Fahnen geheftet hat, stehen mitunter auch einflußreiche Organisationen hinter einzelnen Gruppen. Die Aktion »Baby Power«, vor Jahren sogar mit Antiabtreibungsspots im ORF präsent, pflegt etwa enge Kontakte mit dem »Institut für medizinische Anthropologie und Bioethik (IMABE)«. Dieses Institut ist nicht nur eine offizielle Einrichtung der österreichischen Bischofskonferenz, sondern gilt auch als Vorfeldorganisation des Opus Dei. Gemeinsam sind die militanten Abtreibungsgegner stark. Wurden von ihnen noch vor ein paar Jahren kaum Aktivitäten wahrgenommen, so haben neuerdings Pro-Life-Veranstaltungen permanent Hochsaison. Der 28. Dezember, Tag der Unschuldigen Kinder, ist für die katholischen Lebensschützer Großkampftag. In Linz organisiert die »Jugend für das Leben« eine Lichterkette. In Salzburg veranstaltet die reaktionäre Priesterbruderschaft St. Petrus ein Pro-Life-Treffen. Der biblische Titel der Salzburger Veranstaltung: »Aktion Davidsschleuder«. »Vergiß nicht, neben Mut, Einsatzbereitschaft, Ideenreichtum und dem Vertrauen auf Gott, deine ›Davidsschleuder‹, nämlich den Rosenkranz mitzubringen«, heißt es in der Einladung. Rosenkränze und Gebetsformation gibt es alljährlich auch im oberösterreichischen Stadl-Paura, wo die »Ärzte für das Leben« selbst Podiumsdiskussionen zum Thema Abtreibung veranstalten. Diskutiert wird freilich kaum, denn die Teilnehmer sind meist ausschließlich konservative Priester. Frauen oder Befürworter der Fristenlösung sind nicht geladen.

Auch international funktioniert die Vernetzung immer besser. Am 13. September 1997 fand eine große »Pro-Life-Wallfahrt« nach Mariazell statt, an der Abtreibungsgegner aus insgesamt 16 Nationen teilnahmen. Führend bei diesem Spektakel waren die Studenten der erzkatholischen Franziskaneruniversität von Steubenville (Ohio, USA). Anreiseschwierigkeiten hatten die amerikanischen Studenten keine: Ihr Europa-Campus befindet sich ja seit Jahren im niederösterreichischen Gaming, keine 40 Kilometer vom steirischen Mariazell entfernt. In ihrer Heimat veranstalten die Studenten eine weitere Aktion mit Vorbildwirkung für Österreich: einen dreimonatigen Pro-Life-Marsch quer durch die USA.

Dieser Demonstrationszug war im Sommer 1997 Anlaß für »Jugend für das Leben«, den ersten »Pro-Life-Marsch« Österreichs von Salzburg nach Wien auszurichten. Ganze drei Wochen marschierten zwei Dutzend Jugendliche gegen die Fristenlösung. Auch in puncto medialer Vermittlung ihrer Anliegen stehen die österreichischen Pro-Lifer den Vorbildern aus Übersee um nichts nach. Unter der Adresse http://members.magnet.at/youth-for-life kann man im Internet alles über die Einsätze an der Lebensschutzfront erfahren. Auf potentielle Einwände von Befürwortern der Fristenlösung wissen die Jugendlichen immer eine Antwort. Ob auch Vergewaltigungsopfern eine Abtreibung verboten sei? Natürlich, aber Vergewaltigte würden ohnehin fast nie schwanger, denn »der Körper der Frau hat einen Schutzmechanismus dagegen eingebaut: Die Eileiter ziehen sich durch die Streßsituation so zusammen, daß eine Befruchtung sehr oft verhindert wird«, meint die »Jugend für das Leben«.

In der katholischen Kirche steht die rechte Szene der Abtreibungsgegner keineswegs im Abseits. Im Gegenteil: Die meisten Bischöfe schätzen die absolute Glaubenstreue der Aktivisten. Da wundert es auch nicht, daß die »Jugend für das Leben« im Februar 1997 zu einem katholischen Privatrechtsverein aufstieg. Als solcher untersteht sie direkt der österreichischen Bischofskonferenz. Bei der Prüfung der Statuten und Ziele des neuen Vereins gab es seitens des Familienbischofs Klaus Küng keinerlei Einwände, freuen sich die Initiatoren der »Jugend für das Leben« noch heute. Als geistlicher Assistent wurde den Jugendlichen Don Reto Nay aus der Schweizer Diözese Chur zur Seite gestellt. Der 36jährige aus der Kaderschmiede des umstrittenen Bischofs Wolfgang Haas hat für sie allerdings nur am Wochenende Zeit, denn von Montag bis Freitag werkt er als ordentlicher Professor an einer weiteren konservativen Stätte, dem »Institut für Ehe und Familie« in Gaming. Seine Pro-Life-Schützlinge vertreiben sich die Zeit unter der Woche etwa mit »Schuleinsätzen« in Oberösterreich. Insgesamt zehn »Berater« der »Jugend für das Leben« referieren mittlerweile in Schulklassen über die Unmoral von Abtreibung und Verhütung.

Die Sympathie der Kirche für die Aktionen der Jugendlichen beschränkt sich nicht auf die offizielle Anerkennung als Verein. So mancher Bischof mischte sich persönlich unter die Pro-Lifer und ging mit beim Pro-Life-Marsch. Neben Familienbischof Klaus Küng tat das auch noch der Salzburger Weihbischof Andreas Laun. Aber nicht nur bekannt konservative Kirchenmänner zollen den Abtreibungsgegnern Respekt. Die Abschlußmesse der 420 Kilometer langen Wanderaktion las der ehemalige Caritas-Chef Helmut Schüller im Stephansdom.

Während die radikalen Abtreibungsgegner in der Kirche einen Aufschwung sondergleichen erleben, bleibt ihr gemäßigter Konterpart auf der Strecke. Gabriele Painz, Generalsekretärin der katholischen »Aktion Leben« in Österreich, versteht die Welt nicht mehr: »Diese militanten Lebensschützer sind drauf und dran, unsere gesamte Aufbauarbeit zu zerstören.« Immer mehr Spender rufen sie verärgert an, weil sie glauben, sie sei für die Fleischmarkt-Aktionen verantwortlich.

Dabei geht die »Aktion Leben«, die zwar der Kirche nahesteht, aber kein kirchlicher Verein ist, seit Jahren den liberal-katholischen Weg. Painz und ihre Kolleginnen betreiben Beratungsstellen und versuchen, möglichst rasch und unbürokratisch zu helfen. Mit den strammen Rechten vom Fleischmarkt und deren »Kriminalisierung der betroffenen Frauen« (Painz) wollen sie nicht das geringste zu tun haben. Painz wendet sich auch gegen die päpstliche Sexualmoral: »Wir setzen uns für die Empfängnisverhütung ein, denn nur so kann man Abtreibungen wirksam vorbeugen.«

Mit solchen Aussagen gerät die »Aktion Leben« innerkirchlich immer stärker ins Schußfeld der Kritik. Vor drei Jahren wurden der Organisation von der Bischofskonferenz die letzten Subventionen gestrichen, weil sie sich nicht bedingungslos der päpstlichen Diktion zum »Schutz der ungeborenen Kinder« untergeordnet hatten. Papst Johannes Paul II. legte die offizielle Position der katholischen Kirche in seiner Enzyklika »Evangelium Vitae« (1994) unmißverständlich klar. Alle Katholiken hätten den Kampf gegen Abtreibung und Verhütung mit Vehemenz zu führen, befahl der Papst.

Wer dieser heiligen Pflicht nicht nachkommt, hat drakonische Strafen zu gewärtigen: Auf Abtreibung steht in der katholischen Kirche die Exkommunikation (Weltkatechismus, Art. 2272). Obwohl die Militanz der Abtreibungsgegner rund um Spiegelfeld, Fischer & Co. erschreckt, liegen sie mit ihrer reaktionären Position voll im katholischen Mainstream.

KATHOLISCHE MEDIEN[118]

Rechts schlägt Mitte

»Der 13.«: mit Peitsche und Ochsenziemer

»Ich bin ein Vasall Gottes«, sagt Albert Engelmann, »es geht mir immer nur um ihn. Sonst habe ich vor niemandem Respekt.« Daß er diese Sätze ernst meint, beweist der 25jährige mit jeder Ausgabe seines fundamentalistischen Kirchenblattes »Der 13. – Zeitung der Katholiken für Glaube und Kirche«*. Auf monatlich 32 Seiten gibt es dort genau zwei Arten von Beiträgen: Lobeshymnen und Verbalattacken. Gepriesen werden die wahren Diener Gottes wie der St. Pöltner Bischof Kurt Krenn oder der Liechtensteiner Erzbischof Wolfgang Haas, verteufelt wird alles, was nicht nach rechtem Glauben aussieht. Vor allem innerkirchliche Reformbewegungen wie das Kirchenvolks-Begehren und liberale Theologen bekommen ihr Fett ab. In den vergangenen Jahren hat sich »Der 13.« so zum Zentralorgan der katholischen Rechten Österreichs gemausert.
Erscheinungsort des blau-weißen Kleinformates ist das oberösterreichische Kleinzell nahe Rohrbach. In einem grauen Häuschen, für

---

* Der Name geht auf die Marienerscheinungen von Fatima zurück, die jeweils am 13. eines Monats stattgefunden haben sollen.

Albert Engelmann eine »richtige Bruchbude«, etwas abseits des Dorfes finden sich auf 30 Quadratmetern die Redaktionsräume des »13.«. Dort gibt es genau zwei Redaktionsmitglieder: eben Albert Engelmann, seit sechs Jahren Herausgeber des »13.«, und seinen Vater Friedrich, 57, der die Zeitung 1985 gegründet hatte und noch heute den Großteil der Beiträge schreibt. Den Rest des Blattes füllen ständige Gastautoren* mit ihren Kolumnen und ein Wust an Leserbriefen mit zumeist reaktionärem Inhalt.

In der Redaktion geht es fast immer drunter und drüber. Die Adreßkartei mit den insgesamt 13000 Abonnenten des Blattes (davon zwei Drittel Österreicher und ein Drittel Bayern) wurde schon jahrelang nicht mehr überarbeitet. »Da gibt es leider einige, die die Zeitung beziehen, ohne überhaupt noch etwas dafür zu bezahlen«, ärgert sich Albert. Aber Zeit, die Karteileichen ausfindig zu machen, haben die Engelmanns kaum, denn sie sind ohnehin ausreichend mit der Produktion der nächsten Nummer des »13.« beschäftigt. So nebenbei betreuen sie auch noch eine kleine Landwirtschaft, Damwildzucht inklusive. Wenn einmal einer der beiden Engelmanns krankheitsbedingt ausfällt, wird es da schon eng. In solchen Fällen ist das Heft auch schon ein paar Tage später als am 13. des Monats erschienen.

Besonders zeitintensiv sind die zahlreichen Klagen, die immer wieder gegen die untergriffigen Stories des »13.« angestrengt werden. Im Sommer 1997 schlagen sie sich mit zwei Fällen herum: Der ehemalige Minister Rudolf Scholten begehrt eine Gegendarstellung, weil er auf der Titelseite vom Mai als Freimaurer bezeichnet wurde, und der Generalvikar der Erzdiözese Salzburg, Johann Paarhammer, hat den »13.« wegen übler Nachrede, Beschimpfung und Verleumdung geklagt. In einem Leserbrief war Paarhammer unterstellt worden, als »Rebell im Domkapitel« den Papst herabgewürdigt zu haben. Der Beginn von Zivil- und Medienprozeß ist zwar erst im November, aber schon jetzt sammeln Albert und Friedrich fleißig Material für die Verhandlungen. Sie hoffen nur, daß sich die Verfahren nicht unnötig in die Länge ziehen. Denn bekämen sie am Ende wieder einmal die gesamten Prozeßkosten aufgebrummt, würde das ein gehöriges Loch in die Finanzen der Albert-Engelmann-Ges.m.b.H. reißen. »Als letzten Ausweg haben wir dann nur noch unsere Abonnenten«, sagt Albert. Es wäre nicht das erste Mal, daß diese ihren

---

* Etwa Kurt Dieman, Christa Meves oder Andrea Dillon

Blattmachern mit großzügigen Spenden wieder auf die Sprünge helfen.
Den meisten Mut macht den Engelmanns freilich ihr großer kirchlicher Mentor Kurt Krenn. Innerhalb wie außerhalb der Kirche gilt »Der 13.« längst als Hauspostille des St. Pöltner Kirchenoberhauptes. In fast jeder Ausgabe wird ihm ausführlich gehuldigt: Die Predigten Seiner Exzellenz werden in Serie abgedruckt, Ihro bischöflichen Entscheidungen ausnahmslos beklatscht. Für Friedrich und Albert ist Kurt nur der »gütige Vater«. Geld würden sie von ihm allerdings keines bekommen, sagen die Engelmanns: »Wer so etwas behauptet, der lügt.« Was für sie zählt, ist allein seine moralische Unterstützung. Das Ziel ihrer Arbeit haben Vater und Sohn klar vor Augen: »Wir schreiben, weil die Hierarchie der Kirche nicht so funktioniert, wie sie sollte. Wir wollen wieder starke Männer an der Spitze. Bischöfe, die sagen, wo es langgeht in Kirche und Politik.« Eben Männer wie Kurt Krenn.
Neben dem St. Pöltner Bischof werden vor allem die fundamentalistischen Gemeinschaften der katholischen Kirche hofiert. Vom Opus Dei bis zum Neokatechumenat, von den Servi Jesu et Mariae bis zum Engelwerk bekommt alles, was am rechten Rand der Kirche angesiedelt ist, im »13.« entsprechend Platz. Die Leserschaft des Blattes setzt sich demnach auch zu einem Gutteil aus Anhängern solcher Organisationen zusammen. Schmerzlich wurde das den Engelmanns im Jahre 1988 in Erinnerung gerufen. Nachdem es zur Abspaltung der Piusbruderschaft von der katholischen Kirche gekommen war, distanzierte sich auch der papsttreue Friedrich Engelmann im »13.« von den Anhängern Erzbischof Lefébvres. Mit den Auswirkungen seines Artikels hatte er nicht gerechnet: Sein Blatt verlor mit einem Schlag Hunderte Abonnenten. Sie konnten dem »13.« den »Verrat« an den Piusbrüdern nicht verzeihen. Heute versuchen die Engelmanns wieder eine langsame Annäherung an die Lefébvrianer: Seit Anfang 1997 werden wieder vermehrt Leserbriefe abgedruckt, die von den traditionalistischen Aufmärschen der Priesterbruderschaft Pius X. berichten.
Laut Albert Engelmann sind es vorrangig die »wertkonservativen« Bewegungen, die den »wahren Glauben« verteidigen: »Das ist in Zeiten eines Kirchenvolks-Begehrens nicht mehr selbstverständlich. Heute kann man den Glaubensverfall ja schon überall beobachten«, sagt Engelmann. Der Auszug der Massen aus der Kirche stimmt ihn zwar nicht gerade fröhlich, doch kann er einer »Gesundschrump-

fung« der katholischen Kirche durchaus einiges abgewinnen. »Dann werden wenigstens korrupte Bonzen, die heute auf Bischofsstühlen sitzen, endlich gehen, weil es in der Kirche nicht mehr nach Geld riecht«, sagt Albert Engelmann.
»Korruption« ist auch das Schlagwort, das den Engelmanns zur politischen Lage in Österreich einfällt. Der Politik der Regierungskoalition von Sozialdemokraten und Volkspartei können sie rein gar nichts abgewinnen. Obwohl Vater Friedrich eigentlich ein gestandener ÖVPler und sogar Mitglied im Cartellverband ist, pflegen die Engelmanns beste Kontakte zu Jörg Haiders FPÖ. »Uns gefällt das Programm der Freiheitlichen, vor allem aber, wie sie den Mächtigen immer wieder ans Bein pinkeln. Da sind sie wie wir«, sagen Friedrich und Albert unisono. Neben Jörg Haider ist es vor allem Ewald Stadler, der sich der Sympathie der Engelmanns gewiß sein kann. »Die Annäherung der FPÖ zur Kirche – das war schon ein ganz wichtiger Schritt«, findet Friedrich Engelmann lobende Worte für den FPÖ-Klubobmann. Nicht zuletzt wegen der neuen programmatischen Nähe funktioniert auch die Zusammenarbeit mit den Freiheitlichen perfekt. »Sie schicken uns Informationen über die linken Zecken, die Österreich schön langsam aussaugen«, sagt Albert Engelmann: »Auch über verschiedene linke Terrorgruppen erhalten wir immer wieder wertvolles Material. Das ist ja Wahnsinn, was sich da alles abspielt.«
In den »übriggebliebenen kommunistischen und marxistischen Gruppen« sehen die Engelmanns einige ihrer größten ideologischen Feinde. In der Kleinzeller Redaktion gibt es zu jedem »Haßobjekt« mindestens einen Ordner. Etwa zum linken »Tatblatt« oder dem »Schwulenblatt« »Xtra«. Besonders dick ist die »Akte Rudolf Schermann«. Der Herausgeber des liberalen Kirchenmagazins »Kirche Intern« ist den Engelmanns ein besonderer Dorn im Auge. Albert Engelmann hat für ihn nichts als Verachtung übrig: »Schermanns Zeit ist vorbei. Der ist so alt wie Fidel Castro, das sagt wohl alles. Ich glaube, der vereinigten Linken geht langsam die Luft aus.«
Zum Hauptfeind Nummer eins ist für den »13.« in den vergangenen Jahren der Islam geworden. Glaubt man den Schlagzeilen des katholischen Fundi-Blattes, dann steht eine Übernahme des Abendlandes durch die Moslems knapp bevor. Beweise dafür gebe es genug: In Deutschland, so die Engelmanns, fordern Moslems sogar, daß der nächste Bundeskanzler einer von ihnen sein müsse. Das heiße Thema Islam findet sich immer öfter auf Seite eins. »Islam Terror« steht

da in Balkenlettern zu lesen, oder »Islam tobt«. Besonders ausführlich beschäftigte sich die Ausgabe vom März 1997 mit dem Thema. Unter dem Titel »Kirche und Politik versagen gegen den Islam« warnte das Blatt eindringlich vor dem »fanatisierten mittelalterlichen ›homo islamicus‹«. »Wie lange noch wird es dauern«, fragten die Engelmanns, »bis der Halbmond das Kreuz vom Stephansdom stürzt?«
Die dumpfen Ressentiments gegenüber Moslems gehen nahtlos in latente Ausländerfeindlichkeit über. Albert Engelmann: »Ich muß doch nicht mit Gewalt Ausländer importieren und mir so das Chaos ins Land holen.« Was Wunder, wenn der Starkolumnist des »13.« Kurt Dieman, bekannter katholischer Rechtsverbinder zur FPÖ, 1993 im Blatt kräftig für Jörg Haiders Ausländervolksbegehren die Werbetrommel rührte. Als das Volksbegehren zu einem Flop wurde, war der Reaktionär gekränkt. In Anspielung auf die Menschenrechtsorganisation »SOS Mitmensch« und ihr Lichtermeer gegen Ausländerfeindlichkeit betitelte er seine Kolumnen monatelang mit Slogans wie »SOS Faschismus!« (Februar 1993), »SOS Entvolkung« (März) oder »SOS Synagoge des Satans« (Juli). Ein beliebtes Thema Diemans sind auch die Freimaurer. Sogar die Kirche sieht er von ihnen schon unterwandert, den anerkannten katholischen Publizisten Hubert Feichtlbauer schimpfte er gar »Sprachrohr der Maurer«. Das Meisterstück gelang Dieman allerdings mit einem anderen Thema. In der November-Ausgabe 1997 geißelte er die Homosexualität im Stile eines Inquisitors: »Homosexuelle und Lesben verunehren die Kirche mit ihrer abartigen und sündigen Leiblichkeit: Sie gehörten ›geschlechtsspezifisch‹ mit Peitsche und Ochsenziemer zurechtgewiesen.« Für diese Haßtiraden wurde »Der 13.« freilich wieder einmal geklagt. Auch 1998 wird sich so an der Engelmannschen Gerichtsfront einiges tun.
Während »Der 13.« bei seinen Inhalten auf das Mittelalter setzt, versucht er sich technisch der Moderne anzupassen. Im Redaktionsbüro in Kleinzell steht modernstes Computergerät. Im Dezember 1997 erschien das Weihnachtsmotiv auf Seite eins erstmals im Vierfarbdruck. 1998 will Albert Engelmann sogar den Sprung ins Internet wagen. Da es den »13.« nur im Abonnement und an wenigen ausgesuchten Kiosken gibt, wäre das ein Quantensprung für sein Heft, sagt Engelmann. Denn mit den etwas über 13000 verkauften Exemplaren gibt er sich nicht zufrieden. »Wir werden expandieren. Von 20000 bis 100000 verkauften Exemplaren ist im deutschen Sprachraum alles drin«, sagt er: »Wir müssen unsere Vormachtstellung auf dem

konservativ-katholischen Medienmarkt weiter ausbauen und zu einer echten Marke werden. Die Leute denken bei Limonade an Coca-Cola, bei Computer an IBM – bei katholischen Zeitschriften dürfen sie in Zukunft nur mehr an den ›13.‹ denken.«

Rechter Blätterwald

Den Vergleich mit den traditionellen Kirchenzeitungen braucht »Der 13«. keineswegs zu scheuen. Die verlieren im gesamten deutschen Sprachraum an Lesern. Erreichten alle elf Kirchenzeitungen Österreichs* in den siebziger Jahren zusammen noch eine Verbreitung von einer halben Million Exemplare, so haben sie bis heute fast die Hälfte ihrer Leser verloren. Tendenz: weiter fallend. Während die moderaten katholischen Medien an immer stärkeren Auflageeinbußen leiden, scheinen diese Probleme links und rechts der Mitte kaum zu existieren. Im liberalen Segment reüssiert das österreichweite Magazin »Kirche Intern« genauso wie kleinere Blätter in den Diözesen.** In Deutschland decken diesen Bedarf vor allem das »Publik Forum« und in zurückhaltender Form die »Herder Korrespondenz«.

Dichter wird der Blätterwald aber vor allem am rechten Rand der Kirche. Einerseits geben die meisten erzkonservativen Gemeinschaften eigene Medien für ihre Anhängerschaft heraus. Andererseits scheint zunehmend ein breiterer Markt für reaktionäre katholische Medien vorhanden zu sein. Einige Schriften widmen sich der Förderung der tridentinischen Messe, wie zum Beispiel die »Una Voce Korrespondenz«, »Theologisches« oder auch »Der Fels«. Alle drei erscheinen in Deutschland, finden aber auch in Österreich Abnehmer. Ebenfalls in Deutschland verlegt werden das »pur magazin« und die ganz im Boulevardstil der »Bild«-Zeitung gehaltene »Neue Bildpost«

---

* In Österreich gibt es pro Diözese eine Kirchenzeitung (in Wien: »Wiener Kirchenzeitung«; Eisenstadt: »Kirchenzeitung«; Salzburg: »Rupertusblatt«; Graz-Seckau: »Sonntagsblatt für Steiermark«; Gurk-Klagenfurt: »Kärntner Kirchenzeitung«; Innsbruck: »Kirche«; Feldkirch: »Vorarlberger Kirchenblatt«; St. Pölten: »Kirche bunt« und die größte in Linz: »Linzer Kirchenzeitung«) und dazu im Burgenland eine in kroatischer (»Glasnik«) und in Kärnten eine in slowenischer Sprache (»Nedelja«).
** Z. B. »Ja« und »o.k.« in der Diözese St. Pölten oder »Kirche sind wir alle« in der Diözese Feldkirch

(Auflage: knapp 100 000 Stück). Letztere vertreibt sogar eine eigene Österreich-Ausgabe (»Die neue Österreich Bildpost«).
In Österreich finden sich auch »Das neue Groschenblatt« (Kaufpreis 1,80 Schilling) und das Gratisblatt »Vision 2000«. Dieses von »Furche«-Redakteur Christof Gaspari, seiner Frau Alexa und dem Adeligen Joseph Doblhoff betreute Blatt widmet sich vor allem dem Thema »Lebensschutz«. Die vom »Verein Heimatmission – Normale Katholiken« herausgegebene Postille »Die Wahrheit« fällt eher in die Sparte Skurriles. Immerhin verschickt Redakteur Herbert Lindner, im übrigen ein enger Freund der Engelmanns und von Pornojäger Martin Humer, ganze 70 000 Stück jeder Nummer an oberösterreichische Haushalte.
Daß sich die rechte Szene in der katholischen Kirche langsam organisiert, beweist die Existenz eigener Nachrichtendienste, die freilich nicht immer flächendeckend arbeiten. In Deutschland informiert der erzreaktionäre »Schwarze Brief« von Herausgeber Claus Peter Clausen, in Österreich der etwas gemäßigtere und von Kardinal Hans Hermann Groër initiierte »idu« (Informationsdienst zu Ehren der unbefleckten Gottesmutter Maria).
Auch das Gebiet der elektronischen Medien wird von der katholischen Kirche langsam erschlossen. Ab April 1998 wird es in Österreich katholische Radiosender geben. Während die Wiener Regionalradiofrequenz für das diözesane »Radio Stephansdom« Ende 1997 für einigen Gesprächsstoff sorgte, wurde die Vergabe einer Lokalradiofrequenz im Raum Waidhofen an der Ybbs an das konservative »Radio Maria«* kaum beachtet. »Radio Maria« gibt es derzeit in 16 Ländern, vor allem in Polen fällt es durch eine fundamentalistische Gesinnung auf. Wie es sich in Österreich entwickelt, bleibt freilich abzuwarten.
Eindeutig positioniert haben sich in den vergangenen Jahren zwei andere erzkatholische Medien. Einerseits das Jugendmagazin »YOU!«, andererseits das Monarchistenblatt »Die Weiße Rose«.
»You!«: Herausgegeben wird das Magazin vom »Jugendverein für christlich-katholische Werte« (Maria Roggendorf, Niederösterreich),

---

* Betreiber wird der in Krems beheimatete Verein »Maria heute – Verein für die Verbreitung einer grenzenlosen Nächstenliebe« sein. Geschäftsführer ist der Wiener Verlagsmanager Peter Morawetz. Der Beginn wird unter anderen mitgetragen von Alexa und Christof Gaspari (»Vision 2000«) und dem »idu«-Chefredakteur Pater Clemens Reischl aus Göttweig.

der in engem Kontakt mit der konservativen »Legio Mariae« steht. Das Redaktionsteam setzt sich vorwiegend aus Mitgliedern der Familie Cech zusammen, Edel Cech ist Chefredakteurin. Sie war es auch, die das Vorbild für die deutschsprachige Ausgabe, das amerikanische »YOU!«, 1992 nach Österreich brachte.
Nach außen hin präsentiert sich »You!« bunt und peppig – wie viele andere Jugendmagazine. Doch der Inhalt der 32 Seiten starken Monatszeitschrift ist brav und bieder: Aufs Cover kommen nur die streng Gläubigen unter den Pop- und Filmstars. Der »absolut coole« und »total abgedrehte« Stil des Heftes soll den Jugendlichen die streng katholischen Werte der Redaktion ins Hirn fetzen. Als »Todsünden« werden ohne Unterschied »Mord, Trunksucht, Abtreibung, der Sonntagsmesse fernbleiben und die künstliche Empfängnisverhütung« angeführt. Jugendseelsorger werfen »YOU!« wegen diesen und ähnlichen Glaubenssätzen eine »zweifelhafte Theologie« vor. Bei den Bischöfen ist die Zeitschrift allerdings wohlgelitten: Kardinal Hans Hermann Groër und Erzbischof Georg Eder verfaßten gar Gratulationsschreiben an die Redaktion.

»Die Weiße Rose«: Der Anspruch dieses Blattes ist hochtrabend. Die beiden Herausgeber und Chefredakteure Matthäus Thun-Hohenstein und Albert Pethö sehen sich und ihr unregelmäßig erscheinendes Pamphlet in der Tradition der antinationalsozialistischen Widerstandsgruppe »Die Weiße Rose«*. Die Auflehnung der beiden richtet sich aber nicht wie damals gegen ein Terrorregime, sondern gegen »die Ungeheuerlichkeiten des Zeitgeistes«. Liberalismus und Sozialismus werden in der Zeitschrift scharf angegriffen, die Monarchie wird regelmäßig als ideale Staatsform gepriesen. Autor Ronald F. Schwarzer, Präsident der reaktionären katholischen Vereinigung »Pro Occidente«, findet dafür sogar eine religiöse Begründung: Jesus selbst, so Schwarzer, habe in »Petrus die monarchische Struktur der Kirche begründet«. Als Katholik könne er, Schwarzer, sich in seinem Staatsverständnis nur an der heiligen Kirche orientieren.

---

* »Die Weiße Rose« war eine kleine Gruppe Münchner Studenten, die von Juni 1942 bis zu ihrer Verhaftung durch das nationalsozialistische Terrorregime im Februar 1943 Tausende Flugblätter gegen die Nazidiktatur verbreiteten. Mitglieder der Widerstandsgruppe waren unter anderen Hans und Sophie Scholl, die fünf Tage nach ihrer Verhaftung im Vollzugsgefängnis Stadelheim enthauptet wurden. Daß die Eltern der Geschwister Scholl mit der Linie des katholischen Fundi-Blattes wenig Freude haben, liegt auf der Hand. Jede Bitte um Namensänderung wurde aber bisher von den Herausgebern ignoriert.

Der Blattlinie »Christlich – konservativ – abendländisch« entsprechen auch alle anderen Gastautoren der »Weißen Rose«. Beiträge schrieben unter anderen Klaus Gorges von der Petrusbruderschaft, der konservative Rechtsprofessor Wolfgang Waldstein und die FPÖ-nahen Universitätsdozenten Lothar Höbelt und Friedrich Romig. Der theologische Referent von Bischof Kurt Krenn, Reinhard Knittel, durfte sich wiederholt über »Mißstände« in der Kirche auslassen. Um dem St. Pöltner Bischof im »Kirchenkampf« gegen aufmüpfige Priester beizustehen, initiierte die Redaktion der »Weißen Rose« eine Unterschriftenaktion für Krenn. 1995 starteten die Chefredakteure Thun-Hohenstein und Pethö, beide aus dem Umfeld der erzkonservativen Studentenfraktion JES (Junge Europäische Studenteninitiative), sogar ein eigenes »Gläubigen-Begehren«, das die Forderungen des von ihnen strikt abgelehnten »Kirchenvolks-Begehrens« konterkarierte.

KIRCHE UND FPÖ

Bloß ein Hauch von Weihrauch?

Jörg in allen Gassen

Der Auftritt Jörg Haiders war perfekt inszeniert. Nachdem ein Trompeter die Bundeshymne geblasen hatte, tauchte der Parteichef der Freiheitlichen in hellem Scheinwerferlicht aus dem Dunkel des Saales. Die Delegierten des Parteitages wandten sich nach ihm um wie nach dem Titelverteidiger im Schwergewichtsboxen auf seinem Weg zum Ring und spendeten dem Champion stehend Applaus. Ernstzunehmenden Gegner hatte Haider freilich keinen, außer vielleicht die Vergangenheit der eigenen Partei. Aber selbst die knockte er in der ersten Runde aus. »Heute treten wir aus dem Schatten unserer Vergangenheit. Wir sind nicht mehr die pubertierenden Lümmel in der letzten Bank. Wir haben vernünftige Zukunftsperspektiven. Wir können regieren«, sagte Haider.
Was ihn da so sicher machte, war das neue Parteiprogramm der FPÖ, das an diesem 30. Oktober 1997 im Linzer Designcenter vom Bundesparteitag abgesegnet wurde. Laut Haider das modernste politische Programm Österreichs, das seine FPÖ zur stärksten Partei des Landes machen soll. Was da auf 24 eng bedruckten Seiten zu lesen stand, war tatsächlich ein Bruch mit ehernen Traditionen. Die FPÖ entsagte der markigen Deutschtümelei, setzte an ihre Stelle wohli-

gen Österreich-Patriotismus. Vor allem aber beinhaltete die Grundsatzerklärung erstmals in der Geschichte der Freiheitlichen eine Hinwendung zum Christentum. Monatelang war parteiintern um diese heikle Passage gestritten worden, vor allem die nationalliberale Wiener Landesgruppe konnte sich nicht mit dem Begriff des »wehrhaften Christentums« anfreunden, zu sehr fühlte sie sich noch mit den antiklerikalen Wurzeln der Partei verbunden.

Auf dem Konvent setzte sich dann doch der Schöpfer des neuen Programms, Klubobmann und Katholik Ewald Stadler, durch. Das »wehrhafte Christentum« schmolz zwar zum »Christentum, das seine Werte verteidigt«, doch am Grundtenor des Manifestes änderte das nichts. Die FPÖ hatte sich, zumindest auf dem Papier, zu einer christlichen Partei gewandelt.

In der Öffentlichkeit waren die Diskussionen über die Bekehrung Haiders damit nicht beendet. Vor allem die Liberalen in der katholischen Kirche kauften den Freiheitlichen ihren christlichen Schwenk nicht ab. Die Auffassung von Nächstenliebe in der FPÖ, meinten sie, lasse sich mit den Grundsätzen Jesu nicht vereinbaren. Haider mißbrauche die Kirche lediglich dazu, um bei den nächsten Wahlen vermehrt katholische Wählerstimmen einfahren zu können. Auch Kenner der politischen Szene waren sich einig: Die Öffnung der FPÖ gegenüber der Kirche geschah aus rein wahltaktischem Kalkül. Nachdem Haider bisher vor allem in weiten Teilen der Arbeiter-Kernschicht der SPÖ gewildert hatte, mußten es auf dem Weg zur angestrebten Kanzlerschaft nun die katholischen Wähler der ÖVP sein. Jörg Haider also in allen Gassen.

Doch war die freiheitliche Kurskorrektur wirklich nur ein Wahlkampfmanöver Haiders, in Szene gesetzt von Programmdirektor Ewald Stadler? Fehlt der traditionell antiklerikalen FPÖ wirklich jegliche gemeinsame Basis mit der katholischen Kirche?

Ein flüchtiger Blick auf die Geschichte läßt kaum Gemeinsamkeiten zwischen Kirche und FPÖ erkennen. Im Gegenteil: Im dritten Lager galten lange die vom rechten Ideologen Georg von Schönerer um die Jahrhundertwende geprägten Slogans »Los von Rom« und »Ohne Rom Germaniens Dom«. Bei näherem Besehen fällt allerdings auf, daß sich diese Einstellung in den vergangenen Jahren radikal gewandelt hat. Nicht erst seit dem neuen Parteiprogramm werden von der FPÖ Brücken ins katholische Lager geschlagen. Das seit Jahren ausgezeichnete Verhältnis zwischen Haider und Kurt Krenn ist dafür nur ein Beispiel. Wenn der St. Pöltner Bischof dem blauen Par-

teichef kurz vor den Nationalratswahlen 1994 eine Privataudienz beim Papst ermöglicht, dann dient das zwar auch der Freundschaft, bringt zugleich aber eine zunehmende ideologische Übereinstimmung zwischen FPÖ und rechten Katholiken zum Ausdruck.
Eine Übereinstimmung, die sich auch in konkreten Fragen wie der Ausländerpolitik manifestiert. Zwischen der populistischen Rechtspartei und weiten Teilen der katholischen Reaktionäre hat sich, von der breiten Öffentlichkeit weitgehend unbemerkt, eine neue politische Achse gebildet.

O Maria, hilf!

Siegfried Lochner, Militärkaplan in Wiener Neustadt, läuft zu seiner Höchstform auf. Die Worte, die er von der Kanzel der Wiener Karlskirche auf die versammelten Gläubigen herabdonnert, lassen an Deutlichkeit nichts zu wünschen übrig: »Wie schon 1683 klopft ein militanter Islam an unsere Türen. Aber auf katholischer Seite steht ihm ein Marxismus gegenüber, wie ihn unser Land wohl noch nie gesehen hat«, wettert er.
Lochner kann sich der Zustimmung seiner Gemeinde sicher sein. In der ersten Bankreihe nickt FPÖ-Bundesrat John Gudenus nach jedem Halbsatz andächtig mit dem Kopf, der neben ihm sitzende freiheitliche Klubobmann im Parlament, Ewald Stadler, lauscht ergriffen. »Laßt es uns allen verkünden, daß wir Katholiken nicht dazu bereit sind, unseren Herrn vom Thron zu stoßen, um einer multireligiösen Gesellschaft Platz zu machen«, fährt der Pfarrer, der bisher vor allem durch antisemtische Fürbitten in seinen Messen aufgefallen ist, fort. Was die Kirche braucht, sei ein »geistiger Kreuzzug«, sagt Lochner, und nimmt vor allem die anwesenden Politiker in die Pflicht: »Wenn sie im Sinne des Taufgelübdes handeln, dann wird über unserem Kontinent nicht der Stern Moskaus stehen, auch nicht der Stern eines zügellosen Kapitalismus, auch nicht der Halbmond, sondern das Kreuz, umrahmt von den zwölf Sternen der Muttergottes. Maria, die Mutter Österreichs, wird helfen, wenn die Politiker nur stark und getreu sind.«
In der barocken Karlskirche begeht man an diesem 12. September 1997 das Fest »Mariae Namen« in Gedenken an die Türkenbefreiung Wiens. Vor genau 314 Jahren hatten Herzog Karl von Lothringen und König Johann III. Sobieski von Polen die gottlosen Osmanen in

die Flucht geschlagen. Die tief gläubigen Herrscher waren dabei dem Auftrag Papst Innozenz' XI. gefolgt, der sie zur Verteidigung des Abendlandes aufgerufen hatte. Noch vor der siegbringenden Schlacht, in den Morgenstunden des 12. September 1683, brachten die Kaiserlichen und ihre Verbündeten auf dem Wiener Kahlenberg das heilige Meßopfer dar und erflehten den Beistand der Jungfrau Maria. Nach dem Kampf begründeten Kirche und Kaiser aus Dankbarkeit das Fest »Mariae Namen«. Vor wenigen Jahren besann sich dann die konservativ-klerikale Szene des Ereignisses. Seitdem wird alljährlich am 12. September in der Karlskirche gefeiert.

Im Kirchenschiff hat sich eine illustre Schar aus freiheitlichen Politikern, kirchlichen Würdenträgern und Gläubigen zusammengefunden. Sie alle sind der Einladung mehrerer katholischer Gruppen, wie etwa der »Una Voce«-Bewegung oder des reaktionären Monarchistenblattes »Die Weiße Rose« gefolgt, das »Fest der kämpfenden Kirche« zu begehen. Wie auch schon in den vergangenen Jahren gerät die Messe, die natürlich im tridentinischen Ritus gefeiert wird, zu einer Demonstration der Einigkeit zwischen dem klerikalen Flügel der FPÖ und den Fundamentalisten in der katholischen Kirche Österreichs.

Die lateinische Liturgie und das Großaufgebot an Priestern, darunter auch Kardinal Hans Hermann Groër, erinnern an längst vergangene katholische Zeiten. »Im Gegensatz zu den modernen Messen und der gängigen Handkommunion ist der tridentinische Ritus etwas sehr Erhebendes«, sagt Ewald Stadler, dem es besonders die Predigt Lochners angetan hat: »Beeindruckend, ich war wirklich fasziniert. Der Pfarrer hat unangepaßte, aber vor allem wahre Worte gesprochen. So stelle ich mir eine Predigt nach Abraham a Sancta Clara vor.«

Gleich hinter Stadler und Gudenus, der Leiter des »Grundsatzpolitischen Arbeitskreises FPÖ-Katholiken« ist, sitzt in der Karlskirche Kurt Dieman, Starkolumnist des erzkonservativen Kirchenblattes »Der 13.«. Dieman ist auch Gründer des »Patriotischen Clubs – Für ein besseres Österreich«, ein Diskussionszirkel von rechten Katholiken und Freiheitlichen. Am 22. September 1993 lud Dieman zur Gründungskonferenz in den Clubraum des Wiener Hotels Imperial. Von nationaler Seite waren gekommen: der damalige Chefideologe Jörg Haiders und nunmehrige Herausgeber des deutschnationalen Wochenblattes »Zur Zeit« Andreas Mölzer, der Obmann des Kärntner Heimatdienstes Josef Feldner und Friedrich Romig, langjähriger

Autor in der rechtsextremen Zeitschrift »Aula«. Dort hatte letzterer immer wieder heftig gegen den EU-Beitritt Österreichs gewettert. Von Bischof Kurt Krenn wurde er dafür belohnt und zu dessen »Europaberater« ernannt. Von katholisch-fundamentalistischer Seite fanden sich unter anderen Nikolaus Rosam, damals Bundesvorsitzender der Jungen Europäischen Studenteninitiative, Ronald F. Schwarzer, »Weiße Rose«-Autor und Präsident von »Pro Occidente«, und Friedrich Engelmann vom »13.« ein.*

Getreu dem Ziel des Vereins, der »Sammlung patriotischer, christlicher und konservativer Kräfte« in Österreich, standen im Hotel Imperial vorwiegend programmatische Reden an der Tagesordnung. Ronald F. Schwarzer beschwor in seinem Referat mit dem Titel »Getrennt marschieren – vereint schlagen« vor allem die Einigkeit. Die »Phalanx der Rechten«, sagte Schwarzer, erstrecke sich von katholischen Kleinstgruppierungen wie der »Una Voce« über die Studentenfraktion JES bis hin zu den »Freunden vom Opus Dei, die mit großem Interesse an diesem Projekt mitarbeiten«.[119]

Obwohl das Projekt »Patriotischer Club« mittlerweile wieder am Entschlafen ist, sind die Kontakte zwischen FPÖ und rechter Kirche ungebrochen gut. Bei der Mariae-Namen-Feier in der Karlskirche hat gleich neben Kurt Dieman ein weiterer Großer des konservativen Katholizismus in Österreich Platz genommen: Robert Prantner, Ethikprofessor an der Theologischen Hochschule in Heiligenkreuz, bekennendes Mitglied des Engelwerkes und seit kurzem auch enger Vertrauter Ewald Stadlers. In den Wochen vor dem großen Parteitag in Linz war Prantner im besonderen Auftrag des freiheitlichen Klubobmannes unterwegs: Er durfte mehreren Landesgruppen der Blauen den neuen Programmentwurf der Freiheitlichen präsentieren.**

Auch in »Zur Zeit«, dem neuen Blatt von Andreas Mölzer, durfte

---

* Dem Vorstand beziehungsweise dem Kuratorium des »Patriotischen Clubs« gehörten weiters an: Universitätsprofessor Robert Krapfenbauer; FPÖ-Bundesrat John Gudenus; Leopold Guggenberger, Bürgermeister von Klagenfurt; Albert Pethö, Herausgeber der »Weißen Rose«; Christian Zeitz, Obmann des Wiener Akademikerbundes; Robert Stelzl von der »Jungen Konservativen Union« u. a. m.
** Als Prantner im Dezember 1997 von der Theologischen Fakultät Wien die Prüfungsvollmacht entzogen wurde (Begründung: mangelnde wissenschaftliche Qualifikation), war die Entrüstung nicht nur im konservativ-katholischen Lager, sondern auch in der FPÖ riesengroß. Ewald Stadler richtete wegen des »skandalösen Entzugs« sogar eine parlamentarische Anfrage an Wissenschaftsminister Caspar Einem.

Prantner seine reaktionären Thesen schon unters freiheitliche Volk bringen. So fand sich in einer der ersten Nummern[120] ein mehr als fragwürdiger Beitrag zum jüdisch-christlichen Dialog. Anlaß war eine Gedenktafel, die der Wiener Erzbischof Christoph Schönborn zur Erinnerung an die Verbrechen der Katholiken an Juden gestiftet hatte. Prantner meinte im Artikel sinngemäß, daß eine Entschuldigung von katholischer Seite nicht ausreiche, auch die Juden müßten ihrerseits für angebliche Ritualmorde an katholischen Christen zur Zeit des Mittelalters um Vergebung bitten. Als Beispiel nannte Prantner das »selige Märtyrerkind Anderl von Rinn«. Im Tiroler Bergdorf Rinn war um das »selige Anderle«, das der Legende nach von Juden ermordet worden sein soll, ein antisemitischer Kult entstanden. Erst Bischof Reinhold Stecher setzte dem 1994 ein Ende und verbot die Verehrung. Er benannte die Kirche »Judenstein« in »Mariä Heimsuchung« um und ließ das Fresko, das die »Schlachtung Anderls« zeigte, übermalen. Zur Legende meinte der Bischof: »Ein Ritualmordmartyrium hat es nie gegeben.« Legenden wie jene über den angeblich getöteten dreijährigen Tiroler »Märtyrer« seien in Europa zeitgleich mit dem Hexenwahn entstanden und hätten »unzähligen Juden Heimat, Vermögen, Freiheit, Gesundheit und Leben gekostet«. Stecher bezeichnete den Kult als »abergläubische Verwirrung«.[121] Robert Prantner war anderer Auffassung. »Auch das Blut gemordeter Christen, vergossen durch jüdische Hand, schreit zum Himmel!« schrieb er in »Zur Zeit«. Er forderte sogar einen »Kongreß der Weltjudenheit«, in dessen »Verlauf das ›Neue Gottesvolk‹ um Verzeihung gebeten wird«.
Die Pflege von Vorurteilen wie im Fall des »seligen Anderl« und das Schüren primitiver Ängste wie im Fall des Islam sind Themen, die Freiheitliche und rechte Katholiken verbindet. Besondere Berührungspunkte gibt es auch bei Fragen der Familie und der Emanzipation der Frau. Wie die reaktionären Katholiken vertreten viele Freiheitliche die althergebrachten, strikten Rollenbilder. »Modernistische« Ansichten stoßen meist auf Ablehnung. In der Frage der Abtreibung war Jörg Haider den aufstrebenden katholischen »Lebensschützern« sogar voraus. Er stellte schon während seines »Ausländer-Volksbegehrens« im Januar 1993 die provokante Frage: »Wo bleibt denn die Schutzfunktion der Kirche für das ungeborene Leben?« Mit den radikalen Pro-Lifern könnte es also auch hier Gemeinsamkeiten geben.
Was dem FPÖ-Chef eine Annäherung an den rechten Rand der Kir-

che an Wählerstimmen bringt, bleibt freilich abzuwarten. Seriöse Studien schätzen das Potential der Antireformer in der katholischen Kirche auf zirka 15 Prozent.[122] Bei einem Katholikenanteil von etwa 75 Prozent an der österreichischen Gesamtbevölkerung also keine unwesentliche Bevölkerungsgruppe, wenn auch nicht mit dem Potential an enttäuschten Arbeitern zu vergleichen. Letztere werden dem FPÖ-Chef seinen Schwenk ins rechte Kirchenlager aber wohl verzeihen, solange er auch ihre Nöte weiterhin anspricht.

In die Bredouille gerät nur die Volkspartei. Ihr dürften die konservativen Kirchgänger, die bisher traditionall »schwarz« wählten, in Zukunft abgehen. Einem ÖVP-Klubobmann Andreas Khol, der in den achtziger Jahren die konservative Kirchenwende in Österreich mit einleitete, könnte so sein kirchliches Engagement noch auf den Kopf fallen. In verschiedenen Kreisen der Volkspartei denkt man denn auch über die richtige Antwort auf die neue Strategie Haiders nach. Zumindest im akademischen Cartellverband (CV) scheint man sie gefunden zu haben: Nach einer offeneren Phase zu Beginn der neunziger Jahre ist man nun wieder voll auf die konservative Linie eingeschwenkt. Martin Zimper, den Herausgeber des Verbandsorgans »Academia«, schaßte man Anfang 1997, weil er vielen als zu liberal galt. Und die Aufnahme von Frauen in den CV, die lange Zeit als sicher galt, wurde im letzten Moment doch mit großer Mehrheit abgelehnt.

Nachwort

»Begriffe wie ›Fundamentalismus‹ oder ›Sekte‹ sind zu Kampfbegriffen und Totschlagworten geworden und werden zunehmend auch Katholiken an den Kopf geworfen«, beklagt der Opus-Dei-Priester und Wiener Hochschulseelsorger Paul Blecha. Zu lesen sind seine Worte im Vorwort einer eigens vom Opus Dei herausgegebenen Broschüre zur Sektendebatte.[123] Auf 40 Seiten finden sich Stellungnahmen von so bekannten Autoritäten wie dem Wiener Erzbischof Christoph Schönborn oder dem katholischen Sektenspezialisten Hans Gasper.* Das Ziel der Broschüre ist es, all jene, die von der Existenz »innerkatholischer Sekten« sprechen, ein für allemal zu widerlegen.

In der Diskussion mit konservativen Katholiken wird eine kritische Berichterstattung über katholische Werke und Vereinigungen gern mit »Gesinnungsterror« bezeichnet. Auch Begriffe wie »Fundamentalismuskeule« und »Medienjustiz« werden schnell gebraucht.

Ich stelle hiermit fest: Es liegt mir fern, jemandem seinen Glauben abzusprechen oder zum Vorwurf zu machen. Selbstverständlich akzeptiere ich das Recht des einzelnen auf die freie Wahl seines Bekenntnisses. Sollte ich an irgendeiner Stelle des vorliegenden Buches einen gegenteiligen Eindruck erweckt haben, so bitte ich dafür um Verzeihung. Sollte mit »Gesinnungsterror« allerdings die Kritik an Theorie und Praxis einiger Gruppierungen innerhalb der katholischen Kirche gemeint sein, so bekenne ich mich gerne dazu. Es kann nicht sein, daß unter dem Schutzmantel der Kirche »Werke« wachsen, die von jeder Kritik ausgenommen sind, nur weil sie sich im Besitz der alleinseligmachenden Wahrheit wähnen.

Denn Faktum ist: In der katholischen Kirche haben sich in den vergangenen Jahren und Jahrzehnten Gruppen gebildet, die zu »Kirchen in der Kirche« geworden sind. Viele haben eine eigene Struktur aufgebaut, praktisch all ihre Mitglieder orientieren sich an charismatischen Führern. Die Methoden mancher Gruppe haben zu schwerwiegenden psychischen Problemen bei Mitgliedern geführt, mitunter endete die »Gehirnwäsche« in der Gemeinschaft sogar im Selbst-

---

* Ein Beitrag, der ebenfalls das Opus Dei verteidigt, stammt vom Turiner Experten für »Neue Religionen« Massimo Introvigne. Peinlich für das Opus Dei: Introvigne tritt ansonsten auch für Scientology und die Zeugen Jehovas ein.

mord. Wer die persönlichen Schicksale Dutzender ehemaliger Anhänger solcher »Bewegungen« und »Werke« hört, weiß, daß die Existenz katholischer Sekten keine Erfindung übelwollender Kirchenfeinde ist. Es gibt »innerkatholische Sekten«, auch wenn der Begriff der Definition nach ein Widerspruch ist. Sie erfüllen all jene soziologischen und psychologischen Kriterien, die bei nichtkatholischen Gruppierungen ohne viel Federlesens zum Etikett »Sekte« führen.
Hierin liegt eine große Ungerechtigkeit. Während vor »normalen« Sekten (meist zurecht) sogar in offiziellen Broschüren gewarnt wird, bleiben die innerkatholischen unerwähnt. Der Öffentlichkeit sind lediglich das Opus Dei und das Engelwerk ein Begriff – aber auch diese Gruppen wissen die Menschen meist nicht genau einzuordnen. Für Familienminister Martin Bartenstein, dessen Ministerium eine offizielle Sektenbroschüre herausgibt*, paßt das Opus Dei »nicht in diese Broschüre«, das Engelwerk sei ein »Grenzfall«. In der Broschüre scheint es sicherheitshalber nicht auf. Zu groß ist offenbar die Angst, sich die noch immer mächtige katholische Kirche zum Feind zu machen. Weil fragwürdige katholische Organisationen tabu sind, bleibt so eine Lücke in der staatlichen Broschüre. Diese Lücke will das vorliegende Buch schließen. Neben dem Opus Dei und dem Engelwerk will es auch noch auf andere Organisationen aufmerksam machen, die ähnliche Methoden anwenden, einer breiteren Öffentlichkeit aber bislang völlig unbekannt geblieben sind. Die Beiträge über diese Organisationen sollen keine Pauschalverurteilung sein. Meine Intention ist vielmehr, die Leserin und den Leser auch auf die Probleme, die diese Gruppen mit sich bringen können, aufmerksam zu machen. Mein Ziel ist Information, nicht Polemik oder Sensationshasche.
Das Buch stellt natürlich kein vollständiges Inventar des katholischen Fundamentalismus dar, dazu ist sein Umfang zu gering. Es könnten auch noch andere Gruppen wie die Legio Mariae, die Miles Jesu, die Gemeinschaft der Seligpreisungen, die Gemeinschaft Emanuel, Communione e liberazione, die Focolarini und andere mehr behandelt werden. Ich habe mich aber bewußt auf einige wenige Gemeinschaften konzentriert, die meiner Meinung nach derzeit in der (österreichischen) katholischen Kirche den größten Einfluß haben.

---

* Sekten. Wissen schützt. Eine Information des Bundesministeriums für Umwelt, Jugend und Familie. Wien 1996

Der Titel des Buches – »Gottes rechte Kirche« – bezieht sich demnach auch nicht auf die gesamte katholische Kirche, sondern auf stark spürbare rechte und fundamentalistische Tendenzen, die meines Erachtens auch die Einheit der Kirche in großem Ausmaß gefährden.

Ein Dank gilt jenen, die durch ihre Tips und Informationen dieses Buch erst ermöglichten. Ich muß darauf verzichten, die Hunderten Recherchepartner namentlich anzuführen. Einerseits fehlt dazu der Platz, andererseits wollen viele nicht genannt werden. Einige bekleiden Funktionen in der Kirche und können es sich nicht leisten, in einem derart kritischen Buch genannt zu werden.
Ein Dank gilt jenen Mitgliedern der beschriebenen Gruppen, die, trotzdem sie von der grundsätzlichen Stoßrichtung des Buches wußten, zu Gesprächen bereit waren.
Ein Dank gilt schließlich Silke Rudorfer, Roman Scheiber, Rosemarie Schwaiger, Markus Huber und Klaus Zellhofer für die Durchsicht meines Manuskriptes und Robert Treichler für die Übersetzung einiger »heikler« Passagen aus dem Französischen.

Anmerkungen

1 Khol, Andreas: Katholikentag und Papstbesuch 1983. Eine kritische Würdigung. In: Österreichisches Jahrbuch für Politik. Wien: Politische Akademie der Österreichischen Volkspartei 1994, S. 401–435.
2 Pasch, Hans: Der wandernde Fels. Wien: Ibera & Molden 1996.
3 Die Umfrageergebnisse wurden im März 1997 veröffentlicht.
4 Das Interview fand am 15. Mai 1997 in Rom statt.
5 Schönborn, Christoph: Gibt es Sekten in der katholischen Kirche? In: Deutsche Tagespost Nr. 54, 3. 5. 1997, S. 13 f.
6 Vgl. dazu: Niewiadomski, Józef: Das Recht des Stärkeren. In: Theologie Aktuell 12. Jg. (1996/97) Heft 4.
7 Das Interview fand am 28. 6. 1997 in Wien statt.
8 Name auf Wunsch der Interviewten geändert.
9 Schmidberger, Franz: Das Fernsehen – Ein Segen oder eine Gefahr? Jaidhof: Rex Regum Verlag, Verein der Freunde der Priesterbruderschaft Pius X. 1997.
10 Niewiadomski, Józef: Das Recht des Stärkeren. In: Theologie Aktuell, 12. Jg. (1996/97) Heft 4, S. 13.
11 profil Nr. 18/1997; der Leserbrief war eine Reaktion auf Barbara Coudenhove-Kalergi, die in einem Kommentar in profil Nr. 16/1997 Niewiadomskis Vorwürfe aufgegriffen hatte.
12 Leserbrief in profil Nr. 22/1997.
13 Gespräch am 17. 6. 1997.
14 Stiftung Dokumentationsarchiv des österreichischen Widerstandes (Hg.): Handbuch des österreichischen Rechtsextremismus. Wien: Deuticke 1993, S. 244.
15 Zit. n. Niewiadomski: Recht des Stärkeren.
16 Priesterbruderschaft St. Pius X.: 33 Wahrheiten zur Betrachtung für unsere Zeit. Punkt 25.
17 Schmidberger, Franz: Die Zeitbomben des Zweiten Vatikanischen Konzils. Ein Vortrag. Priesterbruderschaft St. Pius X. Stuttgart 1989.
18 Recktenwald, Engelbert: Der 30. Juni [1988, Anm.] im Lichte des Glaubens. Eine grundsätzliche Stellungnahme zum Problem der Bischofsweihen von Erzbischof Marcel Lefébvre und ein kurzer Bericht über die Entstehung der Priesterbruderschaft St. Petrus. Stuttgart 31. 8. 1988. S. 31.
19 Zitate Recktenwalds aus: Recktenwald: Der 30. Juni im Lichte des Glaubens.
20 Die nachfolgende Aufstellung ist eine gekürzte Version von Bertsch, Ludwig: Die Gründung der Priesterbruderschaft Sankt Petrus – Ausweg oder neue Sackgasse? In: Beinert, Wolfgang (Hg.): »Katholischer« Fundamentalismus. Häretische Gruppen in der Kirche? Regensburg: Pustet 1991.
21 Interview mit Engelbert Recktenwald in: Das Abenteuer des Glaubens. Münster: KOMM-MIT-Verlag 1989.

22 In: Kochanek, Hermann (Hg.): Die verdrängte Freiheit. Fundamentalismus in den Kirchen. Freiburg im Breisgau: Verlag Herder 1991, S. 126.
23 Salzburger Nachrichten, 31. 10. 1995.
24 News Nr. 46/1995.
25 Linzer Kirchenzeitung, 19. 10. 1995.
26 Hertel, Peter: »Ich verspreche euch den Himmel«. Geistlicher Anspruch, gesellschaftliche Ziele und kirchliche Bedeutung des Opus Dei. Düsseldorf: Patmos 1985, S. 21 (im folgenden zitiert als Hertel I).
27 Balthasar, Hans Urs von: Integralismus. In: Wort und Wahrheit. Freiburg, Dezember 1963, S. 742.
28 Informationsbüro der Prälatur Opus Dei in der Schweiz: Die Personalprälatur Opus Dei im Überblick. Zürich: Dezember 1995.
29 Zit. n. Hertel, Peter: Geheimnisse des Opus Dei. Geheimdokumente – Hintergründe – Strategien. Freiburg/Basel/Wien: Herder 1995, S. 97 (im folgenden Hertel II). Peter Hertels Arbeiten bilden eine wesentliche Grundlage für dieses Kapitel.
30 Zit. n. Hertel II, S. 95.
31 profil Nr. 44/1987.
32 Crónica Nr. 8/1968.
33 Hertel I, S. 208.
34 Zit. n. Hertel II, S. 103.
35 Das war 1974 noch möglich, heute kann man formal frühestens mit 16½ Jahren um Aufnahme in das Opus Dei ersuchen. Im folgenden: Steigleder, Klaus: Das Opus Dei. Eine Innenansicht. Zürich: Benziger 1991.
36 Tapia, María del Carmen: Hinter der Schwelle: ein Leben im Opus Dei. Solothurn: Benziger 1993, S. 63.
37 profil Nr. 50/1996.
38 »Caeremoniale«, zit. n. Hertel II, S. 126.
39 Tapia, S. 82.
40 »Fromme Gewohnheiten«, zit. n. Hertel II, S. 128.
41 Tapia, S. 69.
42 Laut Tammy DiNicola in: Odan Newsletter, Pittsfield/USA, 1/93; zit. n. Hertel II, S. 37.
43 »Cuadernos«, zit. n. Hertel II, S. 78.
44 Maria del Carmen Tapia in: Hertel II, S. 50.
45 »Glosas«, zit. n. Hertel II, S. 141.
46 »Vademecum«, zit. n. Hertel II, S. 139.
47 Steigleder, S. 167.
48 Steigleder. S. 169.
49 Falter Nr. 9/1997. Der Name wurde von der Redaktion geändert.
50 profil Nr. 43/1987.
51 Vgl. Academia Nr. 4/1992.
52 »Statuten«, zit. n. Hertel II, S. 144.
53 »Fromme Gewohnheiten«, zit. n. Hertel II, S. 147.

54 Crónica, zit. n. Hertel II, S. 146.
55 Hertel I, S. 41.
56 trend Nr. 3/1993.
57 Die Weltwoche Nr. 39/1987.
58 Urquhart, Gordon: Conservative Catholic Influence in Europe. Washington D.C.: Catholics for a Free Choice 1997. S. 9.
59 Kardinal Franz König: Über das Opus Dei. Heft 2 der Schriftenreihe der Karlskirche, 1989.
60 trend Nr. 3/1993.
61 Zit. n. Bernal, Salvador: Msgr. Josemaría Escrivá de Balaguer. Aufzeichnungen über den Gründer des Opus Dei. Köln 1978, S. 325.
62 Bundesministerium für Wissenschaft und Verkehr, Bundesministerium für Unterricht und kulturelle Angelegenheiten und Bundesgeschäftsstelle des Arbeitsmarktservice: '97 Universitäten; Hochschulen. Studium & Beruf. Wien, März 1997.
63 Für eine ausführliche Abhandlung des gesamten Sachverhaltes siehe Hutchison, Robert: Die heilige Mafia des Papstes. Der wachsende Einfluß des Opus Dei. München: Droemer Knaur 1996.
64 Zit. n. Hertel I, S. 57.
65 Der selige Josemaría Escrivá. Gründer des Opus Dei. Informationsblatt Nr. 16, Dezember 1995, S. 15.
66 Der selige Josemaría Escrivá. Gründer des Opus Dei. Informationsblatt Nr. 15, Mai 1995, S. 15.
67 Die biographische Darstellung Escrivás fußt vorrangig auf der Beschreibung in: Berglar, Peter: Opus Dei. Leben und Werk des Gründers Josemaría Escrivá. Salzburg: Otto Müller 1983.
68 Ex-Mitglied Vladimir Felzmann, zit. n. Hertel I, S. 213.
69 Hutchison, S. 462.
70 Berglar, S. 13.
71 Urquhart, S. 2. Übersetzung vom Autor.
72 Hutchison, 385.
73 Zit. n. Catholic Circles: An International News Roundup. Catholics for a Free Choice. Vol. 2, Nr. 2: März-April 1997. S. 8. Übersetzung vom Autor.
74 Balthasar, Hans Urs von: Integralismus heute. In: Diakonia. Mainz/Freiburg, Nr. 4/1988, S. 226.
75 Vladimir Felzmann, zit. n. Hertel I, 196 f.
76 Die Erlebnisse Gabriele Bitterlichs sind ausführlich in einem Buch ihres Sohnes »dokumentiert«. Bitterlich, Hansjörg: Sie schaute die Engel. Goldach 1990.
77 Eine ausführliche Beschreibung der wichtigsten Privatoffenbarungen bietet Heft Nr. 18 der Reihe »Impulse für die pastorale Arbeit« des Pastoralamtes der Erzdiözese Wien.
78 Aufgelistet in: Hierzenberger, G.: Erscheinungen und Botschaften der Gottesmutter Maria. Augsburg, 1993.

79 Aus den Satzungen der Priestergemeinschaft im Opus Sanctorum Angelorum, Innsbruck 1970.
80 Zit. n. Boberski, Heiner: Das Engelwerk. Theorie und Praxis des Opus Angelorum. 2. Auflage. Salzburg: Otto Müller Verlag 1993, S. 263.
81 Zak, Veronika: Soziale Probleme als Konsequenz von religiösem Fanatismus am Beispiel des Engelwerkes. Dipl.-Arb. an der Akademie für Sozialarbeit der Gemeinde Wien, 1994.
82 Kurier, 5. 9. 1991.
83 Zit. n. Boberski, S. 264.
84 Club 2, 5. 4. 1990.
85 Academia Nr. 4/1992.
86 Der Schwarze Brief, 7. 8. 1996.
87 Alle Mitgliedsangaben zum VAM beziehen sich auf eine interne Liste der Organisation vom August 1992.
88 Das Gespräch fand am 6. 5. 1997 auf dem Petersberg statt. Bei Vorlage des gedruckten Interviews im Dezember 1997 wollte Pater Philippus einige Passagen des ursprünglichen Textes nicht autorisieren. Die vorliegende, gekürzte Version des Interviews wird allerdings mit seinem vollen Einverständnis veröffentlicht.
89 Die Furche, 8. 7. 1993.
90 Kurier, 2. 7. 1993.
91 Bleistein, Roman: Perspektive und Programmatik. Bericht zur Lage der kirchlichen Jugendarbeit. In: Stimmen der Zeit, Heft 6, Juni 1994.
92 »Das Werk«, eine geistliche Familie. Informationsblatt der Gemeinschaft »Das Werk«.
93 Aus den Konstitutionen der Priestergemeinschaft des »Werkes«, Nr. 125.
94 Vgl. Neue Vorarlberger Tageszeitung vom 10., 11., 12., 15. und 16. 10. und vom 8., 10. und 22. 11. 1996.
95 Vgl. profil Nr. 45/1996.
96 Neue Vorarlberger Tageszeitung, 22. 11. 1996.
97 Rik Devillé: Het Werk. Een katholieke Sekte. Brüssel: Van Halewyck 1996.
98 Der Fall wurde vom belgischen L'Express dokumentiert; Le Vif/L'-Express, 28. 3. 1997.
99 Vgl. Le Vif/L'Express, 28. 3. 1997.
100 Untersuchungsbericht des belgischen Parlaments am 28. 4. 1997, Teil 1, S. 164.
101 M. K. Strolz: Unterwegs zum Licht. Leben, Entwicklung, Gebet. Drei Essays über John Henry Newman. Internationales Zentrum der Newman-Freunde, Rom: Tipografia Poliglotta Vaticana 1985.
102 Blásquez, Ricardo: Die neokatechumenalen Gemeinschaften. Ein

Weg der Einführung in den christlichen Glauben. Wien o. J. S. 5 (erstmals 1984 in Madrid erschienen).
103 Bischof, Helmut: Die neokatechumenalen Gemeinschaften. In: Valentin, Friederike und Albert Schmitt (Hg.): Lebendige Kirche. Neue geistliche Bewegungen. Mainz: Grünewald 1988. Charles de Foucauld (1858–1916), lebte als katholischer Einsiedler und Missionar unter den Tuareg.
104 Blásquez, S. 7 f.
105 Zit. n. Urquhart, Gordon: Im Namen des Papstes. Die verschwiegenen Truppen des Vatikan. München: Droemer Knaur 1995, S. 259.
106 Der Neokatechumenale Weg in den Ansprachen von Papst Paul VI. und Johannes Paul II. Veröffentlicht vom Neokatechumenalen Zentrum Piazza S. Salvatore in Campo, Rom 1993.
107 Päpstliches Schreiben vom 30. 8. 1990.
108 Alle Zahlen aus: Urquhart, S. 174 f.
109 Vgl. Christ in der Gegenwart. (Jg. 47) Nr. 20 vom 14. 5. 1995.
110 profil, Nr. 51-52/1994.
111 Falter Nr. 48/1995.
112 profil Nr. 51-52/1994.
113 Blásquez, S. 84.
114 profil Nr. 51-52/1994.
115 Der Fall wird genauer dokumentiert in: Mitscha-Eibl, Claudia: Lebensgeschichte und religiöse Entwicklung von Frauen, in: Heizer, Martha und Elisabeth Anker (Hg.): Funkenflug aus dem Elfenbeinturm. Erfahrungen beim Glaubenlernen, Thaur 1993, S. 181–219.
116 Das Interview mit Frau Fuchs fand am 6. 6. 1997 in Salzburg statt.
117 Der 13. Nr. 7/1989.
118 Die in den vergangenen Jahren immer breiter werdende rechtskatholische Medienszene kann an dieser Stelle nur ausschnitthaft beleuchtet werden. Für eine eingehendere Behandlung des Themas siehe: Hofer, Thomas M.: Rechte katholische Printmedien in Österreich. Dipl.-Arb. an der Universität Wien, 1998.
119 Zit. n. Zellhofer, Klaus und Markus A. Gassner: SS und Rosenkranz – Völkischer Katholizismus. In: Purtscheller, Wolfgang: Die Ordnung, die sie meinen: »Neue Rechte« in Österreich. Wien: Picus 1994. S. 101.
120 Zur Zeit Nr. 7/1997 (5.–11. Dezember 1997).
121 Zit. n. Kathpress-Tagesdienst Nr. 166 vom 22. 7. 1994.
122 Zulehner, Paul M.: Kirchenvolks-Begehren und Weizer Pfingstvision. Kirche auf Reformkurs. Düsseldorf: Patmos/Innsbruck: Tyrolia 1995. S. 245. Das Potential der Radikalreformer schätzt Zulehner im übrigen auf satte 33 Prozent.
123 Sektendebatte. Stellungnahmen aus der Kirche. Schriftenreihe der Karlskirche Heft Nr. 9, 1997.

Auswahlbibliographie

Beinert, Wolfgang (Hrsg.): »Katholischer« Fundamentalismus. Häretische Gruppen in der Kirche? Regensburg: Pustet 1991.
Berglar, Peter: Opus Dei. Leben und Werk des Gründers Josemaría Escrivá. Salzburg: Müller 1983.
Boberski, Heiner: Das Engelwerk. Theorie und Praxis des Opus Angelorum. 2. Aufl. Salzburg: Müller 1993.
El Awadalla: Heimliches Wissen – Unheimliche Macht. Sekten, Kulte, Esoterik und der rechte Rand. Wien: Folio Verlag 1997.
Fischer, Udo: Herr Bischof, es reicht! Bad Sauerbrunn: Edition Tau 1993.
Fischer, Udo: Linker Jesus – rechte Kirche. Eine Recherche. Wien: Edition Va Bene 1994.
Gasper, Hans und Friederike Valentin: Neue Geistliche Gemeinschaften. (Impulse für die pastorale Arbeit, 17), Wien (Pastoralamt der Erzdiözese) 1994.
Gasper, Hans und Friederike Valentin: Privatoffenbarungen. (Impulse für die pastorale Arbeit, 18), Wien (Pastoralamt der Erzdiözese) 1994.
Gasper, Hans und Friederike Valentin: Priesterbruderschaft St. Petrus, Katholische Pfadfinderschaft Europas, Servi Jesu et Mariae. (Impulse für die pastorale Arbeit, 19), Wien (Pastoralamt der Erzdiözese) 1995.
Gasper, Heinz und Friederike Valentin: Endzeitfieber. Freiburg/Basel/-Wien: Herder 1997.
Gstrein, Heinz: Engelwerk oder Teufelsmacht? Hintergründe über eine Grauzone kirchlicher Aktivitäten. Neues Heil oder innerkirchliche Sekte. Mattersburg – Katzelsdorf: Edition Tau 1990.
Hertel, Peter (I): »Ich verspreche euch den Himmel«: Geistlicher Anspruch, gesellschaftliche Ziele und kirchliche Bedeutung des Opus Dei. 1. Aufl. Düsseldorf: Patmos 1985.
Hertel, Peter (II): Geheimnisse des Opus Dei. Verschlußsachen, Hintergründe, Strategien. Freiburg im Breisgau: Herder 1995.
Hofer, Thomas M.: Rechte katholische Printmedien in Österreich. Inhaltliche Profile – Funktionen – Journalistische Philosophie. Univ.-Dipl.-Arb. an der Universität Wien, 1998.
Hutchison, Robert: Die heilige Mafia des Papstes. Der wachsende Einfluß des Opus Dei. München: Droemer Knaur 1996.
Jecker, Urs: Risse im Altar. Der Fall Haas oder Woran die Kirche krankt. Zürich: Weltwoche-ABC-Verlag 1993.
Kienzler, Klaus: Der religiöse Fundamentalismus. Christentum, Judentum, Islam. München: Beck 1996.
Kochanek, Hermann (Hg.): Die verdrängte Freiheit. Fundamentalismus in den Kirchen. Freiburg im Breisgau: Verlag Herder 1991.

Kogler, Franz: Linzer Fernkurse: Sekten 6. Katholische Gemeinschaften und Gruppierungen. Linz: Katholisches Bibelwerk o. J.
Marty, Martin E. und Scott Appleby: Herausforderung Fundamentalismus. Radikale Christen, Moslems und Juden im Kampf gegen die Moderne. Frankfurt: Campus Verlag 1996.
Messori, Vittorio: Der »Fall« Opus Dei. Aachen: MM Verlag 1995.
Mettner, Matthias: Die katholische Mafia: kirchliche Geheimbünde greifen nach der Macht. Hamburg: Hoffmann u. Campe 1993.
Meyer, Thomas: Fundamentalismus – Aufstand gegen die Moderne. Reinbek bei Hamburg: Rowohlt 1989.
Morty, Martin E.: Herausforderung Fundamentalismus. Radikale Christen, Moslems und Juden im Kampf gegen die Moderne. Frankfurt/Main: Campus-Verlag 1996.
Niewiadomski, Józef (Hg.): Eindeutige Antworten? Fundamentalistische Versuchung in Religion und Gesellschaft. Salzburg: ÖKV 1988.
Niewiadomski, Józef: Die nachkonziliaren Traditionalisten. In: Theologisch-Praktische Quartalschrift 1991. S. 362–369.
Niewiadomski, Józef: Das Recht des Stärkeren. In: Theologie Aktuell (Theologische Kurse Wien). Heft 4 1996/97.
Nordhausen, Frank und Liane v. Billerbeck: Psycho-Sekten: die Praktiken der Seelenfänger. Berlin: Links 1997.
Pasch, Hans: Der wandernde Fels. Wien: Ibera & Molden 1996.
Paulus Akademie (Hrsg.): Opus Dei: Stoßtrupp Gottes oder »Heilige Mafia«? Macht und Einfluß des Opus Dei in der Schweiz und anderswo. Zürich: NZZ-Buchverlag 1992.
Pfleger, Anna: Das Problem der Sexualität in den Schriften des »Engelwerks«. Darstellung und Kritik. Univ.-Dipl.-Arb. an der Universität Wien, 1991.
Pfürtner, Stephan H.: Fundamentalismus: die Flucht ins Radikale. Freiburg im Breisgau: Herder 1991.
Ropero, Javier. Im Bann des Opus Dei. Familien in der Zerreißprobe. Mit einem Elternführer durch das Opus Dei von Joseph J. M. Garvey und Willibald Feinig. Solothurn: Benziger 1995.
Schützeichel, Harald (Hrsg.): Opus Dei: Ziele, Anspruch und Einfluß. Düsseldorf: Patmos 1992.
Steigleder, Klaus: Das Opus Dei. Eine Innenansicht. 4. Auflage. Zürich: Benziger 1991.
Tapia, Maria del Carmen: Hinter der Schwelle. Ein Leben im Opus Dei. Zürich: Benziger 1993.
Urquhart, Gordon: Im Namen des Papstes. Die verschwiegenen Truppen des Vatikan. München: Droemer Knaur 1995. (Taschenbuchausgbe 1998 im selben Verlag erschienen)
Vontabel, Jaques: Das Paradies kann warten. Gruppierungen mit totalitärer Tendenz (hrsg. v. Pestalozzianum Zürich). 2. Aufl. Zürich: Werd 1993.

Wachter, Hubert. Kurt Krenn. Gottes eherne Faust. 2. Aufl. Wien: Orac, 1993.
Walsh, Michael. Die geheime Welt des Opus Dei. Macht und Einfluß einer Organisation im Schatten der Kirche. München: Heyne 1992.
Zak, Veronika: Soziale Probleme als Konsequenz von religiösem Fanatismus am Beispiel des Engelwerkes. Dipl.-Arb. an der Akademie für Sozialarbeit der Gemeinde Wien, 1994.
Zellhofer, Klaus und Markus A. Gassner: SS und Rosenkranz – Völkischer Katholizismus. In: Purtscheller, Wolfgang: Die Ordnung, die sie meinen: »Neue Rechte« in Österreich. Wien: Picus 1994.
Zulehner, Paul M. und Hermann Denz: Wie Europa lebt und glaubt: europäische Wertestudie. Düsseldorf: Patmos 1993.
Zulehner, Paul M.: Kirchenvolks-Begehren und Weizer Pfingstvision. Kirche auf Reformkurs. Düsseldorf: Patmos/Innsbruck: Tyrolia 1995.

Personenregister

Ahammer, Johann 71
Alexander, Mervyn 193
Amann, Stefan 23, 194
Ammann, Bernarda 177
Ammann, Raimunda 177
Andreotti, Giulio 100
Arguello, Francisco (Kiko) 181 ff., 185 f.,
  188 ff., 194, 198, 200, 203
Aust, Dietmar 68, 70 ff..
Aznar, José María 100
Balasuriya, Tissa 17
Balthasar, Hans Urs von 74, 116
Banauch, Franz Karl 64 f.
Baron, Renato 121.
Barton, Karl 149, 152
Batlogg, Helmut 114
Bäumer, U. 47
Baura, Eduardo 112
Becker, Klaus 111
Beilner, Wolfgang 24, 207, 211
Bene, Daisy 104
Bentlage, Anton 149
Bereuter, Anton 177
Berger, Alfred 114
Berger, Alois 146 f.
Berger, Anton 206
Berger, Eleonore 136 f., 139 f.
Berger, Raimund 136
Berglar, Peter 112
Bisig, Josef 60, 64, 70 f.
Bitterlich, Gabriele 119 f., 122, 129,
  133, 139,
Bitterlich, Hansjörg 133, 139
Bitterlich, Roswitha 119
Blásquez, Ricardo 182
Blecha, Paul 220, 242
Bleistein, Roman 146
Boberski, Heiner 131
Bommerez, Lieve 165
Bonelli, Johannes 101, 104, 106
Boyce, Philip 154, 169
Braun, Karl 148
Brenninkmeyr 100
Brossa, Jorge 99
Brunnthaler, Friedrich 114

Buck, Hubert 53
Buckley, Joseph 193
Burger, Lisbeth 52
Burkhart, Ernst 96 f., 103, 115
Busek, Erhard 219
Casaroli, Agostino 21
Castro, Fidel 229
Cech, Edel 233
Cipriani, Juanluis 112
Clausen, Claus Peter 134, 145, 232
Cochet, Annie 159
Cordes, Paul Josef 189
Corona-Pichler, Grete 138
Creemers, Lambert 158 f.
Czernin, Karl Eugen 101
Dammertz, Viktor 148
Dechant, Virgil C. 112
Degrieck, Marijke 161
Devillé, Rik 157, 160, 163
Dieman, Kurt 227, 230, 238 f.
Dillinger, Karl 23
Dillon, Andrea 227
Doblhoff, Joseph 232
Döpfner, Julius 54
Don Gobbi, Stefano 121
Don Reto Nay 224
Drewermann, Eugen 18, 40, 67
Dziwisz, Stanislaw 112, 189
Eben, Rita 160
Echevarría, Javier 77, 113, 115
Eder, Georg 22, 64, 68, 113 f., 134,
  208, 233
Eder, Josef 194 f.
Egger, Klaus 132
Eichenhüller, Peter 150
Engelmann, Albert 226 ff.
Engelmann, Friedrich 228 f., 239
Erkinger, Gerhard 106
Escrivá, Josemaría 73, 75, 77 ff., 83 f.,
  86 ff., 90, 95, 100 ff., 108 ff., 170 f.
Estarriol, Ricardo 102, 115
Faulhammer, Friedrich 211
Feichtlbauer, Hubert 230
Felder, Alois 164
Felder, Christine 170

Felder, Franz Michae 175
Felder, Thomas 166
Feldner, Josef 50, 238
Fellay, Bernard 56
Felzmann, Vladimir 83, 116
Feurstein, Gottfried 176
Fiegl, Harald 102
Figl, Johann 207, 209, 217
Fink, Barbara 162, 164, 166
Fischer, Dietmar 221 f., 225
Fischer, Udo 22 f.
Fischler, Franz 219
Franco, Francisco 100
Fuchs, Christine 195, 198 f.
Fürnsinn, Maximilian 212
Gallarreta, Alfonso de 56
Ganthaler, Franz Josef 156
Gaspari, Alexa 232
Gaspari, Christof 232
Geißler, Hermann 170
Gijsen, Johannes B. 208
Gleissner, Friedrich 102 f.
Goesche, Gerald 150 f.
González, Felipe 107
Gorges, Klaus 68, 234
Graf, Heinrich 126
Griess, Friedrich 195, 198
Groër, Hans Hermann 20 f., 23, 60, 68, 162, 191, 213, 232 f., 238
Groothues, Patrick 158
Gruber, Josef 171 f., 177
Gudenus, John 237 ff.
Gudenus, Philipp 97
Guggenberger, Leopold 239
Guggi, Giovanni 184 f., 187, 190, 194, 198, 203, 205
Gutmann, Rosa von 46
Haas, Wolfgang 100, 113, 224, 226
Habsburg, Otto von 101
Haider, Jörg 50 f., 221, 229 f., 233 f., 236, 238, 240 f.
Hauschka, Waltraud 96
Heim, Annemarie 114
Heim, Mathias 114
Hemberger, Marie-Theres 197
Hengsbach, Franz 111
Hernandez, Carmen 181
Hertel, Peter 78, 117
Hildebrand, Walter 10 ff.

Hillewaere, Arthur 154
Hnilica, Paul 125
Hochgatterer, Karl 150
Höbelt, Lothar 234
Höffner, Joseph 111
Hönisch, Andreas 143 ff.,
Hörmer, Alois 214
Holczabek, Wilhelm 102
Holenstein, Albert 177
Holzer, Aloisia 121
Huber, Elisabeth 131
Huber, Karl 131
Hume, Basil 193 f.
Humer, Martin 135, 222, 232
Hutchison, Robert 111, 115
Innozenz XI. 238
Jahn, Oswald 101, 106
Johannes XXIII. 109, 167, 169
Johannes Paul II. (Wojtyla, Karol) 16, 21, 54, 56, 63 f., 109 ff., 166, 169, 182, 189, 192, 208, 225
Juan Carlos 100
Kapellari, Egon 209
Karl, Klaus 129
Kastner, Martin 102, 104, 115
Khol, Andreas 19 f., 23 ff., 241
Klinger, Hans 197
Knittel, Reinhard 134, 214 f., 234
Kock, Georgette de 160
König, Franz 17, 20 ff., 54, 81, 101
Kolb, Anton 207, 209 f.
Kräutler, Erwin 214
Krapfenbauer, Robert 102 f., 105, 239
Krenn, Kurt 12,20 ff., 33, 40, 97, 99, 113, 134 f., 142 ff., 205, 212 ff., 219, 226, 228, 234, 236, 239
Küng, Hans 17, 40, 67
Küng, Klaus 22, 71, 82, 85, 103, 107, 113, 157, 166 f., 170, 209, 215, 224
Küng, Wolfgang 102 f.
Kugler, Martin 73 f., 83, 91, 95, 98
Kummer, Friedrich 91, 104
Lagos, Anna Maria 129
Laun, Andreas 209 f., 224
Lefébvre, Marcel 28, 30, 45, 49 f., 54 ff.
Le Pen, Jean Marie 49
Lex, Aloisia 121
Liebmann, Maximilian 210
Liechtenstein, Heinrich 101

Liechtenstein, Marie von 101
Liechtenstein, Nikolaus von 101
Liechtenstein, Vinzenz 101
Lindner, Herbert 232
Lipthay, Jürgen-Maria 70
Lisieux, Thérèse von 168
Lochner, Siegfried 237
Löschberger, Martin 102
Lothringen, Karl von 237
Lugmayr, Martin 62f., 71 ff.,
Maculan, Alexander 102
Marx, Paul 218
Mayer, Augustin 60, 64
Mayer-Maly, Theo 102
Meisinger, Friedrich 96
Meisner, Joachim 208
Mensdorff-Pouilly, Assunta 101, 103
Mensdorff-Pouilly, Emanuel 101
Messori, Vittorio 31
Meves, Christa 227
Michalek, Nikolaus 131
Michelini, Alberto 111
Mock, Alois 101
Mölzer, Andreas 51, 238 f.
Morcillo, Casimiro 181
Müller, Lothar 45 ff., 131
Nathanson, Bernard 218 f.
Navarro-Valls, Joaquín 111
Neumann, Dietmar 191
Newman, John Henry 168 ff.
Niewiadomski, Józef 49 f.
Niggl, Thomas 129
Obermeyer, Peter Michael 129
Ocariz, Fernando 111
Oddi, Silvio 111
Oppolzer, Johannes 22
Paarhammer, Johann 227
Pacheco, Joachim 111
Painz, Gabriele 224 f.
Palazzini, Pietro 111
Pasch, Hans 21 f.
Paul VI. 28, 30, 41, 189
Pestana, Manoel 147
Pethö, Albert 73, 233, 239, 246 f.
Pius X. 40, 45 f., 48 f., 54 f., 57, 59, 151, 228
Pius XII. 48
Pöchhacker, Kurt 11
Portillo, Alvaro del 83, 99, 110

Plankensteiner, Thomas 35
Ploncard d'Assac, Jacques 48
Poppenwimmer, Marianne 128 ff.
Prammer, Barbara 219
Prantner, Robert 69, 135, 239 f.
Prat de la Riba, Enrique H. 97
Primetshofer, Bruno 36, 58, 171
Proksch, Udo 97
Prügl, Maria 210
Ratzinger, Joseph 17, 60, 63 f., 169
Recktenwald, Engelbert 63 f., 66, 72
Reilly, Philip 218 f.
Reinthaler, Günther 70
Rigossi, Giuseppe 191
Ritschel, Ewald 106
Ritzinger, Franz 133, 138
Rodríguez, Felipe 111
Romig, Friedrich 234, 238
Rosam, Nikolaus 239
Rothkranz, Johannes 14 f.
Rotter, Hans 23
Rovero, Gianmario 111
Ruiz-Mateos, José María 107 f.
Rusch, Paul 122
Rutz, Peter 113
Ryden, Vassula 122
Samaranch, Juan Antonio 99
Sánchez Asiain, José Angel 120
Santer, Jacques 101
Schambeck, Herbert 20 ff.
Scheffczyk, Leo 71, 180
Schermann, Rudolf 242
Schilson, Arno 74
Schlemmer, Karl 74
Schmid, Werner 225 f.
Schmidberger, Franz 45 ff., 52 ff.
Schmidt, Andreas 203
Schönberger, Franz 166
Schönborn, Christoph 12, 33, 191, 193, 204, 207 ff., 238
Schönerer, Georg von 236
Scholten, Rudolf 227
Schüller, Helmut 224
Schüssel, Wolfgang 219
Schwarzer, Ronald F. 68, 233, 239
Seeanner, Philippus 142, 147
Seifert, Josef 114
Serna, Catalina 118
Smet, Willem de 177

Spaemann, Robert 71
Spalek, Christian 97
Spalek, Johannes 97
Spiegelfeld, Konstantin 229 ff.
Spieler, Herbert 177
Squicciarini, Donato 180, 221
Stadler, Ewald 239, 242, 249 ff.
Stecher, Reinhold 25, 141, 253
Steigleder, Klaus 92, 94 f., 98, 100
Stelzl, Robert 239
Sterzinsky, Georg 201
Stickler, Alfons 17, 62, 68, 73
Stöger, Johannes 109
Straka, Ambrosius 224
Strobl, Karl 231 f.
Strolz, Maria Katharina (Mikle) 164, 166, 169, 172 ff., 185 ff.,
Stronach, Frank 102
Sustar, Alois 176
Tagwerker, Rainer 121
Tapia, María del Carmen 94 f., 97 ff.
Termes, Raffael 106
Thun-Hohenstein, Matthäus 246 f.
Tiefenthaler, Josef 145
Tissier de Mallerais, Bernard 60
Tölg, Christoph 121
Tomann, Meinrad 144
Torelló, Johannes Baptist 86, 114, 143
Trondl, Franz 161
Turnauer, Herbert 143
Urquhart, Gordon 108
Valencak, Emo 114

Valls, Luis 106
Verhaeghe, Julia 163 ff.
Vosicky, Bernhard 144
Wagner, Gerhard 147
Waldstein, Michael 218 ff., 245
Waldstein, Wolfgang 21 ff., 73, 109, 123
Wallner, Gottfried 103
Weber, Bernhard 82
Weber, Johann 27 f., 33 ff., 76
Weber, Paul 88, 109 f.
Wechner, Bruno 23, 187
Werdenberg, Gottfried von 8 f., 12, 14
Werner, Christian 81, 221
Wiertz, Franz 177
Willam, Franz Michael 179, 186
Willi, Peter 174, 180
Williamson, Richard 60
Winkel, Gottfried 122 f.
Winkler, Thomas 109
Zaby, B. 60 f.
Zak, Franz 12
Zak, Veronika 139
Zanic, Pavao 129
Zehrer, Anton 88
Zeitz, Christian 239
Ziegler, Johannes 161
Zimmer, Walthard 72, 76
Zimper, Martin 254
Zischkin, Otto 11
Zulehner, Paul Michael 25